阪急神戸線
山陽新幹線
新大阪
東海道本線
淀川
阪急京都線
阪神高速12号守口線
JR片町線
423
2
阪神高速11号池田線
阪神電鉄本線
阪神電鉄なんば線
梅田
天満
桜ノ宮
大阪
京橋
43
福島
野田
大阪城公園
西九条
森ノ宮
25
玉造
弁天町
大正
上本町
鶴橋
近鉄奈良線
安治川
172
難波
大阪環状線
桃谷
芦原橋
阪神高速17号西大阪線
今宮
新今宮
天王寺
寺田町
南海本線
阪堺電軌阪堺線
美章園
JR関西線
阪神高速15号堺線
26
阪堺電軌上町線
47
近鉄南大阪線
阪神高速14号松原線
JR阪和線
南海高野線
479
阪神高速4号湾岸線
大和川

摂津国八十八ヶ所めぐり

はじめに

真に弘法大師を讃仰するものにとっては、大師はいつもわれわれの身近にあって見守ってくださっているという思いから離れることはできません。この思いから、大師の歩かれた所々の御足跡を巡礼し、より近く大師のみ心に触れ、同行二人の境地に涵される体験を深めようとするのです。

あたかも、インドのヒンズー教徒が、ベナレスの聖なる河ガンジスに沐浴することを一生涯の念願としているように、大師信者は四国八十八ヶ所の聖跡巡礼に思いを寄せるのです。

この信者の切なる願いが、日本中いたるところに四国霊場に擬して八十八ヶ所の霊場が開かれている所以でありましょう。

摂津の国にも、江戸中期安永年間、真田山観智院（第16番札所）在住の月海上人によって開かれた摂津国八十八ヶ所霊場があり、殷賑《いんしん》を極めていました。

不幸な戦中戦後の荒廃を経て、六大院（第14番札所）前住職・小原孝澄大僧正の積年の念願が実を結び、ようやく昭和55年1月、全札所寺院の結集がなり、摂津国八十八ヶ所霊場再興の第一歩を踏み出し、巡拝の方々も日々その数を増しつつあります。

ここに、全札所の沿革、道順などを精細に調査して案内記を上梓するに至りました。

幸いに、この小冊子が巡拝の恰好の伴侶として、いよいよ大師信仰の倍増に資するを得ましたならば望外の喜びであります。

摂津国八十八ヶ所霊場会

月海上人墓（第16番観音寺）

目次

摂津国八十八ヶ所のめぐり方

摂津国八十八ヶ所地図

摂津国八十八ヶ所札所案内

兵庫地区　北摂地区　大阪市内地区

第1番　志宜山《しぎさん》　法案寺南坊《ほうあんじなんぼう》

大阪府大阪市中央区島之内2-10-14　☎06・6211・4585

通称＝日本橋聖天さん

推古天皇の御代（593〜628）に、聖徳太子は志宜野（現在の大阪市城東区鴫野）に当寺を建立された。その地名から山号を「志宜山」とし、また仏法弘通の思案をせられたところから寺名を「法案寺」としたという。

豊臣秀吉が大阪城を建設するさい、天正11年（1583）、生玉明神と一緒に馬場崎（現在の天王寺区生玉町）に強制移転させられた。また明治維新の廃仏棄釈により寺領を失ったが、明治12年6月、現在地に再建復興。そののち、昭和20年3月の大阪大空襲により堂宇は灰塵に帰すという悲運にあうが、幸い聖観音、歓喜天は焼失をまぬがれ、いまは本堂にまつられている。

本尊は薬師如来だが、聖観音、歓喜天のほうが有名。繁華街の真ん中で「日本橋の聖天さん」として信仰を集めている。

聖観音は「藤原仏」で、重要文化財の指定を受け、毎年1月元日から7日までご開扉される。山門右手の弁天さまも大阪七福神の一神として有名で参詣者がたえない。

地図P178

第2番 七宝山《しっぽうざん》 大福院《だいふくいん》 三津寺《みつてら》

大阪府大阪市中央区心斎橋筋2-7-12 ☎06・6211・1982

通称＝ミナミの観音さん

三津寺は、応神天皇を葬り奉った御墓所として、奈良時代の名僧・行基菩薩が楠を植えたのを始まりとし、のちに聖武天皇の勅命によって行基菩薩が十一面観世音菩薩を安置した本堂を創建されたのを開山とする。七宝山という山号は、小松宮さまが台臨のさいに下賜されたものである。

現在の本堂は文化5年（1808）に建立され、本尊の十一面観世音菩薩が中央に、脇には薬師如来・弘法大師の木造が安置されている。この本堂は昭和20年のB29による大空襲により大阪市内が一面焼け野原と化したにもかかわらず、本尊の加護厚く、被弾はおろか、類焼さえも免れた。

また、三津寺の南東徒歩5分の千日前には、松林庵（三津寺千日前墓地）がある。ここには、浄瑠璃「艶容 女舞衣《はですがたおんなまいぎぬ》」で有名な三勝・半七の供養塔など、船場の著名商人や上方芸人の墓碑が数多くまつられていて、年中香煙の絶える間がない。

三津寺筋というと大阪ミナミを代表する歓楽街であるが、その中にあって別世界のような幽玄さを感じさせる三津寺は、「ミナミの観音さん」「みってらさん」の愛称で親しまれている。

地図P179

第3番　蓮池山《れんちざん》　和光寺《わこうじ》

通称＝あみだ池

大阪府大阪市西区北堀江3-7-27

☎06・6531・1360

当寺は、縁起によると、元禄11年（1698）堀江新地開発のさい、幕府の命により境内1800坪を永代寺地に定められ、智善上人が長野の善光寺の本尊出現の霊地として一寺を建立し、蓮池山和光寺と称したと伝わる。境内のかたすみにある池は、本田善光がこの池から阿弥陀如来をお救いして長野の善光寺におまつりしたと伝わることから、阿弥陀池と称する。池の中央には放光閣という宝塔が建っている。

本尊・一光三尊阿弥陀如来は百済国から渡来されたといわれ、承久3年（1221）善光寺一山の僧と伊豆国の浄蓮上人にお告げがあって、その年の5月に鋳写した一躰分身の尊像である。

江戸時代には多数の伽藍を有する由緒ある巨刹であった。昭和20年3月の大阪大空襲のさい、諸堂が全焼。22年、善光寺から灯明をいただき仮堂を建立、28年には庫裡が完成した。36年には鉄筋の本堂が再建され、いまに至っている。境内には「実験生理の祖　伏屋素狄」の碑がある。

地図P180

第4番 如意山《にょいさん》 了徳院《りょうとくいん》

大阪府大阪市福島区鷺洲2－14－1
☎06・6451・7193

通称＝福島聖天さん

地図P181

創建は、洪水のさいに古い記録が失われたため詳しくはわからないが、元文元年（1736）3月、高野山から来た宥意上人が再建中興したという。また元禄元年（1688）、俳聖松尾芭蕉が浪速に来られたおりに、当寺の美しく咲いたカキツバタを見て、「杜若《かきつばた》　語るも　旅のひとつ哉」と詠まれたといい、境内にある弁天池には、その句碑が残っている。

山門を通って鐘楼を左に見て、突き当たりまで進むと、名の由来である聖天さんをまつる聖天堂がある。この聖天は古来、伏見宮家の祈願所であり、御紋「桔梗に十六菊花」をいただいていた。

本尊・準胝観世音菩薩は、江戸時代に高田屋嘉兵衛が寄進したもので、観音堂におまつりされている。今は秘仏で厨子の中に納められ、4月第1日曜日と8月15日の年2回御開扉される。

昭和62年、梅田にあった旧国鉄貨物操作場跡地の都市計画再開発工事のおりに、地中2mの深さから享保3年（1718）製作の地蔵尊が発掘され、「よなおし地蔵」として当寺に安置され、まつられている。

第5番　摩尼山《まにさん》　持明院《じみょういん》

大阪府大阪市福島区鷺洲2-13-3
☎ 06・6451・2585

通称＝浦江高野山

開山の宣観和尚は日露戦争の戦死者の霊を弔うために満州に渡ったが、そこで明治天皇の崩御にあい、そのまま満州で出家した。その後、日本に帰り高野山で修行中霊感を得て、大正4年（1915）に大阪で当寺を開いた。大正14年には高野山座主泉大僧正猊下を迎え厳修した護摩供法要の記念碑がある。境内には不動明王石仏と四国八十八ヶ所の本尊の石仏が並ぶ。この石仏たちは戦災にあわれたが、多くは今も残っている。

　本尊厄除弘法大師はもともと河内の寺にあったが、宣観和尚が大正8年に当寺へ招来した。総高5尺2寸の木造坐像で作者は不明だが、江戸時代初期のものである。像にはもともと胎内仏が納められていたが、明治初期の廃仏毀釈のおりに荒らされ今は残っていない。戦災で本堂は全焼したが、本尊は難を逃れ今に至っている。

　日限地蔵尊は等身の石造立像で、日を限って願いをかけるとよく叶うと言われ、特に目の病気に霊験があるとされている。秋の彼岸会結願日には、川魚を商う人々が「川魚一切供養碑」にご供養参りで多く訪れる。

地図 P 182

第6番　佳木山《かぼくざん》　太融寺《たいゆうじ》

大阪府大阪市北区太融寺町3－7

☎06・6311・5480

当寺は、弘仁12年（821）嵯峨天皇の勅願によって弘法大師が創建された。本尊・千手千眼観世音菩薩は嵯峨天皇の念持仏を下賜されたもので、大阪大空襲の時には高野山に移していたため焼失をまぬがれた。今は秘仏となっており、1月18日に年に一度だけご開扉される。

　当寺は、嵯峨天皇の皇子、河原左大臣　源　融《みなもとのとおる》が八町四面を画して七堂伽藍を建立し、浪速の名刹として古くから多くの参詣者で賑わいをみせた。しかし元和元年（1615）大坂夏の陣の兵火によって全焼し、その時に自決した淀殿の墓が境内にある。その後、元禄年間（1688～1704）に本堂・南大門などの諸堂が再建されたが、再び昭和20年の大阪大空襲で二十余棟の堂宇伽藍は全焼し、すべて灰燼に帰した。戦後、本堂・諸堂が再建され、昔日の姿が戻った。

　本堂左には「白菊の目に立ててみる塵もなし」と刻まれた松尾芭蕉の句碑がある。一願不動堂の一願不動尊は、古くから諸願成就の祈祷所として広く知られており、熱心にお百度を踏む人の姿をよく見かける。

地図P183

第7番　長慶山《ちょうけいざん》　富光寺《ふっこうじ》

大阪府大阪市淀川区加島4-10-8
☎06・6301・3426

当寺は孝徳天皇勅願所で大化2年（646）開創と伝わる古刹。本尊・阿弥陀如来は一丈六尺の立像で、法道仙人が播州清水寺や一乗寺に滞在していたころのこと、雲に乗って京の都へ飛行する途中、仏舎利の光を見つけてこの地に降りて刻んだものと伝わる。一説には、やはり法道仙人の作だが、京の方より流れてみえた「流れ如来」とも。現在は昭和の中興弘信和尚により、弘法大師1150年御遠忌事業として昭和59年に新築された本堂に安置され、平成21年に篤信者より寄進された松本明慶大仏師作の等身大の観音菩薩と勢至菩薩の立像を脇侍に三尊仏として崇められている。

　本堂右手には、阪神大震災後に新築された護摩堂に不動明王と、客殿には弘法大師がまつられている。不動明王には「空海上人八躰不動之壱」の銘が記され弘法大師作の説もあるが、南北朝時代の作ともいわれ、楠正成が当地に本陣をおき、佐々木秀栓と一戦をまじえたとき、一心に祈念し勝利をおさめたという。またその頃、この地域で熱病がはやったが祈念することによっておさまり、以来「熱切不動明王」の名で信仰されてきた。

地図P184

第8番 大聖山《たいせいざん》 不動寺《ふどうじ》

大阪府豊中市宮山町4-7-2

☎06・6855・0079

不動寺は、平安時代に弘法大師によって開かれた古刹。寺伝によると、大師が諸国巡錫中、兎我野の地（現在の大阪市北区兎我野町）で七色の光を放つ石を見つけ、これを五輪宝塔に仕上げ、不動明王の梵字を刻み本尊とし、不動堂を建て、おまつりをしたのが始まりと伝えられている。

それ以来、嵯峨天皇、後鳥羽天皇の勅願所となり、豊臣、徳川の庇護を受けながら「兎我野の不動様」として、広く庶民の信仰を集めてきた。

近年、幾度の戦乱にも遭遇し、特に第二次世界大戦の戦火では堂宇が全て焼失してしまった。

その後、昭和25年には本堂を再建したが、近代都市の急速な発展により寺周辺の環境が大きく変化し、大護摩法などの法要を行うのが困難となり、昭和41年に移転することとなった。

現在の不動寺は豊中市宮山の丘陵地に伽藍を構えており、新たに建立された本堂からの眺望も格別だ。

本堂脇にある木造の護摩堂や、仁徳天皇が愛したという白鹿堂、第二次大世界戦の英霊をまつった英霊堂は、古い建物を解体して移設したものだ。

地図P185

第9番　護国山《ごこくさん》　國分寺《こくぶんじ》

通称＝ながら国分寺

大阪府大阪市北区国分寺1-6-18

☎06・6351・5637

当寺の沿革は、斉明天皇の6年（669）の昔にさかのぼる。天皇は唐より帰国した僧、道昭に命じて、先帝・孝徳天皇の菩提をとむらうため、長柄豊崎宮の旧址に一宇を建て、長柄寺《ながらでら》と称した。これが国分寺のはじまりである。

その後、聖武天皇の天平13年（741）、一国一寺の国分寺建立の詔が出されると、この長柄寺を改称して摂津国における国分寺、すなわち金光明四天王護国寺としたのである。後年、当寺は「長柄の国分寺」とか「護国山国分寺」と呼ばれるようになった。

それ以来1200余年、斎明、聖武天皇をはじめ14天皇の勅願道場として栄えた。たびたびの災禍にも見舞われたが、そのつど復興され、現在の金堂は昭和40年に落慶法要したものである。

石門を入ると、すぐ左手の塀の前に石像のお不動さまがおまつりされている。「厄除け水掛不動尊」である。その向こう、常夜灯の奥には、砂岩でできた大きなお大師さまがいらっしゃる。手前には江戸時代の摂津国八十八ヶ所霊場の石碑も残されており、寺の歴史を感じることができる。

地図P186

第10番　菅原山《すがわらざん》　寶珠院《ほうしゅいん》

大阪府大阪市北区与力町1－2
☎06・6351・4960

当寺は、高野山開創にあたって、しばしば浪速の地をお通りになっていた弘法大師が、この地の繁栄と福恵を祈って建立された「如意珠院」が開基と伝わる。その後、弘法大師の高弟である堅恵大徳が入山され、「天満寺宝珠院」と改称された。

貞観年間（859～877）菅原道真公は、大師の聖跡である当寺を深く追慕され、当寺の住持・恵澄法印と比叡山での学友であったこともあり、たびたび来詣されていた。交遊が深かったため、道真公が太宰府に左遷されたおりにも、当寺に寄られ念持仏や書写の経巻多数を納められた。

後小松天皇の応永3年（1396）、当寺の霊験は天朝まで達し、大和摂津に二郡の寺領とともに「菅原山天満宮寺」の勅号を賜った。元和元年（1615）、大坂の陣ののち、大阪城代・松平忠明は多くの諸寺院を集めて寺町をつくった。この寺町ができるまでは、当寺は広大な寺域を持ち、その伽藍は「近在にその比を見ず」とたたえられたほどであったと伝わる。昭和20年、大阪大空襲で灰塵に帰したが、42年再建復興され現在に至っている。本堂には幸い戦火をまぬがれた弥勒像や鎌倉期の仏像などがまつられている。

地図P187

第11番　如意山《にょいさん》 甘露院《かんろいん》　どんどろ大師善福寺《だいしぜんぷくじ》

大阪府大阪市天王寺区空堀町10－19
☎06・6768・6366

当寺は、宝暦2年（1752）3月、高野山岩本院法資法道が、大坂夏の陣のおりの戦死者の霊を弔うために、弘法大師を本尊として開創されたと伝わる。創建当初は、鏡如庵大師堂と称し、浪速大師巡りの道順にあたったため人通りの絶え間がなかった。その後、天保5年（1834）、大阪城代を命じられて大阪に赴任した土井大炊頭利位が近くの玉造に屋敷を構え、当寺の弘法大師に深く帰依された。以来、誰いうともなく「土井殿のお大師さま」と呼ぶようになり、それがいつしか転訛し、「どんどろ大師」になったのである。

明治の廃仏毀釈で一時廃庵となるが、後に三阪房野女の篤志によって寺地を回復、明治40年1月には、元豊能郡東能勢村大字木代にあった善福寺を移転改築し、「どんどろ大師善福寺」と改称した。

善福寺は、光仁天皇の宝亀9年（778）開成皇子の開基にかかり、本尊・薬師如来、脇侍に日光・月光の両菩薩と十二神将を安置し大いに栄えた。明治に入り一時寺運は衰微したが、その後明治42年、本尊とともに現在地に移転された。

当地は歌舞伎、浄瑠璃「傾城阿波の鳴門」のどんどろ大師の場にも描かれ、お弓・お鶴母子の再会の場として有名だ。

地図P188

第12番　隆法山《りゅうほうざん》　興徳寺《こうとくじ》

大阪府大阪市天王寺区餌差町2-17

☎06・6761・7040

当寺は、聖徳太子の在世中に、法円坂に寺号を薬師院と称して開かれた寺と伝わる。その後、たびかさなる戦火を受けて、隆衰をくりかえしたが、天平年間（729～749）、行基菩薩の手によって再興されたという。

天文年間（1532～1555）にも兵火にかかり全焼したが、天正年間(1573～1592)祐乗が再興し、中興一世となった。二度にわたる大坂の陣の後に大阪城代・松平忠明が、大阪の町の発展と城の防衛線の意味から、市中に点在していた寺院を、当時の小橋村、東西高津村、天満村の三ヶ所に集めた。そのおりに、中興二世の覚意によって当寺も小橋村に移転し、寺号を興徳寺と改めて再建されたのである。

その後、第二次世界大戦のさいに、山門を残して堂宇すべてが焼失するが、この山門は鎌倉期の建築と伝わる立派なものであり、焼失をまぬがれたことは幸いであった。本堂は戦後、檀信徒の協力によって再建された。

山門をくぐれば、高さ33尺(約10m）の准胝観音の御姿が目に飛び込んでくる。また境内には水掛不動尊、融通地蔵、立里三宝荒神分社などがまつられている。

地図 P 188

第13番　寶榮山《ほうえいざん》　大日寺《だいにちじ》

大阪府大阪市城東区鴫野東3‐31‐17

☎06・6961・1809

当寺は、弘仁年間（810〜824）、弘法大師が巡錫のみぎり、鴫野の地に来られたところ、難産に苦しむ一人の女性に出会った。その女性は大師に救いを求めた。そこで、大師は女性の難産を除くために、一刀三礼の子安大日如来を自ら刻んで安置されたのが、当寺の草創と伝えられている。

また、豊臣秀吉は大阪城築城のおり、鬼門除けの寺として参詣された。江戸時代には、徳川御三家の一つ紀州公の奥方が安産のお礼に当寺にお戸帳を寄進された。

昭和11年に建てられた本堂は、幸い戦災にもあわず今日に至っている。普段は本堂の扉は閉じられているが、毎月1日、15日、21日の3回は開けられ堂内に入って参拝することができる。

ご本尊のお厨子の前には如意輪観音、その両側には弘法大師と不動明王、さらにその両側に等身大の阿弥陀如来坐像と、同じく等身大の釈迦如来坐像が、ちょうど対をなす形で安置されている。他には役行者像、毘沙門天、女神などがおまつりされており、信仰の場としてにぎわっている。

地図P189

第14番　慈雲山《じうんざん》　六大院《ろくだいいん》

大阪府大阪市天王寺区餌差町5-34
☎06・6761・4347

当院は、聖武天皇の御代（724〜749）に行基菩薩によって創建されたと伝える。旧嵯峨御所の大覚寺の直末であった時代もある。

山内の四国八十八ヶ所霊場は、江戸時代末期の安政5年（1858）、木食祐伝上人・祐範上人の師弟二代の開創で、門前の高さ2・5mもの石碑の裏にそのことが刻まれている。

昭和3年、小原孝澄大和尚が晋山し、当寺の復興につとめ、大阪報恩協会を組織し、金剛講大阪市本部・宗舞いろはの舞を創設した。昭和20年の大阪大空襲にかかり諸堂すべてが灰燼に帰したが、昭和27年には本堂再建に着手し、29年には落慶した。

鐘楼門横の入り口を入ると、正面左手に弘法大師（鎌倉時代）・延命地蔵・大聖歓喜天・弁財天を安置する本堂、その左手には水子地蔵・不動明王・不思議地蔵・修行大師像などを安置する。

この不思議地蔵尊は、その名のとおり不思議なことに病気の重い人が持ち上げれば重く、病気の軽い人が持ち上げれば軽いと言われている。小児虫ふうじ祈念の寺としても知られている。

地図P190

第15番　雪光山《せっこうざん》　圓珠庵《えんじゅあん》

大阪府大阪市天王寺区空清町4-2

☎06・6761・3691

通称＝鎌八幡

その昔、この付近は三韓坂と呼ばれた古道であった。この道の脇に一本の榎の霊木があり、人々の信仰を集めていた。その後、慶長19年（1614）大坂冬の陣のさい、この地一帯に陣をかまえた知将・真田幸村は、この霊木に対する信仰を伝え聞いたので、鎌を打ちつけ「鎌八幡大菩薩」と称して祈念したところ、大いに戦勝をあげたと伝わる。以来、悪縁を断ち、病根を断ち、縁切り、勝負事祈願の神さまとして広く信仰を集めてきた。

江戸時代初期に入り、豊臣ゆかりの縁によって、真言宗の名僧・契沖阿闍梨がこの鎌八幡の境内に庵を建て堂宇をととのえて圓珠庵としたのが、当寺の草創である。

契沖阿闍梨は、国学者としても有名で、当寺で『和字正濫鈔』を著し、近代仮名遣いを定められ『万葉代匠記』など多くの古典注釈に努められた。国文研究と同時に、深く鎌八幡を信仰されたので、このころから当寺は「祈祷寺」として全国にその名を馳せるようになった。契沖阿闍梨は、元禄14年（1701）入寂され境内に葬られた。大正11年に、大阪市で最初の国の史跡に指定された。墓所の参拝はただいま中止されている。

地図P190

第16番 高津山《こうづさん》 観音寺《かんのんじ》

大阪府大阪市天王寺区城南寺町8-4

☎ 06・6762・2195

当山縁起は、平安末期、九條関白公の創建と言われているが、江戸末期の兵火により寺史が焼失。詳細は不明である。江戸中期の安永年間（1772〜1781）に月海上人が再興された。

月海上人は「摂津国八十八所霊場」の開祖であり、上人は徳が高く、辻説法されるところ、たちまち数百人の人々が集まり、毎月21日は、多数の信者を連れて大師巡りをしたと伝えられている。

大正12年、高津神社の神宮寺であった「観音院」と「真田山観智院」が合併され、昭和27年、区画整理のため、高津中学校の場所より、現在地に移転され、その時「観音寺」と改称された。

現在、観音寺は、第62世快玄住職により、人々に開かれた寺院をめざし、平成8年、伽藍はビル形式に変更され、寺内をすべてバリアフリーとし、室内型の納骨堂が設置されるなど、誰もが訪れ易い環境となり、月海上人の教えは、時代に寄り添った形で伝承されている。

地図P191

第17番 光照山《こうしょうざん》 正祐寺《しょうゆうじ》

大阪府大阪市天王寺区上本町7-4-18

☎ 06・6771・6302

推古天皇の御代（593～628）、聖徳太子は応現奇瑞を感信せられ、社殿を構えられて天照・住吉の両大神を安じ奉られた。同時に、一宇の精舎を建立、五蔵経論を被覧して仏法弘通を念じられた。これが当寺のはじまりである。このころは新蔵院と称し、生玉宮（現・生國魂神社）の中にあった。

その後、寛政10年（1798）に出た『摂津名所図会』「東成郡」には、生玉宮の塔頭として、九院と生玉宮寺の貫主であった法案寺を合わせて「生玉十坊」と称したとの記録が残る。これによって、このころ当寺は、生玉宮の別当職として神仏両道をおこなっていたことがうかがえる。

明治維新の廃仏毀釈のさい、生玉宮を出て、青山上人新蔵院・観音院、西江庵および正祐寺を合併して、光照山正祐寺と号するようになった。

山門から時計まわりに、本堂、寺務所、石造十三重塔をそなえた枯山水などがならぶ。

現在の本堂は、昭和20年3月の大阪大空襲により焼失したものを、38年に再建完成したものである。堂内には、本尊・大日如来と脇侍の愛染明王と不動明王がおまつりされている。

地図P192

第18番　五大山《ごだいざん》　宗恵院《そうえいん》

大阪府大阪市天王寺区生玉前町5－22

☎06・6771・7515

地図P192

当寺の開創年代は不詳であるが、元禄年間（1688～1704）になって法印来辺和尚の手で再建されたと伝わる。その後、安永年間（1772～1781）になって秀神が中興したという。当寺は「生玉十坊」の中の一坊で、もとは覚園院と称し、生玉町にある生國魂神社にあった。

明治維新の廃仏毀釈にともない、生玉宮寺内の本地堂、大師堂、護摩堂、聖天堂、太子堂などの仏教関係の建造物は、蓮池の中の弁天堂をのぞいたすべてが取り壊され、生玉十坊も移転を余儀なくされた。代替地もなしに立ち退きを命じられた十坊は、一寺を創立することもかなわず、近くの寺院に仏具などを持って逃れた。門額を掲げることができたのは法案寺だけで、生玉十坊はほとんど壊滅状態に陥ってしまった。当寺も一時は廃寺となっていたが、のちに宗恵庵と合併し宗恵院と改称して現在に至っている。

昭和20年3月の大阪大空襲で堂宇や本尊をはじめ仏像什物などのすべてが焼失したが、25年に仮本堂が落成、38年4月には鉄筋コンクリート2階建ての本堂・庫裡が完成をみた。55年8月新客殿が完成し、新たな姿となった。

第19番　如意《にょい》山《さん》　藤《とう》次《じ》寺《じ》

大阪府大阪市天王寺区生玉町1-6

☎06・6771・8144

通称＝大阪の融通さん

当寺は、弘仁年間（810〜824）藤原冬嗣公の発願によって、その甥である任瑞上人を開基として建立されたと伝わる。藤原家を治めるための寺であるので「藤治寺」と号し、藤原氏一門の祈願寺として栄えてきた。

慶長初年には加藤清正を大檀主として、金堂、諸堂、庫裡などの壮大な伽藍が建立された。その後、盛衰を経て、明和元年（1764）中興・清範和上の代に九條尚実公から祈願寺として旨辞を授かり、九條家の永代祈願寺として幕末に至った。

明治維新の廃仏毀釈によって生玉十坊が生玉宮（生國魂神社）を出たさいに、十坊のひとつ地蔵院を併合して「藤次寺」と名を改めた。昭和20年の戦災では全焼し、また都市計画によって境内地を移転するなどして、復興は遅れたものの、昭和35年には、金堂、庫裡、寺務所などが完成した。

金堂には、本尊・宝生如来（秘仏・如意宝珠融通尊）、脇侍の金剛幢菩薩、金剛宝菩薩がおまつりされている。本尊の如意宝珠融通尊への信仰は、中興・憲遵阿闍梨の徳風により盛んになり「大阪の融通さん」として人々の信仰を集めている。

地図P193

第20番 廣光山《こうこうざん》 自性院《じしょういん》

大阪府大阪市中央区中寺1-4-18
☎06・6761・8103

当寺は、延宝4年（1676）に入寂した権大僧都俊栄が開いた寺であることが、境内に残る歴代住職の墓からうかがえる。しかし、戦災のため古記録はすべて焼失して、詳しい寺歴は不明となってしまった。

もともと高津宮（高津神社）の前にあった寺で、昔は淀君の淀城の中の門を山門として使っており、淀君にゆかりのある寺ともいう。

昭和28年に、都市計画で高津神社前に公園をつくることになり、当寺は現在地へ移転してきた。この後、山門も新しいものに建て替えられたが、新しい門の右脇に立つ「南無大師遍照金剛四国八十八ヶ所」と刻まれた古い石標が、寺歴の古さを物語っている。

昭和56年に建立された本堂には、本尊・聖観世音菩薩をはじめ毘沙門天がおまつりされている。当寺は、金毘羅宮をおまつりすることでも知られており、本堂右脇には近年建て替えられた金毘羅宮がある。

また、戦前から盛んに行われていた「疳の虫封じの寺」として、今も多くの人々に親しまれている。

地図P194

第21番　高津山《たかつざん》　報恩院《ほうおんいん》

通称＝北向き不動

大阪府大阪市中央区高津1-2-28
☎06・6761・0543

当寺は、昭和20年3月の大阪大空襲によって、縁起などの古記録類、寺宝などすべてを焼失した。そのため、寺歴など詳しいことはわからないが、中興開基の墓石に刻まれた文字によって、一応創建を寛文年間（1661〜1673）としている。

山門横の入口から境内に入ると、正面に矜羯羅《こんがら》童子、制多迦《せいたか》童子に従われた水掛不動尊がある。この不動尊は、「高津の北向き不動」と称せられる。また、この北向き不動明王は、不思議なことに夢で導かれて参詣する人がいまだに絶えず、またの名を「夢見せ不動」とも呼ばれている。

北向き不動尊の背には、「相生の樟《くす》」と呼ばれるクスノキの大木がある。残念なことに戦災によって枯死してしまったが、この木をはさんで、南側にもやはり両童子を従えた水掛不動尊がある。この不動尊は風化も激しいが、当寺創建時のものといわれ、300年以上前のものと伝えられている。

本堂には、本尊・不動明王、脇立の弘法大師像、鎮宅霊符尊がまつられている。お不動さん信仰の庶民に親しまれる参詣寺院である。

地図P194

第22番　密印山《みっちんざん》　持明院《じみょういん》

大阪府大阪市天王寺区生玉町2-15
☎06・6771・6280

地図P195

当寺は、草創のころは生玉十坊のひとつで「曼陀羅院」と呼ばれ、生玉宮（現・生國魂神社）内にあった。明治維新の廃仏毀釈のさいに、生玉宮を出て、現在地に移転して今に至っている。

その昔、慶長以前、豊臣秀吉の大坂城築城のころは、この界隈には木村長門守重成の屋敷があった。院中坊舎のかたわらには、いまもなお加藤清正が朝鮮出兵のさいに持ち帰った唐木白檀移植の古碑が残る。

当寺には、江戸前期の国学者、契沖阿闍梨が止往したことがある、江戸末期の文人画家、田能村竹田も、その若き日に浦上玉堂と当寺に同宿したことが、『竹田荘師友画録』『山中人饒舌』（共に竹田著）に記されている。しかし、惜しいことには、当寺に伝わった契沖や竹田の遺墨画稿は、大阪大空襲によって灰燼と化し去った。また、境内には、江戸前期の俳人、滝瓢水の墓石が残る。

山門左手のお堂は、卯之日大明神（縁結びの神）、橋姫大明神（縁切りの神）を合祀する。古くから縁切り縁結びの寺として有名で、今でも人生の切実な問題に対して全国から参拝者がたえない。

第23番　吉祥山《きっしょうざん》　青蓮寺《せいれんじ》

大阪府大阪市天王寺区生玉寺町3-19

☎06・6772・0979

地図P195

当寺の縁由をたどれば、推古天皇の御代（593〜628）に摂政として内外の政治を整備された聖徳太子が、鴫野に志宜山法案寺を創建された時にさかのぼる。

天正11年（1583）豊臣秀吉の大阪城築城のさい、当地を城の二の丸にあけわたし、法案寺および生玉宮は、現在の生國魂神社の地に移転した。法案寺は生玉宮寺として生玉宮を統轄し、当寺の前身の遍照院・医王院など塔頭九院を合わせて「生玉十坊」と呼ばれるようになる。

明治の廃仏毀釈のさい、生玉十坊は生國魂神社の地を追われ、いくつかの寺は一時廃寺状態に陥った。明治3年8月、遍照・医王の両院の檀徒は、慶長元年（1596）良雅開創という当時茶臼山の東にあった青蓮寺に転属した。のちに当地へ移転し、吉祥山青蓮寺と号して再興された。

昭和20年の大阪大空襲で堂宇は全焼したが、戦後鉄筋コンクリートの本堂が再建された。この本堂には、本尊・大日如来、脇侍の不動・愛染明王、如意輪観音、弘法大師、四天王がおまつりされている。境内の墓所には『仮名手本忠臣蔵』などで知られる戯作者・竹田出雲の墓もあり、大阪市の史跡に指定されている。

第24番　光徳山《こうとくざん》　瑞雲寺《ずいうんじ》　真光院《しんこういん》

大阪府大阪市天王寺区夕陽丘町4－8
☎06・6771・6145

推古天皇の2年（594）、聖徳太子が父上である用明天皇の冥福を祈って7日間の念仏三昧を修し追善供養を営まれたところ、西方教主の阿弥陀如来が紫雲に乗って出現された。そこで、太子は自ら阿弥陀仏を刻まれ本尊とし、当寺を開創されたと伝わる。

また、山門には「聖徳太子作六万体地蔵安置」の標柱が立つが、この地は聖徳太子が民衆救済のために六万体の石の地蔵を刻んだ場所とも伝わり、真光院のすぐ北東には「六万体町」の地名が今も残っている。

現在、境内には「六万体地蔵」と、その信仰を継承する「六地蔵」が安置されており、参拝者の信仰を集めている。

なお、四天王寺境内の西北に位置することから、インドの祇園精舎の西北に無常院を築いた故事にならって、四天王寺の無常院菩提所とされたとも言われ、元は光徳山瑞雲寺無常院の名称であった。

江戸中期に入り、専海大徳が当寺を再興されたおりに院名を真光院と改められた。

地図P196

第25番　荒陵山《こうりょうざん》　四天王寺《してんのうじ》

大阪府大阪市天王寺区四天王寺1-11-18

☎06・6771・0066

3万坪余りの境内をもつ大阪市内最大の寺である四天王寺は、わが国最古の寺としても知られる。

その昔、聖徳太子は蘇我馬子とともに排仏派の物部守屋と戦ったおり、四天王像を作り、「いまもし敵に勝たせていただければ、必ず護世四天王のおんために寺を建てます」と戦勝祈願をしたところ、勝利をおさめた。この誓いのとおり太子は、現在の場所に伽藍を建て四天王像をまつったのが、当寺のはじまりであるといわれている。

創建以来、たびたびの火災や兵乱のため寺は損壊したが、昭和20年の戦災でも堂塔の大半は焼失した。現在建っている五重塔、金堂、講堂などは昭和38年に再建された。六時堂、五智光院、元三大師堂、湯屋方丈などは、近時の戦災をまぬがれ、元和年間（1615～1624）に再建された姿をそのまま残し、重文に指定されている。

ご本尊・救世観世音菩薩は金堂正面におまつりされ、三方の壁には釈迦伝の図が描かれている。講堂には昭和最大の木造阿弥陀仏坐像がまつられ、宝物館では七星剣、扇面古写経などの国宝をはじめ、重文350点が拝観できる。

地図P196

第26番 有栖山《ありすざん》 清水寺《きよみずでら》

大阪府大阪市天王寺区伶人町5-8

☎06・6771・5714

当寺は四天王寺の支院であり、十一面千手観音霊験の地、抜苦与薬の宝刹、往古の精舎神窟の跡と伝えられ、「浪速名所」の随一に数えられている。もとは有栖《うす》寺と呼んでいたが、寛永17年（１６４０）に中興延海《えんかい》阿闍梨が、京都東山の清水寺に模して改構したものである。本堂の西側の崖に柱を組み上げて作った舞台も、京都の清水寺そっくりである。

ご本尊の十一面観世音菩薩は聖徳太子の御作と伝えられ、脇侍として阿弥陀如来、勢至菩薩、また両界曼荼羅が奉安されている。仏法守護の神々のうち十二天のひとつ、風天尊が観世音菩薩の化身としておまつりされ、多くの信仰を集めている。

仮本堂から奥へ進むと玉出の滝がある。大阪市内でただひとつの天然の滝である。その水源は四天王寺金堂下にある青竜池といわれ、３００ｍ離れた地下を脈々と流れて、ここに滝となっているのである。その奥の石窟の中に、不動明王石仏、二童子、八大龍王神などがおまつりされている。滝に打たれて行をする人も多い。

地図P197

第27番　開運山《かいうんざん》　高野寺《こうやじ》

大阪府大阪市西区土佐堀1-5-10
☎06・6441・3863

明治4年の廃藩置県にさいし、高野山金剛峯寺は、時の長州藩毛利敬親公から江戸堀にあった長州蔵屋敷を寄進され、毛利家歴代の永代供養とされた。そこで金剛峯寺は、早速一寺を建立して古くから高野山に伝わる弘法大師尊像を本尊としておまつりしたのが、当寺のはじまりだと伝える。

その後、数年のうちに浪速中にこの寺を信仰し参詣する人が増えたため、明治13年、高野山にあった準別格本山三蔵院を正式にこの地に移し、蔵屋敷跡を整備し、諸堂宇を拡充して寺号を高野寺と改称した。このころから「長州のお大師さん」として、大阪の人々に親しまれてきた。金剛峯寺座主師岳快猛大僧正が、初代の住職を務められた。

階段を登ると本堂があり、本堂両脇には力強い立派な仁王尊のお像が寺を守っている。また、本堂下の境内左手には不動明王、右手には大きなナツメの木の横に地蔵菩薩、その奥には観世音菩薩、水子地蔵がまつられている。三蔵院から起算するとゆうに約800年の寺歴を持つ古刹である。

地図P198

第28番 毘沙門堂《びしゃもんどう》 浪速寺《なにわじ》

大阪府大阪市浪速区恵美須西1-4-8
☎06・6631・4235

当寺は明治年間の創建と伝えられているが、昭和20年の大阪大空襲によって焼失しており、現在の本堂はまだ焼け野原の残る昭和25年の寅年に再建されたものである。再建の後は、毘沙門天尊と一願不動尊、弘法大師の御寺として、多くの人々の信仰を集めてきた。

当寺は今宮戎神社の東の参道の中間に位置しており、今宮戎神社の大祭・十日戎（毎年1月9日～11日）には、参道に数多くの露店が連なり、毎年百万人を超える参詣者でたいへんなにぎわいをみせる。「商売繁盛で笹もってこい」の掛け声で授与される戎神社の吉兆の福笹とともに、当寺の「福の寅」も風物詩として有名である。

「福の寅」は、特に十日戎の日に授与されている。毘沙門天は古くから寅とはご縁が深いといわれており、「三寅の福」といって寅が3つ揃うと福分を授かるといわれている。

このほか、当寺には、阿弥陀如来と二十五菩薩来迎図、板彫真言八祖像、不動明王像（松久朋琳作）などの寺宝が奉安されている。

地図P199

第29番　崑崙山《こんろんさん》　大乗坊《だいじょうぼう》

通称＝日本橋の毘沙門さん

大阪府大阪市浪速区日本橋3-6-13
☎06・6643・4078

地図P200

当寺は、もとは筆が崎にあり、宝満寺の末寺で崑崙山大乗坊と号していた。しかし、天文年間(1532～1555)、天正年間(1573～1592)と再三の兵火にかかったため、当時の住職・秀言律師が本尊の毘沙門天の仏頭を奉じて、文禄年間(1592～1596)に難波村名呉町(現在の日本橋)にのがれて大乗坊一坊のみ再興した。

そののち、宝暦年間(1751～1764)第6世法及律師の時代に、備前の国・池田候の帰依を受け、さらに灰屋善兵衛らの船場島之内の商店主たち、堂島米問屋・二川屋などの寄進によって寺勢大いにあがった。数少ない浪速の毘沙門天ということから「日本橋の毘沙門さん」として人々の信仰を集めている。

毘沙門天は四天王の一王で、仏法の守護神として、また福の神として信仰され、七福神の一神として崇敬されている。当寺の本尊・毘沙門天は秘仏で、60年目ごとの寅の年に開帳されてきた。また、お前立の毘沙門天は鎌倉時代中期の造像で、重要文化財の指定を受けている。

第30番　松園山《しょうえんざん》　竹林寺《ちくりんじ》

大阪府大阪市天王寺区勝山1－11－19

☎ 06・6779・5541

通称＝千日のお大師さん

竹林寺は正保2年（1645）、上方代官・鈴木重成公の命により法善寺の南隣に「浄業院」として開創された。開山上人は専應和尚。当初は道頓堀垣外《かいと》に住む転びキリシタンなどの寺請制度による菩提寺とされた。その後、浄土宗一心寺の末寺となり「松園山浄業院竹林寺」と称した。

竹林寺のすぐ南隣は明治初期まで刑場、焼き場、墓地のあった場所で、竹林寺の歴代住職が処刑された者たちや無縁仏の菩提を弔ったと伝わる。また「千日前」の名称は法善寺や竹林寺で行われていた千日回向から、両寺を千日寺と呼び、千日寺の前という意味で千日前となったとの説がある。

竹林寺の境内には本堂のほか大師堂、観音堂や大師の井戸などがあって、七墓詣り、観音詣り、大師巡りなどの参詣者でにぎわった。しかし大阪大空襲により諸堂焼失。戦後鉄筋コンクリートで再建するも、昭和45年には都市計画による道路拡張のため境内地が縮小されたため、当時は珍しい地上8階・地下3階建てのビル建築寺院となった。長年「千日前のお大師さん」として人々に親しまれたが、平成20年に天王寺区勝山に移転した。

地図P201

第31番 弘法山《こうぼうざん》 地蔵院《じぞういん》

大阪府大阪市大正区三軒家東4-5-9

☎ 06・6551・7196

地蔵院は、地蔵菩薩を本尊にまつり、快円和尚により開創された。快円和尚は神応寺再建に当り、時の領主柳沢出羽之守吉保の縁故により五代将軍徳川綱吉に拝謁、官費を賜り寺院復興を成功させた。また快円和尚は多くの門人を育てた。中でも江戸国学第一人者の契沖には高野山修行時代に大きな影響を与えた。

快円和尚の墓は地蔵院墓地の上段に鎮座し仏教復興を見守っておられる。地蔵院はもと東成郡住吉村字大領にあったが、高野鉄道の道敷にあたり明治34年4月27日当所に移転。境内は400坪余りを有していたが戦災にて全焼。後の区画整理などで現在は160坪に縮小。境内の水賭け不動尊と四国八十八ヶ所地蔵尊などが池田市五月山地蔵院別院慶光霊苑へ移設。この地も元禄時代の領主柳沢出羽之守の飛び知行地であり苑内鎮守と仏教隆興のため手厚くまつられている。

大正時代から院内に幼稚園を設けていたが、戦後閉園。当時のおもかげを伝える赤煉瓦塀と瓦屋根と銀杏の大木が残る。また戦後高野山より分派。単立本山地蔵院として親しまれている。

地図P202

第32番　海照山《かいしょうざん》　正圓寺《しょうえんじ》

大阪府大阪市阿倍野区松虫通3-2-32

☎06・6651・2727

通称＝天下茶屋の聖天さん

地図P203

正圓寺という寺名より「天下茶屋の聖天さん」として広く親しまれている。

創建当初は現在地よりさらに東の方にあり、般若山阿倍野寺の一坊であった。長い歴史の中ではいくたびかの盛衰があり、元禄年間（1688～1704）に現在地に移転され、西海が望見できる老樹の繁る静かな景勝の地形にちなんで海照山正圓寺と改称した。享保8年（1723）京都より常如和尚（当山3世）が来住し、聖天堂や諸堂を再建し、そのころから聖天尊への信仰が盛んになり、当山一帯を聖天山と呼ぶようになった。

山門内正面の聖天堂におまつりされているご本尊は、慈覚大師円仁が入唐求法にさいして船待ちのおりに感得され、自ら彫刻奉安されたという歓喜天尊を胎内仏として納められた日本で最も大きな木彫大聖歓喜双身天である。聖天尊は俗に水商売の神とも福徳財宝の神ともいわれ、毎月1日と16日のご縁日には多くの参詣者でにぎわう。

境内には、護摩堂、釈迦堂、大師堂、地蔵堂などが建ちならび、山門を出て裏手にある当山奥の院には鎮守堂、八本松龍王社等々の諸堂がならぶ。

第33番　築港高野山《ちっこうこうやさん》　釋迦院《しゃかいん》

大阪府大阪市港区築港1-13-3　☎06・6571・5710

通称＝高野山

延暦23年（804）5月12日、弘法大師は桓武天皇の勅命によって摂津国・難波（現在の大阪港）から唐に向けて出港した。途中台風にあったが、神の加護・仏の冥助を受けて8月10日、ようやく大師は唐の福州赤岸鎮に到着された。

唐で留学僧として学ばれた大師は、大同元年（806）10月、博多に帰港された。摂津国難波では勅許を得て祭壇を設け、無事帰国の報告法要と大阪港内外の海上安穏を願い祈願されたと伝わる。この大師ゆかりの地に建立されたのが当寺である。

明治43年12月、大阪市所有地約8000坪を借用し、大隈重信、二条公爵らの帰依を受けて、重松寛勝大僧正が開創された。寺号は大阪府南河内郡弘川寺塔頭釋迦院の名義を移し、築港高野山釋迦院とした。当初は七堂伽藍を有する大寺院であったが、運河掘削などで境内地を市に返還し、大正中期には寺域は4分の1ほどになってしまった。

昭和に入り、20年6月1日の大阪大空襲で灰燼と化したが、27年1月に現在地に移転された。

昔から大師縁日の21日には多くの参詣者でにぎわい、「東の四天王寺、西の築港高野山」と親しまれてきた。

地図P204

第34番　和光山《わこうさん》　西之坊《にしのぼう》

大阪府大阪市住吉区上住吉2-2-20
☎06・6671・0026

地図P205

当寺は、もとは天野谷寺五ヶ坊のうちの一坊で、住吉大社の社僧寺であった。そのころは、真言宗・天台宗の二宗がともに住吉大社の別当としてそれぞれ寺院をかまえていたようである。

当寺の草創については、天正年間（1573〜1592）に兵火にかかったさい、由緒古記宝物など焼失してしまったため詳細は不明。焼失ののち、元和3年（1617）に中興・長尊僧正によって再興されたと伝わっている。

明治維新の廃仏毀釈のさいに、各坊の仏像を併合して、当寺のみが存続することになった。

山門をくぐると、左手から時計まわりに、三宝荒神・地蔵菩薩・不動明王・十一面観音・弘法大師などをおまつりする本堂、庫裡、そして弁財天・歓喜天・守護神・本命宮・霊符神・大金神・八将神・猿田彦大神・摩訶迦羅天・十六善神・大小神祇をおまつりする方違社などがならんでいる。

伝えるところによれば、方違社には神功皇后・三筒男大神のご遷座のおり、方位が悪かったため、当寺においで方除のご祈祷をされたという縁起木版および口碑があり、それを由来として大金神など諸神がまつられたようである。

第35番　朝日山《あさひざん》　荘嚴浄土寺《しょうごんじょうどじ》

大阪府大阪市住吉区帝塚山東5-11-14
☎06・6672・3852

縁起によると、当山は応徳元年（1084）、住吉大社第39代神主の津守国基が白河天皇の勅を受け、大社から招来した不動明王を本尊として開創されたと伝わる。この地を開いたとき、「七宝荘厳極楽浄土」云々と銘のある三尺の宝鐸が出土したので、寺号を「荘厳浄土寺」とした。

開創から13年後の嘉保3年（1096）3月、八町四方の寺域に不動金堂、講堂などの堂宇が整い、国基の長男・増命阿闍梨を別当として落慶した。その後、西大寺興正菩薩叡尊による授戒（1275）、正平年間には後村上帝により後醍醐帝追善法要を二度、また一休和尚門下の公家文人の来遊（1482）などあるも、夏の陣にて荒廃。天和元年（1681）再建復興にかかり、現在の本堂が完成した。

正面の本堂には、平安時代の作と伝えられる本尊・不動明王、胎内に嘉元元年（1303）と銘のある愛染明王、元講堂の本尊・十一面観音像などが奉祀されている。

当寺は住吉四天王寺とも呼ばれており、津守寺、神宮寺とあわせて住吉三大寺に数えられている。

地図P205

第36番　瑠璃峯《るりほう》　医王院《いおういん》　薬師寺《やくしじ》

大阪府大阪市住吉区苅田6-1-14　☎06・6691・5771

弘法大師空海は延暦23年（804）5月12日、摂津国・難波（現在の大阪港）から唐に向けて出港された。途中台風にあうなどしたが、8月10日、無事に唐の福州赤岸鎮に到着された。

唐の大慈恩寺に来られた大師は、「我、願わくは日本に密教を弘通し広く衆生を渡度せん」と一心に祈願された。すると如来が夢にあらわれ、「我衆生に縁を結ばんため鶴に化し、稲の一穂をくわえ渡り、摂津依綱の里に落とし土民に田を作らしめ、またその穂を落とせし所を穂落の社とせよ」と告げられた。

帰朝の後、大師は高野山を開かれたさい、この如来を本尊に招来することを念願されたが、「かの山は女人結界するゆえ我本懐にあらず。ゆえに我はこの地に止まり、恵人女人を化益す」と再び夢告され、当地に残られたのである。

以来、幾度もの盛衰を経て、寛永3年（1626）古跡の地に建立された一宇の坊舎が、現在の当寺である。

境内に入れば、文殊菩薩、延命地蔵と六地蔵をまつる地蔵堂、薬師如来をまつる本堂、金毘羅宮などがならぶ。本尊薬師如来は大歳大明神の本地仏と伝わる。

地図P206

第37番　霊峰山《れいほうざん》　如願寺《にょがんじ》

大阪府大阪市平野区喜連6-1-38

☎06・6709・2510

このあたりの地名は「喜連」と書いて「きれ」と読む。古事記伝にも出ている古い地名である。如願寺も当初は「喜連寺」として創建された。用明天皇の時代、聖徳太子が物部守屋を討伐したとき、仏法興隆奇瑞の地として当寺を建てられた。西には阿弥陀寺、東に弥勒寺、南に薬師如来をまつる湯谷寺、そのほか別院として橋本寺、松元寺、善法寺、高野寺を擁する近郷無比の大伽藍であったという。

弘仁8年（817）弘法大師が高野山巡錫のみぎり、この霊場に詣で、その衰退を悲嘆され、弘仁11年（820）、ついに荘厳なる諸堂を再建し、このとき「如願寺」と寺名を改めた。弘法大師は脇侍不動明王、毘沙門天王を御自作安置し、鎮守堂を建立されたという。

その後、兵火震災にあって諸堂は焼失したが、現在の本堂は享保4年（1719）に再建されたものである。

本尊・聖観世音菩薩は欅材の一木彫成。昭和46年大阪府指定有形文化財である。普段はお厨子の扉は閉じられているが、8月9～10日にご開帳される。

地図P207

第38番　王舎山《おうしゃざん》　長生院《ちょうせいいん》　長寶寺《ちょうほうじ》

大阪府大阪市平野区平野本町３-４-23　☎06・6791・4416

地図Ｐ208

当寺開基の慈心大姉は、坂上田村麻呂の娘で俗名を春子といい、もと桓武天皇の妃であった。桓武天皇崩御によって、春子は弘法大師に帰依して剃髪し、父・坂上田村麻呂が大同年中（８０６〜８１０）に創建した長寶寺の開基となったのである。縁記によると、当寺の本尊・十一面観音像は田村麻呂の守護仏で春日作と伝わる。

のちに後醍醐天皇が吉野に皇居を移されるとき、当寺を仮の皇居とされ「王舎山」の山号を賜った。また、笠置城落城のとき61人が討死し、その妻女たちが当寺にて出家したという。

『平野郷町誌』によると、現在の本堂と庫裡は、天保年間（１８３０〜１８４４）第33代慈源大姉の代の再建という。

『よみがえりの草紙』によると、永享11年（１４３９）６月６日、慶心比丘尼が頓死した。閻魔大王は地獄の恐ろしさを世の人びとに見せるため、大王の証判を慶心に持たせ、３日後に蘇らせた。毎年５月18日の閻魔大王のご開扉に実判が額に授与される法印授与は大阪市有形・無形民俗文化財に指定。仏涅槃図、銅鐘ともに国の重要文化財に指定されている。

第39番 野中山《やちゅうざん》 全興寺《せんこうじ》

大阪府大阪市平野区平野本町4-12-21

☎06・6791・2680

この地がまだ広茫たる野であったころ、聖徳太子が薬師堂を建立されたことから平野の町が広がっていったという。野の中に一堂だけがあったので、この地を野堂とよんだ。旧町名の平野野堂町、また山号の「野中山」の由来である。

現在の本堂は天正4年（1576）に再建されたもので、大坂夏の陣で一部を焼失したが修復。大阪府下では古い木造建築物の一つに数えられる。

ご本尊・薬師如来は平安時代中期の作で、一名を「蛸薬師」と称す。杭全神社にまつられる牛頭天王の本地仏とされるため、当寺は杭全神社の奥之院と仰がれていた。脇侍には日光・月光の両菩薩と十二神将がまつられている。また本堂には、「首の地蔵尊」がまつられている。大坂夏の陣のさい、真田幸村は、徳川家康が当寺から約300m東の樋之尻口にあった地蔵堂に立ち寄ると考えて地雷をしかけた。家康は運よく命拾いしたが、爆発によって地蔵尊の首が吹き飛ばされ、当寺境内にまで飛んで来たという。

境内には、水掛不動尊、西国霊場の石仏、音と映像で体感できる「地獄堂」、四国霊場の石仏をまつる地下の瞑想空間「ほとけのくに」などもある。

地図 P 209

第40番　紫金山《しこんざん》　小松院《こまついん》　法樂寺《ほうらくじ》

通称＝田辺のお不動さん

大阪府大阪市東住吉区山坂1-18-30　☎06・6621・2103

地図P210

真言宗泉涌寺派大本山である当寺は、平清盛の嫡子、小松内大臣平重盛公によって、治承2年（1178）に開創された。「小松の大臣《おとど》」とよばれていた重盛公にちなみ「小松院」と号し、当山奉安の紫金二顆の仏舎利から「紫金山」と称す。

重盛公はまた、平治の乱に亡び去った源義朝公の念持仏・如意輪観音像を安置して、敵方にあたる源氏の菩提をあつくとむらわれたという。

治承建立の伽藍は戦国末まで護持されたが、元亀2年（1571）信長の焼打ちにあって寺は全焼。その兵火が河内にまで及んだことを、寺記は伝えている。その後、江戸中期に洪善大和上が大和大宇陀にあった織田家の殿舎を譲り受けて当寺を復興した。今日の山門と本堂がそれである。

山門を入ると正面に三重塔、その背後に本堂、右手には大阪府の天然記念物に指定された楠の大木、左手には大師堂がならぶ。

当寺にゆかりの慈雲尊者は「日本の釈迦」と称され、当寺の忍綱貞紀和上に従って得度し出家、はじめて真言正法律をとなえた。

第41番　心王山《しんのうざん》　殊勝院《しゅしょういん》　京善寺《きょうぜんじ》

通称＝桑津厄除不動

大阪府大阪市東住吉区桑津3－21－9　☎06・6713・5526

「桑津不動」と呼ばれる当寺は、その昔、金剛院と称していた。境内は竹藪と常緑樹に囲まれ、清らかな小川の流れる小高い丘の上に本堂が建っていた。厄除祈願の参詣者が後をたたず、善如龍王をおまつりし、農民が豊作を祈り、干ばつには雨乞い祈願の柴燈護摩供でにぎわったという。

しかし、元和元年（1615）大坂夏の陣で、兵火のため堂塔は焼失してしまった。

承応2年（1653）篤信者の富井部氏らの霊夢に不動明王が出現されて、「早くこの寺を再建するように」とのお告げがあった。そこで、紀州根来寺の僧、観弘実誉阿闍梨を招いて堂宇を再建し、根来寺の不動明王と同木同作の不動明王をおまつりされた。その後、役小角の等身像を吉野より勧請して行者の道場となった。毎月1日と16日は午前3時から秘仏・大聖歓喜天の浴油供養、毎月28日には不動尊に祈願供が修せられる。

昭和53年に完成した本堂では、本尊さまの横に愛染明王、大元帥明王、如来三宝荒神、毘沙門天、弘法大師像、役行者像（胎内仏あり）など、古い仏さまが参詣の人々をお守りくださっている。

地図P211

第42番　慧日山《えにちざん》　常光圓満寺《じょうこうえんまんじ》

大阪府吹田市元町28-13
☎06・6381・0182

僧行基が諸国を巡っていたところ、ある日、夢の中に牛頭《ごず》天王があらわれ、「吹田に聖なる香木がある」と告げた。吹田を訪れると、夢のお告げどおりに一本の香木が打ち上げられていた。そのころの吹田は白砂青松の海岸だったのである。行基はその香木で聖観音像を彫刻し、その場所を聖地として堂を建て、香木の聖観音像をまつった。

行基の話を聞くため「集る者常に千名を超す」（続日本記）といわれ、日夜光明が絶えなかったので、「常に光明を放つ寺＝常光寺」と呼ばれるようになった。治承2年（1178）には隣村の吉志部（現在の岸辺）にあった圓満院を合併し、寺名を「常光圓満寺」と改めた。山号の「慧日山」は、観音経の「慧日破諸闇」に由来する。

足利三代将軍義満は当寺の本尊・聖観音に深く帰依し、以来、足利氏の祈願所として栄えた。その後、応仁の乱の兵火で焼土と化したが、寛文11年（1671）教範和尚によって再建。さらに昭和56年には老巧化した本堂が建て替えられた。

本堂裏手には西国三十三所観音石像がまつられているほか、七福神両天堂、鎮守堂などの諸堂宇がならぶ。

地図P212

第43番 圓満山《えんまんざん》 圓照寺《えんしょうじ》

通称＝千里山田観音

大阪府吹田市山田東3－14－27
☎06・6876・0461

仁寿3年（853）、天台宗延暦寺座主の慈覚大師（円仁）が文徳天皇の勅願をうけて開かれた。寺域は本堂を中心に4㎞四方に広がり、寺域内の山や岡には数多くの堂舎があったという。

その後、宇多天皇の皇后が重い病気にかかられた際、寛平6年（894）醍醐の理源大師（聖宝）が勅宣をうけ、当山にて平癒祈願を行ったところ、さしもの病いもたちまち全快した。それ以来、当山は真言道場となり、室町時代中頃まで栄えていたが、応仁の戦火によって現在の本堂が建つ円実坊以外のことごとくを失ってしまった。徳川時代の初め万治のころ、時の領主や信者の手で再建され、現在みられるような姿に整えられた。昭和45年に再建された本堂には、ご本尊・千手観世音菩薩、大阪府文化財に指定されている日光・月光両菩薩などがまつられている。

本堂右側の石段を上がると平成8年に再建された奥之院准胝堂、鐘楼が建つ。奥之院のご本尊准胝観音は秘仏だが、年に2度、1月の初観音会と7月の千日会の際にご開帳される。像高10１㎝、一木造り八臂の立像で、大阪府指定文化財。安産子育てに霊験ありと信仰を集めている。

地図P213

第44番　碕井山《さきいざん》　佐井寺《さいでら》

大阪府吹田市佐井寺1-17-10
☎06・6388・2413

当寺は、かつては七堂伽藍と六十余院を有する公家恒例の御読経道場二十一大寺中の随一であったことが、鎌倉初期の記録である『拾芥略要抄』(洞院公方著)にみえる。佐井寺という地名にもなっているように、この地域の中心的な役割を果たしていたに違いない。

当寺の歴史をひもとくと、653年に25歳で入唐し、玄奘三蔵に親しく師事して法相の教学を学び、8年間の在唐ののち帰国した道昭法師によって草創された。道昭法師は奈良の元興寺に禅院を建て、その後、諸国を巡錫して民衆の福祉をすすめた僧としても知られている。

第一世道昭のあとをついだ二世道薬(和銅7年寂)、三世中興行基(道薬の弟子)によって七堂伽藍と六十余宇の僧院が建ったという。弘仁5年(814)2月には嵯峨天皇から綿100屯を賜り、弘仁7年(816)2月には水生野ヶ原行宮所(現在の水無瀬付近)にて綿各100屯を賜ったと記されている。

石段を上がると右手に薬師如来と毘沙門天、弁財天をまつる薬師堂、正面に本堂、本堂右手に護摩堂が建ち並んでいる。

地図P214

第45番　蜂熊山《はちくまやま》　金剛院《こんごういん》

大阪府摂津市千里丘3－10－5　☎06・6389・3957

その昔、はるか北方に紫雲たなびくのを見た行基菩薩が奇瑞を感じ当地を訪れると、忽然と老翁が現れ、珍菓をさし出し、「ここは四神相応の霊場なり、急いで伽藍を建立し、仏の無上妙法を布演して国民を救済せよ」と告げた。創建された寺は、老翁の珍菓の味がこの世のものとも思われなかったことから放光山味舌《ました》寺と号された。それが何故、峰熊山峰前寺と称するようになったのか。

南北朝時代、後醍醐天皇方の武士、杉本与茂作は戦いに敗れ当寺に逃げ込んだ。お堂の隅に息をひそめていると、目の前にクモの巣にとらわれた蜂の姿があったので、「薬師如来よ、ご照覧あれ」と蜂を逃がしてやった。そこに敵の大群が迫ってきた。すると山内の林の中から幾万という蜂が現れ、敵軍を撃退。戦死した蜂を集めて供養したのが、いまも本堂裏に残る蜂塚（五輪塔）である。

それから130年後、斥候の勇士が追われ当寺に逃げ込み、ご本尊の薬師如来に祈ったところ、本堂裏から無数の蜂が現れて盗賊を追い返した。

これより霊山（蜂熊山）蜂前寺金剛院と呼ぶようになった。行基作と伝えられる薬師如来は秘仏で、30年に一度開扉される。

地図P215

第46番 瑞光山《ずいこうざん》 蓮花寺《れんげじ》

大阪府茨木市天王2-12-25
☎ 072・623・1903

地図P 216

天平の昔、行基菩薩が巡錫のおり、この地にあった池の中からまばゆい光が輝いているのを見て、「これは霊地であるからこそ、光を放っているのだ」と考えられて伽藍を建立され、衆生済度の寺とされたのが、当寺のはじまりという。

寺域が広大であったことは、その遺跡として、薬師堂、大門、中之坊、正泉坊などの地名字名が、いまもこのあたりに広く残っていることからもうかがい知ることができる。代々当寺は、行基菩薩が建立された畿内四十九院のうちの一つであると口々に伝えられてきた。しかし、応仁元年（1467）応仁の乱のさいに、堂宇、古文書などがことごとく焼失し、歴史的な事実は残っていない。

そののち、寛永年間（1624～1644）に祐照が再建をはかり、成就しなかったが、弟子の快慶によって享保5年（1720）再建復興された。正東院という奥之院の跡地に再建されたので、瑞光山正東院蓮花寺と号するのである。

現在の本堂は平成2年、護摩堂は平成26年に再建復興された。

当寺におまつりされている木造十一面観音立像ならびに木造地蔵菩薩立像は、ともに大阪府文化財に指定されている。

第47番　補陀洛山《ふだらくさん》　総持寺《そうじじ》

大阪府茨木市総持寺1-6-1
☎072・622・3209

当寺は、大宰大弐という役人であった中納言高房の遺志により、その子である中納言山蔭が、本尊の亀に乗った千手観音像を彫造し、仁和2年（886）に創建された。中納言山蔭は志半ばで死去した。そこで、中納言山蔭の子らが、祖父、父の遺志を継いで、本堂、五重塔、宝蔵、回廊、大門などを次々に完成、寛平2年（890）2月、山蔭3回忌に落慶法要を営んだ。本尊・千手観音には、一条、後一条、白河、鳥羽の四帝の帰依も厚く、勅願寺として寺運も栄えたという。

高房が2歳になる山蔭をともなって太宰府へ向かう途中、淀川に船を浮かべたおり、大亀を救って川に放した。のちに山蔭が継母の手にかかって淀川に突き落とされたとき、高房に助けられた大亀が現れてその背に山蔭を乗せ、岸まで運んだという「亀の恩返し」の伝説が残っている。

また元亀年間（1570～1573）、織田信長の兵火にかかり諸堂は焼失した。このとき本尊は、下半身は炭のように焼け焦げてしまったが、上半身は焼けずに金色に輝いておられたという。このことから「火除け観音」ともよばれ信仰されている。

地図P217

第48番 峰尾山《みねおさん》 地蔵院《じぞういん》

大阪府高槻市真上町4－1－54 ☎072・684・0064

当寺の開創は天平の昔、行基菩薩によると伝えられているが、詳しい寺伝は焼失してしまいわからないという。

時代は下って、慶長年間（1596～1615）に槇尾の明忍和尚により真言律宗の寺院として中興され、寛文7年（1667）に教存律師によって堂宇が造営されたことは明らかになっている。それ以後、300年余り建ちつづけていた本堂は、昭和62年5月に再建落慶された。

本堂にまつられるご本尊の地蔵菩薩は安産延命のお地蔵さまであり、脇侍として持国天、多聞天、掌善童子、掌悪童子の四体を従えておられる。これら四体の脇侍はいずれも室町期の作であり、時代の重みを感じさせてくれる。

このほか寺宝として、三尊来迎仏（伝恵心筆）、十六羅漢図、涅槃図、愛染明王図等の軸装がある。

本堂裏の墓地には総高4m80cmという大きな尊勝院ダラニ塔（五輪塔）が立っている。

また本堂前には、信者さんの寄進による、片足を立てた珍しい姿のお地蔵さまがまつられている。

地図P218

第49番 鶴林山《かくりんざん》 靈山寺《りょうぜんじ》

大阪府高槻市霊仙寺町1-11-1

☎ 072・699・0001

当寺は、49代光仁天皇の皇子、開成皇子によって開かれた。宝亀9年（778）、当山に紫雲がたなびくのを皇子がご覧になり、山の峰を分けて登られると、山内の滝の中に自然石像の不動明王が立たれているのに気づかれた。皇子が滝の音を耳にしながら、一夜を念誦三昧に明かしておられると、あたりに霞がかかり、月光がおぼろげになったとき、不動明王は突如、こう告げられた。「私は皇子を長らくお待ちしていました。どうか速やかにこの霊地を、衆生済度のためにお開きください」と。皇子は、このお告げにより当山を開き、石像の明王を本尊としておまつりされたのである。

当山のご本尊・不動明王は「一言不動」とよばれ、「一言祈れば、願意満たざるはなし」といわれて信仰を集めてきた。

天正年間（1573〜1592）、キリシタン大名高山右近の兵火にあい堂宇はことごとく焼失したが、当時の住職、弘清阿闍梨が本尊を守り抜き、江戸初期には再建された。

現在の本堂は慶長年間（1596〜1615）に、境内左手の薬師堂は天明年間（1781〜1789）に建立された。

地図P219

第50番 神峯山《かぶさん》 大門寺《だいもんじ》

大阪府茨木市大門寺97

☎072・649・2027

当寺は創建当時は青龍寺と称した。奈良時代の終わりごろ、桓武天皇の兄君である開成皇子が、当山で多聞天の化身である老人に会われたのを機に、香木をもって如意輪観音を彫造し、まつられたのがはじまりという。

平安時代の永久年間（1113～1118）より鎌倉時代の弘安年間（1278～1288）の約170年間にわたり、大門寺一切経という写経の大事業がおこなわれた。

その後、天災や戦火にあい堂塔伽藍を焼失し寺運は衰微した。江戸時代のはじめごろ、中興快我上人、第二世周純阿闍梨によって再建されたのが今日の伽藍である。本堂にまつられている如意輪観音および四天王像4躰は平安末期の作と見られ、国の重文に指定されている。

また、『太閤記』には秀次の切腹が記されているが、秀次の養育係、木村常陸介重茲は、主君の後を追って当山で自害した。遺骨は当山に葬られ、刀、槍、経帷子《きょうかたびら》などの遺品が残り、いまは茨木市の資料館に寄託されている。

地図P220

第51番 麒麟山《きりんざん》 眞龍寺《しんりゅうじ》

大阪府茨木市東福井2-24-11
☎072・643・5897

天平20年（748）3月、聖武天皇の勅願所として造営された、行基菩薩の草創による古寺である。さらにそれより以前、文武天皇の時代（697〜707）、役行者が大和国葛城山から箕面山に赴いたおり、そこから巽の方向（東南）に「一条の光明輝き、天に通じ百千の灯火を点じた如く」見えた。その地を訪れたところ、山の中腹にある小さな池（閼伽池）の傍で庵を結んだ一人の仙人を見かけ尋ねると、「我、汝を待つこと久し、この聖地に伽藍を建立なし給え」といって、三巻の経文を口にして龍に変じて天に昇った。この故事により、釈迦、文殊、普賢の三尊を本尊とし、山号を麒麟山、寺号を眞龍寺と称し今日に至る。

弘仁年間に、弘法大師の高弟・真如親王が大門、鐘楼、経堂その他二十一坊を建立した。その後、応仁の乱などの戦火により堂宇は焼失する。文禄年間の検地帳には十二坊の名があり、慶長年間に現在の場所に移る。

現在は本堂、牛頭堂、鐘楼、本坊などが建立されている。

毎年4月第2日曜日には春の大祭として、境内護摩道場において採燈大護摩供が盛大に修される。

地図P221

第52番 宝生山《ほうしょうざん》 帝釋寺《たいしゃくじ》

大阪府箕面市粟生外院2-14-11
☎072・729・4028

通称＝箕面帝釈天

地図P222

当寺は聖徳太子にゆかりの霊場と伝えられる。太子が四天王寺を造るにあたって、その料材をこの地に求めたとき、太子の夢枕に八面八臂の鬼神が若干の眷属、容貌端正の天女、数多くの童子を伴って現れ、こう告げられた。「この深山の良木伐採のこと、ここは是れ我遊戯居住の地なり、よってこの地に一院を建立し仏法弘道を志願となせば、志願成就の繁栄を永劫に奉らん」と。そこで太子自ら帝釈天王の霊像を一刀三礼し刻したといわれている。

この聖徳太子御作の帝釈天王がご本尊であり、ほかに弘法大師御作と伝わる毘沙門天および弁財天が各一体ずつおまつりされている。帝釈天、毘沙門天、弁財天の三天が奉安されていることから、その昔は、「三天寺」とよばれていた時代もあったという。

応仁年中以後にたびたびの兵乱によって諸堂を焼失したが、慶安2年（1649）、秀栄法師により中興。

当寺では、毎月8日には本尊祭がおこなわれ、この日は午前11時から護摩が焚かれ、諸願成就、悪災消除のご祈祷がおこなわれる。

第53番　歓《かん》喜《き》山《ざん》　善《ぜん》福《ぷく》寺《じ》

大阪府箕面市粟生間谷西5-1-1
☎072・729・2510

宝亀8年（777）、光仁天皇の御代、開成皇子の勅願により、勝尾寺が都率浄土の内院として創建されたさい、外院として建立せられた六ヶ院のうちの一ヶ寺が当山である。

山号寺名の由来は、ひとたび当山嶺に登るものは摂津河内和泉の眺めを欲しいままにし、心機一転、歓喜踊躍の思いを得る故に歓喜山と号し、本尊は東向十一面観世音菩薩にして、霊験あらたかで、七難即滅、七福即生の希求を満足せしめ給うを以って善福寺と称す。

この本尊の誓願の中に「大晦日に当山に詣でて親しく我を拝する者は、長く悪趣の苦を離れ頓に諸病の患を抜き給う」とあり、古より当夜に参詣する者その数知らず。当山本尊は東向きに鎮座し、日の出ずる方角を見給う希有なる観世音菩薩である。

日の出、夜明けを観ることを意味し、心身の患苦を離れ、心中の願いが叶う道を開き給う。東向きの観音さまと親しまれ数多の善男善女参詣して本尊の中風や業病難病、数多の厄難滅除の利益を預かり給う。

地図P223

第54番 応頂山《おうちょうざん》 勝尾寺《かつおうじ》

大阪府箕面市勝尾寺

☎072・721・7010

創建は神亀4年（727）、善沖、善算という双子の兄弟が入山、草庵を構えて修行されたことにはじまる。その後、天平神護元年（765）、2人が後の峯へ行ってみると山上には既に修行の人がいた。この人こそ光仁天皇の御子開成皇子だった。皇子は両上人の仏弟子となった。宝亀6年（775）、開成皇子は般若台に大般若経六百巻を埋経し、一寺を建てて、これを弥勒寺と号された。ご本尊がまだないので心を悩ましていると、「妙観」という観音化身の比丘が、身丈八尺の十一面千手観音を彫造され、当山のご本尊となった。

開成皇子はまた、自ら薬師如来を刻み、薬師堂を建てた。その後、数多くの堂塔が建立され、6代座主の行巡上人は清和天皇の病気平癒を祈願し効験があったので、天皇の帰依を受けて大いに栄えた。寺名も「勝王寺」と改め、さらに後年「勝尾寺」となった。

寿永2年（1183）源平の兵乱で堂塔は焼失したが、文治4年（1188）源頼朝の命で、梶原景時、熊谷直実などが再建に尽力、その供養塔も現存している。現在の本堂は、淀君が建立したもの。

地図P224

第55番　箕面山《みのおさん》　瀧安寺《りゅうあんじ》

大阪府箕面市箕面公園2-23　☎072・721・3003

修験道の根本道場として名高い当寺は、斉明天皇4年（658）、役行者によって開かれた。

箕面滝のもとで苦修練行をし、弁財天の導きを受けて秘法を感得された役行者は、その報恩のために堂宇を建立し、弁財天を彫刻して安置し箕面寺と名づけた。こうした由緒から当寺の本尊は日本最初の弁財天と言われる。

その後、五十余の堂宇が建ちならび、空海、聖宝、円珍、法然、日蓮といった名高い宗教家が入山し修行に励んだ。

また皇族との縁も深く、南北朝時代には、隠岐の島に流島された後醍醐天皇の御帰還祈祷を、護良親王の依頼によって修法、天皇は無事帰京され、瀧安寺の寺号を下賜された。

現在の弁天堂は明暦2年（1656）、後水尾天皇の勅命によって再建。また山門は文化6年（1809）、光格天皇より下賜され御所から移築されたものである。豊臣家から寄進された観音堂は平成に再建され、堂内には重文指定の如意輪観音が安置されている。

当寺発祥の江戸期の「箕面富」は現在の宝くじの元祖と言われている。

地図P225

第56番 摩尼山《まにさん》 如意輪寺《にょいりんじ》 寶珠院《ほうしゅいん》

大阪府箕面市如意谷4-5-25
☎072・722・1715

当寺の寺記によれば、弘法大師が諸国を遍歴していたおり、河内国錦部郡において一人の老僧に会い、こう告げられた。「摂津豊島郡に如意輪有縁の霊場あり、宜しく寺院を営むべし」と。この老僧こそは役小角の再来であり、弘法大師は当山に登って如意輪大悲尊像を一刀彫刻して真言を誦し、三礼を成し名号を唱えて、三日三晩かかって彫り上げた。そして寺院を創設して、この霊像をおまつりした。もとは「如意輪寺」と称していた。

　その後、陽成天皇の時代になって、元慶4年（880）に荘園を下賜され、七堂伽藍を備え数十の坊舎がならんでいたという。しかし、後土御門院の御代、応仁の乱の兵火にあって伽藍はことごとく灰燼となった。塔頭の一つであった寶珠院のみが、ようやく草堂を営んでその法燈を継続し、寛文5年（1665）に僧秀盛によって本堂と庫裡が再建されたのであった。

　ご本尊の如意輪観世菩薩は室町初期の作と思われ、像高三尺二寸五分、等身大の坐像で、もとは如意輪寺の本尊であったと考えられる。この寺の廃亡した時、その管理が寶珠院に移されたのであろう。

地図P226

第57番 鉢多羅山《はったらさん》 若王寺《にゃくおうじ》 釋迦院《しゃかいん》

大阪府池田市鉢塚3-4-6 ☎072・761・8761

通称＝尊鉢厄神

尊鉢のバス停近くでは「尊鉢厄神」の大きな標識が目にとまる。「尊鉢」の由来はこうである。

その昔、神功皇后が新羅出兵のおり、戦勝帰国に際して国王よりの献上物に釈迦の仏舎利、袈裟、鉄鉢の三宝物があった。当時わが国にはまだ仏法が伝来していなかったので、皇后はこの宝物の処置に困って猪名の里(今の池田)のこの地に埋め、後年、仏法流布の日を待たれた。

奈良時代にいたり、僧行基が夢の中で観音菩薩のお告げにより、その地を発掘して三宝物を得た。早速朝廷に報告し、聖武天皇の勅願によって一大伽藍が建立され、「若王寺」の寺号を賜った。以来、この地を釈迦の鉄鉢にちなんで「尊鉢」とよぶようになった。三宝物のうち仏舎利と袈裟は戦国時代に灰燼に帰してしまったが、鉄鉢はいまも当寺に大切に安置されている。

本堂にはご本尊・釈迦如来と弘法大師像がまつられ、そのとなりの護摩堂には不動明王がまつられている。一段高いところに厄神明王がまつられた厄神殿が建っている。

毎年1月18日・19日の厄神大祭には、厄年の人や厄除開運を祈る老若男女でにぎわう。

地図P227

第58番 多羅山《たらさん》 若王寺《にゃくおうじ》 一乗院《いちじょういん》

大阪府池田市鉢塚2-7-26 ☎072・761・8918

当寺は、若王寺一山の一院として聖武天皇の勅願により、僧行基によって開創された。弘仁5年(814)には弘法大師が留錫し、本尊・聖観世音菩薩、雨宝童子、春日竜神の三体を刻造し、奉祀したと伝えられている。

天正年間には織田信長の兵火にかかり堂宇は焼失したが、寛永15年(1638)秀栄が檀家の協力を得て再興した。さらに200年後の天保5年(1834)に快龍が復興し、以後、営繕修理され今日にひきつがれている。

境内にはいると左手に鐘楼、右手には雨宝童子のまつられた融通尊堂が建っている。正面の本堂にはご本尊・聖観世音菩薩、多聞天などがおまつりされている。ご本尊は桧の一本彫で、像高70㎝、舟形光背を持ち、翻波の崩れなど見られず藤原末期の作と推定される。多聞天は藤原期の四天王像としては貴重なもの。

雨宝童子は両部神道で天照大神が日向国に下生したときの姿とも、また大日如来の化現したものともいい、室町時代の作と推定される。

このほか、春日竜神は室町時代に南都(奈良)で活躍した宿院仏師の作といわれている。

地図P227

第59番　清光山《せいこうざん》　常福寺《じょうふくじ》

大阪府池田市神田３-11-２
☎０７２・７５１・３９４０

当寺は聖武天皇の天平３年（７３１）、行基菩薩がこの地に留錫、自らご本尊の十一面千手観音菩薩を刻みまつられたのが開基と伝わる。二世海然大徳が種々の法験を現じ寺名は大いに高揚。古くから有名な当山の竜池弁財天もこのころに勧請された。今日では当寺の北面にある早苗の森・八坂神社の祭神となっている牛頭天王の降臨されたのも、天元２年（９７９）５月と当山の縁起は伝えている。長徳４年（９９８）、これらの由緒を讃嘆された一条天皇より「清光山」の勅額を賜る。

その後、源頼義の奉請によって白川院の勅命があり、藤原景正が修復にあたった。さらに後、伏見帝の正安３年（１３０１）、執権・北条貞時が勅命によって修築した等々の歴史を経て、天正６年（１５７８）の兵火により堂宇は焼失したが、池田城主・池田光重が復興に尽力し、慶長年間、本堂をはじめ諸堂が再建され今にいたっている。

本堂にはご本尊・十一面千手観世音菩薩がおまつりされ、平安時代の作として池田市の文化財に指定されている。頭上に二手を掌を上に向けて組み合わせ、掌の上に阿弥陀如来をいただいておられる清水式の非常に数少ない像容である。

地図P228

第60番 有應山《うおうざん》 金剛院《こんごういん》

兵庫県伊丹市宮ノ前2-2-7 ☎072・782・1434

当寺は、有應山善楽寺と号し、延喜4年（904）3月、宇多法皇が京都御室の仁和寺に御堂を造営してしばらくののち、法皇の勅願により薬師如来をご本尊に醍醐の聖宝理源大師が勧請したという寺である。

当寺はまたの名を野宮寺といい、猪名野神社の別当を務める寺でもあった。天正7年（1579）荒木村重対織田信長の兵乱で伽藍などに多大な損害を受け、文禄年間（1592～1596）に豊臣秀吉の命で長照が中興の祖となり、本堂などを再建した。江戸初期には伊丹在郷町が近衛家の領地になり、このため、当寺は近衛家の信仰が厚く、寛文年間（1661～1673）には近衛家の祈願所になった。明治33年、出火により惜しくも本堂が焼失した。

現在の境内には、大日如来、薬師如来をおまつりする持仏堂、十一面観世音菩薩をご本尊とし、地蔵菩薩、御神木の欅からなる不動明王を安置する観音堂、金毘羅大権現をご本尊とする金毘羅堂、一願一縁成就すると伝えられる愛染明王をご本尊とする愛染堂を有する。

また、歌人・中村良臣、国学者・村上潔夫の墓がある。

地図 P 229

第61番 猪名野山《いなのざん》 願成就寺《がんじょうじゅじ》 安楽院《あんらくいん》

兵庫県伊丹市千僧3-22
☎072・777・5353

当寺は、元明天皇の御代、和銅6年（713）に創建され、聖武天皇により勅願所となった。願成就寺とも安楽院ともいい、仁和寺末の寺である。

縁起によると、僧行基が畿内に四十九院を建立する願を発せられた場所が、いまも当寺の南方に残る御願塚で、四十九院を創建し終わって「吾が願すでに成れり」と建立されたのがこの寺と伝えられている。往時は七堂伽藍がならび塔頭も十六ヶ院を数えた。また行基は昆陽池を築造され、千余人の僧を招いて落慶法要を営んだ聖地であることから、寺名を願成就寺とし、地名を千僧とよぶにいたったといわれる。天正7年（1579）荒木村重対織田信長の兵乱のさい、十六ヶ院の塔頭も灰燼に帰し、当寺のみが現存している。

当寺のご本尊は大日如来、脇仏は不動明王と愛染明王で、脇陣に観音菩薩、地蔵菩薩、聖天、行基菩薩などがまつられている。中でも不動明王は智証大師の作で、後醍醐天皇の守り本尊であった。

後醍醐天皇が隠岐への途上、昆陽の里にて、「命あればこやの軒端の月も見つ、またいかならんゆく末の空」と御詠じになり、その時の「有故而当院之奉安置」との銘文が残る。

地図P230

第62番　崑崙山《こんろんざん》　昆陽寺《こやでら》

兵庫県伊丹市寺本2-169　☎072・781・6015

通称＝行基さん

当寺は僧行基が建てた昆陽院とよぶ布施屋（難民救済所）の後身といわれる寺で、聖武天皇の勅願所であった。『古今著聞集』には、行基が有馬温泉へ行く途中、ここで発願して建立したとある。

神亀年間（724〜729）、行基は荒地だった猪名野笹原、五十町四方の中に三十六士族を分住させて昆陽荘を開き、その中央の四町四面に昆陽寺を建立したという。行基作と伝わる半丈六の薬師如来、十一面観音をまつり、七堂伽藍をもつ摂津一の巨刹で、塔頭も二十三坊を数えた。

天正7年（1579）織田信長の兵火にあいすべて灰燼に帰したが、その後、信者によって徐々に再建された。境内には四国八十八ヶ所を写した小石仏群「新四国」もある。

当寺の梵鐘は4代目、宝暦10年（1760）造で重要美術品の指定を受けている。また持国天・多聞天の二像は伊丹市内では最古の像とされる。明暦年間（1655〜1658）再建の山門、寛永3年（1626）再建の観音堂も県の重要文化財に指定されている。

阪神淡路大震災で境内の建物は倒壊したが、3年がかりで復興し復元された。

地図P231

第63番　為楽山《いらくさん》　大空寺《だいくうじ》

兵庫県伊丹市野間6－5－5
☎072・781・1149

当寺は聖武天皇の御代（724～749）、行基菩薩によって創建されたと伝わる。その後、貞享3年（1686）の縁起書によると、織田信長の兵火にかかり、藤原時代のご本尊・聖観世音菩薩を焼失。これを嘆いた当時の住職が、ご本尊の脇侍であった毘沙門天、延命地蔵菩薩のうち延命地蔵菩薩をご本尊としておまつりした。その後、聖観世音菩薩を再興して観音堂に奉安し、その脇侍として不動明王、毘沙門天がまつられていた。

平成7年1月の阪神淡路大震災により、鎌倉時代の代表的建築物といわれていた鐘楼が倒壊。本堂も修復不可能な被害を受けた。平成12年に鐘楼が再建され、ついで平成14年に本堂を再建した。

現在は、聖観世音菩薩を本尊とし本堂へ安置。その脇侍として延命地蔵菩薩、毘沙門天、そして伊丹七福神の一神に数えられる布袋尊がまつられている。観音堂は不動堂へ変更し、不動明王をおまつりしている。復興された当寺は新本堂、新鐘楼、不動堂、納骨堂、庫裡などがならぶ。

境内南側には樹齢数百年といわれる松の樹があり、15mほどもあるその枝は、まるで仏法を守護する龍の姿を思わせ、寺を守っている。

地図P232

第64番　補陀洛山《ふだらくさん》　浄光寺《じょうこうじ》

兵庫県尼崎市常光寺3-5-1　☎06・6481・3697

その昔、恵満という僧が、観音の功徳により海中から光を放つ金像を感得し、持ち帰って小さなお社を作りおまつりしていた。恵満の死後はおまつりする者がないまま数十年が過ぎた。天長6年(829)の秋、諸国巡錫のおりに立ち寄られた弘法大師が寺を建立し、恵満が感得した金像をご本尊におまつりして補陀洛山浄光寺と名づけた。往時は七堂伽藍を備えた大寺で、その名は広く知れ渡り、人々の精神修養の場となっていた。

天正7年(1579)、摂津国伊丹の城主・荒木村重の乱のおり、堂塔すべて灰燼に帰した。豊臣秀吉の太閤検地では寺領を没収され、寺名がそのまま地名となった。当寺は再び小さなお社を建ててご本尊をおまつりし、寺名を慈眼院と改めた。沙門慶海が住持であった慶長年間には、ご本尊を伝法の浦に移したが、その後行方知れずとなる。浄光寺の衰退を嘆いた京都智積院の僧性海はご本尊を探し出し、郡山城の柳沢家によって寄進建立された本堂に安置した。

昭和に入って寺号を旧名の浄光寺に戻し別格本山に昇格した。昭和48年、弘法大師ご誕生1200年にあたり本堂を新築し現在に至っている。

地図P233

第65番 月峯山《げっぽうざん》 大覚寺《だいかくじ》

兵庫県尼崎市寺町9

☎06・6411・2705

通称＝尼崎聖天

大覚寺の前身は、推古天皇13年（605）、百済の高僧日羅上人が聖徳太子の命を受けて長洲（尼崎の地名。旧淀川の河口に当たる）の浦に建立した「灯炉堂」であると伝わる。

灯炉堂の山伏が焚く柴灯護摩の狼煙は、能勢剣尾山、京都愛宕山の二峰を経由して、京の都へ瀬戸内海の変事を伝える重要な役割を担っていた。

鎌倉時代中頃には、金堂、講堂、三重塔等の七堂伽藍に加え、門前市、湯屋を備えた月峯山大覚寺として再興され、後宇多天皇、後伏見天皇を始め南北両朝からの信任も厚く、室町時代には、楠木討伐のおり当寺に在陣した足利義詮の寄進によって荘園の支配権が拡大した。

中世の大覚寺は、宗教的・政治的・経済的に活躍し、尼崎の発展に貢献したが、元和3年（1617）の尼崎城下の発展に伴い現在の寺町に移動し、寺容は縮小された。

琵琶法師の信仰も集めた大覚寺には、『覚一本平語相伝次第』（流布本平家物語の詳細な相伝記録）が所蔵され、注目されている。

地図P234

第66番 待兼山《たいけんざん》 髙法寺《こうほうじ》

大阪府池田市綾羽1-1-9 ☎072・751・4240

当寺は、天平年間、僧行基の開基と伝えられている。もとは鳥の郭公《カッコウ》の生息地で有名であった現在の豊中市待兼山の頂上近くに建立され、永禄年中（1558〜1570）までは池田の城主筑後守の祈願所であった。戦国時代の兵火にかかって堂塔は全焼し、時の住職がご本尊と「髙法寺」の掲額のみを背負い、城下であった当所にのがれ、小堂を建てておまつりしたという。慶長3年（1598）、僧静弁の中興である。

ご本尊・十一面観世音菩薩は、本堂奥のお厨子におまつりされている。秘仏であるが、1月1日〜20日、8月1日〜20日はご開帳している。桧の一木造り、像高80㎝、お顔は藤原時代特有の円満相である。弘仁風、藤原時代の地方的作風のある貴重な存在とされており、池田市指定文化財。本堂には、不動明王、弘法大師像も奉安されている。

門を入ると左手に本堂と庫裡、正面に金毘羅権現をまつる小堂、そのとなりに豊川稲荷堂、八大龍王堂がならぶ。境内の一角には、与謝蕪村に師事し、俳友松村月渓（呉春）と親交が深かった俳人・川田祐作（田福《でんぷく》）の句碑が立つ。

地図P235

第67番 大澤山《だいたくさん》 久安寺《きゅうあんじ》

大阪府池田市伏尾町697 ☎072・752・1857

関西花の寺二十五ヵ所霊場の第12番札所で、アジサイ（6月下旬）、モミジ（11月下旬）の時期には参拝が多い。また、西国四十九薬師霊場の第18番札所として薬師如来が信仰を集めている。

当寺の楼門は他に類例を見ない水平のない軒反りで、鎌倉期彫刻を偲ばせる仁王像を中央親柱より後方に安置し前面を広くした仏堂様式など、室町前期の優れた技法を随所に伝えており、国の重要文化財に指定されている。

仏舎利塔まで北にまっすぐ350mの参道が続き、約2万坪の境内が野趣のある庭園となっている。庭をぬけて広場へ出ると正面には本堂が姿を見せる。左手の石段を登ると、弘法大師をおまつりする御影堂。光明泉のある普供養の庭、阿弥陀堂（阿弥陀如来坐像＝国の重文、薬師如来立像＝池田市の重文など）を参拝し、本堂に入る。ご本尊・千手観世音菩薩は秘仏だが、お前立がまつられ、その両側には四天王像が奉安されている。

境内東側には薬師堂、本堂裏手にはバン字池を中心に虚空園が広がり、その北には霊園と地蔵堂。仏舎利塔では6・4mの大涅槃像が新名所となっている。

地図P236

第68番　神秀山《しんしゅうざん》　満願寺《まんがんじ》

兵庫県川西市満願寺町7-1

☎ 072・759・2452

当寺の縁起によると、神亀元年（724）比叡山のふもと絹川のほとりに毎夜不思議な光が輝き琵琶湖の上を照らすので、村人たちがたずねると、洞窟の中に千手観音の尊像が立っておられた。村人は夢告により、観音像を摂津国栄根（現・川西市栄根）に移しておまつりした。しかし、ある雪の夜、観音像がこつぜんとすがたを消したため、諸所をたずねたところ、北西の山中（現在の満願寺の奥之院）の岩の上に立っておられた。そこで、この地におまつりすることになったのが、この寺のご本尊・千手観音像であるという。

開基の勝道上人は、弘法大師の「日光碑文」によると、日光の補陀洛山の開基で、聖武天皇の勅願によって諸国に満願寺を建立した。その徳によって満願上人ともよばれた。

安和元年（968）、源満仲が多田荘に館を構えて以来、源氏一門の祈願所として大いに栄えた。以後、戦国のころ一時衰えたが江戸中期には徳川氏から寺領を受け諸堂が再建された。

観音堂には秘仏・千手観音、金堂には阿弥陀如来がまつられ、金堂左手には重要文化財の妙阿造建の九重石塔、源氏七塔などがある。

地図 P 237

第69番　紫雲山《しうんざん》　中山寺《なかやまでら》　大師堂《だいしどう》

兵庫県宝塚市中山寺2-11-1

☎0797・87・0024

中山寺は、仲哀天皇・大仲姫ゆかりの地に聖徳太子によって創建された日本最初の観音霊場である。

ご本尊・十一面観世音菩薩（重要文化財）は、インドの王妃シュリーマーラ（勝鬘夫人）を模した尊像といわれ、女人済度の悲願をこめて、自らの等身像を彫刻された故事に由来している。

安産の霊験あらたかで、源行綱の不信心な妻を鐘の緒で戒めたという。その鐘の緒はいまも保存され、女性の産生安楽と子どもの無事成長を祈る「安産の腹帯」としておまつりされている。

また、世継ぎのないことを嘆いた豊臣秀吉が、当寺に祈願して淀君に秀頼を授かったことや、中山一位局が鐘の緒を受けて明治天皇をご平産なさったことなど、古くから皇室のご崇信はもちろん、武家、庶民の信仰もたいへん篤い。

69番大師堂では真言宗の宗祖弘法大師をおまつりしている。

また、堂内では西国三十三所のお砂ふみがある。大師堂の南側には、群青色の五重塔が聳えている。

地図P238

第70番 紫雲山《しうんざん》 中山寺《なかやまでら》 寿老神堂《じゅろうじんどう》

兵庫県宝塚市中山寺2-11-1 ☎0797・87・0024

寺伝によると当寺は、大仲姫とその皇子、香坂王・忍熊王の追善のため、聖徳太子が16歳のときに開創した寺であるという。

日本最初の観音霊場で、西国三十三所の根本道場であった。奈良時代には八宗兼学の寺であったが、当山独鈷尾の別所院におられた宇多天皇が仁和寺で出家されてからのち真言宗寺院となった。

平安時代中期、源満仲が摂津守を任じられてからは、摂津（清和）源氏の祈願所となっている。満仲の末子美女丸と幸寿丸の悲話は一般によく知られている。

文武天皇の御代（697～707）、大和長谷寺の徳道上人は、三十三観音霊場巡拝をすすめ、当寺を第1番札所とされた。その霊験から、極楽中心中山寺とよばれた。徳道上人から200年ののち、即位わずか2年で皇后を失った花山法皇は、皇后の菩提をとむらうため、衰微していた三十三所の観音霊場を復興され、道順にしたがって第24番札所となり現在にいたっている。

山内には七福神があり、第70番寿老神堂には寿老人と午歳の守本尊・勢至菩薩がまつられている。

地図P238

第71番　紫雲山《しうんざん》　中山寺《なかやまでら》　奥之院《おくのいん》

兵庫県宝塚市中山寺2-11-1（中山寺）
☎0797・87・0024（中山寺寺務所）

第70番の寿老人堂から西へ進み、萬霊塔のあたりから十八丁が奥之院の参道である。北摂の山々をあおぎ、道しるべにそって緑のトンネルの山道をゆっくり歩くこと約1時間で、奥之院にたどり着く。ハイキングコースでもあり、行楽シーズンには家族連れでにぎわっている。

慶長8年（1603）豊臣秀頼が中山寺を再興するまでは、奥之院が当寺の大伽藍であったと伝わる。応神天皇の御代、巷に疫病が流行した。そこで天皇は吾孫子の峯（いまの中山寺奥之院）に使いをつかわされ、天神地祇をまつり、悲運の皇兄・忍熊皇子の鎮魂供養をされたところ、疫病はたちまちにおさまった。これが日本最初の厄神明王の草創とされる。

その約300年後、聖徳太子は逆臣物部守屋の鎮魂供養のために当寺を創建された。

本堂左脇の白鳥の泉は「大悲水」として信仰され、多くの参拝者が汲みにきている。また、中山寺には聖徳太子が愛馬・黒駒の騎馬すがたの像がいまも残っている。

地図P239

第72番 蓬莱山《ほうらいさん》 清澄寺《せいちょうじ》（清荒神《きよしこうじん》）

通称＝清荒神

兵庫県宝塚市米谷清シ1番地 ☎0797・86・6641

地図P240

縁起によると、寛平5年（893）宇多天皇が霊夢によって精舎の建立を発願され、寛平8年（896）に東寺の益信僧正を導師、比叡山の静観僧正を開山として開創された寺という。宇多天皇の創意による理想の鎮護国家を願う勅願寺の一つとして、讃岐国の名工、定円法眼が曼陀華の香木に刻んだ大日如来をご本尊として開かれたのである。

まず、伊勢、貴船、加茂、熊野三山など十五神を勧請し、鎮守神として三宝荒神をまつり、蓬莱山に七堂七十二院の伽藍を造営した。そして、宇多天皇より「日本第一清荒神」の称号を賜った。

かつては東の切畑長尾山の旧清《もときよし》にあったが、寿永2年（1183）、源平の兵乱で堂宇を焼失したほか、たびかさなる兵火にみまわれたが、荒神社だけは被害をこうむることなく残った。本坊は、江戸時代末期にはいって西の谷奥の院に移り、浄界和上が諸堂を再建した。昭和22年、仁和寺末から離れて真言三宝宗を開き、荒神信仰の総本山清荒神清澄寺として新しく法幢をかかげて、いまにいたっている。

第73番　武庫山《むこさん》　平林寺《へいりんじ》

兵庫県宝塚市社町4-7　☎0797・72・7019（宝寿院）

当寺は、用明天皇の命により、聖徳太子が摂津国七大寺のひとつとして創建されたと伝わる。

天長5年（828）、淳和天皇の妃・真井御前、和気清麻呂の姪・宮女大中太夫ほか1名が、宮中をぬけだして当寺において3年の修行を積んだ。天長10年（833）、第75番甲山神呪寺の本堂が落慶した日に、弘法大師を戒師として出家されたのである。剃髪された真井御前は如意尼、和気清麻呂の姪は如一、女宮は如円と法名が授けられた。そののち如一尼は平林寺の復興に尽力された。

天正6年（1578）、伊丹城主・荒木村重と織田信長との戦いのときに灰燼と帰した。寛永年間（1624～1644）、本坊のほか塔頭寺院が相ついで再興され、いまも、成就院、西光院、成福院、宝寿院の塔頭四院が、参道の両脇にならぶ。

ご本尊・釈迦如来像は、弘法大師の作と伝わる。また薬師如来像は恵心僧都の作といわれ、足・腰の痛みを治してくださると信仰を集めている。観音堂には十一面観世音菩薩がおまつりされ、摂津国観音霊場第2番札所でもある。この十一面観音は藤原後期の作で、宝塚市指定の重要文化財。

地図P241

第74番　大雲山《だいうんざん》　金龍寺《きんりゅうじ》

兵庫県宝塚市鹿塩1-4-44　☎0798・51・2494

地図P242

当寺は、摂津国七大寺のひとつとして、中山寺、小林寺、塩尾寺、円国寺、平林寺などの寺々とともに、聖徳太子の手によって建立されたと古書に見えている。

文禄年間（1592〜1596）の豊臣秀吉の堺政策による強制分散のさい、堺から移築してきたらしいことが、現在の建造物（泉州型屋敷）や広大な寺領、そして両墓制から推察されている。

当寺の本堂は、キリシタン改宗諸控、尼崎藩に関する手控など、そして元禄8年（1695）ごろの仏具の一部や現在の当寺の庫裡の様式などからして、泉州型屋敷を当地に移築したものではないかと考えられている。その名残は、いまも本堂の欄間の剣菱模様、襖の引き手、柱の釘かくしなどに残っており、そのキリスト教の十字を思わせる装飾は、仏教寺院に隠れたキリシタンを連想させる。

伝記によると、天正年間（1573〜1592）荒木村重の乱によって、堂宇伽藍をことごとく焼失したが、そののち、宝永年間（1704〜1711）に泉州堺の碩学・宝州尊者が当寺を再建復興し、今日にいたっている。

第75番 甲山《かぶとやま》 神呪寺《かんのうじ》

通称＝甲山大師

兵庫県西宮市甲山町25-1

☎0798・72・1172

寺伝によると、聖武天皇の御代（724〜749）に、役小角が草創したと伝える。

『元亨釈書』の「如意尼伝」によると、天長5年（828）に、淳和天皇の妃・真井御前が霊夢を感じて当地に隠遁し、仏道を志して修行を積んだ。3年後、弘法大師が妃を写して如意輪観音像を刻み本尊としたのが、当寺のはじまりという。天長8年（831）10月18日、本堂が落慶し、真井御前は弘法大師から如意尼の法名を授かり、以来神呪寺というようになる。承和2年（835）淳和天皇の臨幸以後は勅願寺となった。

そののち衰退するが、源頼朝が当寺を尊崇し、梶原景時をして諸堂を再建させ、寺運は栄えた。天正年間、織田信長の兵火により焼失するが、元禄9年（1696）徳川綱吉の母・桂昌院の帰依によって諸堂が再建され、現在にいたっている。

ご本尊の如意輪観音は日本三如意輪像として著名。弘法大師作と伝わる秘仏で重要文化財。弘法大師像（重要文化財）は「甲山大師」とよばれ、厄除大師として信仰を集めている。このほか、木造不動明王坐像（不動堂）、木造聖観音菩薩立像（惠光堂）も重要文化財である。

地図P243

第76番 松泰山《しょうたいざん》 東光寺《とうこうじ》（門戸厄神《もんどやくじん》）

兵庫県西宮市門戸西町2-26 ☎0798・51・0268

通称＝門戸厄神

地図P244

当寺は、嵯峨天皇の勅願所として弘法大師の開基と伝わるが、兵火などのために寺史は不明である。慶安年間（１６４８〜１６５２）に、宥盛法師によって再建復興され、現在にいたっている。

当寺は、ご本尊の薬師如来よりも、むしろ厄神明王の方が有名になっている。この厄神明王は、天長6年（８２９）嵯峨天皇が41歳のとき、弘法大師のご指導によって自ら厄除祈願をおこなわれたさい、愛染明王と不動明王のご尊体が融合一体と化して、虚空から現れ諸々の災厄をうちはらい魔障をうちたいらげる霊威を夢現の裡に感得されたのである。そこで弘法大師は、自らのみをとり、３体の和合一体両頭の明王像を刻まれたのである。天皇はこの3体をいたく叡感され、３年間祈願ののち、1体を紀国高野山の天野明神へ、１体を京都山城国男山の石清水八幡宮へ、残る1体を摂津国門戸の東光寺に勧請された。

天正6年（１５７８）、当寺は、荒木村重の乱の兵火で灰燼に帰した。ところが、焼灰の中に弘法大師手彫の厄神明王のみが厳然と立っておられたと伝わる。以後、この霊威は人びとの深い信仰の対象として、参詣者がたえない。

第77番 慈眼山《じげんざん》 法心寺《ほうしんじ》

通称＝高木観音、西北《にしきた》観音

兵庫県西宮市高木西町3－16　☎0798・67・1597

第107代正親町《おおぎまち》天皇の御代、甲山神呪寺には七十余の坊があった。天正6年（1578）荒木村重の謀反のさい、兵火に遭い、坊の多くは焼き尽くされたが、その中で常住院の本尊・十一面観世音菩薩は灰燼の中に遺り、「常住」の名を明らかにした。

その後、阿闍梨清誉大徳が夢のおつげを受け、寛文の初め（1661）にこの地に草庵を結び、この十一面観世音菩薩を本尊としてお迎えしたのが当寺の草創と伝わる。

その後、正徳5年（1715）と明治12年に建て替えられたが、平成7年の阪神淡路大震災で崩壊し、平成15年に現在のお寺が落慶された。

大震災では、この地域は壊滅的な被害を受けたが、本尊をはじめ諸仏は大きな被害を免れ、修復の後、おまつりされている。山門横手にお地蔵さま。山門をくぐると正面に本堂、右手に護摩堂。その横手に歴代住職の墓が並ぶ。

本堂の裏には内墓（主に江戸時代の墓）があり、その中に、震災で命を落とした抽象画家・津高和一氏のものもある。

地図P245

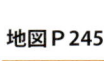

第78番 體《たい》性《しょう》山《ざん》 大《だい》日《にち》寺《じ》

兵庫県西宮市高木東町17－13

☎0798・67・8731

荒木村重の乱で堂宇ともども古い記録が焼失し、寺歴は不明だが、慶安年間（１６４８～１６５２）の住持以来の言録がのこされている。

この言録によると、慶安元年（１６４８）より隆尊が堂塔伽藍を建立し、中興開基として当寺を再興したと伝える。創建当初の元禄以前は高野山萬智院の末院であったが、元禄7年（１６９４）3月に庫蔵院末に移り、その後さらに庫蔵院が高祖院に合併したために、高祖院の末院となった。

享和2年（１８０２）火災のために堂宇は灰燼に帰したが、文化13年（１８１６）、第16代住職・実顕の手によって再建復興されたと伝えられる。

明治36年、第19代住職・義繁が藁葺の本堂を瓦葺切妻造の本堂に建て替える工事をおこし、また訶梨帝母堂を新築。大正9年、第20代住職・良勝の手により、庫裡ならびに境内２５０坪が拡張整備された。第二次世界大戦などによる諸事情で高祖院の兼務寺となり、昭和36年、第25代住職・栄彰が鎌倉の青蓮寺より当山に晋山する。平成7年、阪神・淡路大震災により堂宇ことごとく全壊する。平成17年、当寺を再建復興し、第26代住職・義彰の代に代わり現在にいたっている。

地図P245

第79番 医王山《いおうざん》 圓満寺《えんまんじ》

通称＝西宮成田山

兵庫県西宮市社家町1-36　☎0798・35・2388

圓満寺は、もともとは甲山の西、西宮市鷲林寺にあった。鷲林寺は源平の合戦や荒木村重の乱、織田信長の焼き打ちなどの兵火にかかって、その堂宇は炎上しことごとく灰燼となった。そのとき、たまたま南勝坊の信慶に霊夢のお告げがあり、西宮市社家町の現在の地に移ったのである。

そののちも、いくたびかの盛衰興亡にみまわれ、昭和20年8月には第二次世界大戦の戦火によって再度堂宇は灰燼に帰した。そのため、古い記録はすべて焼失してしまい、くわしい当寺の歴史は不明である。

昭和23年、当寺中興第53世真応和尚の手によって本堂、庫裡などの諸堂の再建がなされた。また昭和41年には唐破風の山門、43年にはやはり唐破風の本堂を再建した。その後、阪神淡路大震災で壊滅的な打撃を受けたが、復興をとげ現在に至っている。

境内に千葉県成田山新勝寺から成田不動尊を勧請して以来、「交通安全・厄除」の祈祷所として車による参詣者が多い。

境内西側には、神変大菩薩の巨碑、その横には稲荷社などがならぶ。

地図P246

第80番 仏母摩耶山《ぶつもまやさん》 忉利天上寺《とうりてんじょうじ》

兵庫県神戸市灘区摩耶山町2-12
☎078・861・2684

大化2年（646）インドの高僧・法道仙人が開創された由緒ある山岳寺院である。縁起によれば、ご本尊は釈迦感得の一寸八分の十一面観音で、法道仙人が日本に伝来され、大阪湾一円および当寺の四周に開けた八州の守護仏とされた。

　この十一面観音は古来、厄除開運・子授け・難病封じの観音さまとして信仰されている。また、水の守り仏でもあり、当山の沖を航行する船は、ことごとく帆を下げて航海の安全を祈願する慣わしがあり、「帆下げ観音」の別名でも知られる。

　その後、弘法大師が唐へ留学のさい、女人の守護仏として崇拝されていた梁の武帝作の香木造りの摩耶夫人《まやぶにん》像を日本へ持ち帰られ、当寺に奉安された。それ以来、当寺は仏母摩耶山・忉利天上寺と号するようになった。この摩耶夫人尊は、女性のあらゆる難病や苦しみを救う女尊で、特に安産と子育ての守護仏として全国的に有名である。

　女人の守護仏・摩耶夫人尊と女人の本地仏・十一面観音をおまつりしているところから、当寺は「女人守護の本山」「西国女人結縁霊場」「女人高野」ともいわれている。金堂には、ご本尊と、お前立ちの七観音をおまつりしている。

地図P247

第81番 遍照山《へんじょうざん》 高野寺《こうやじ》 聖徳院《しょうとくいん》

兵庫県神戸市中央区宮本通6-7-15

☎078・221・5244

当寺は、明治23年春、高野山大乗院の別院として、神戸市神戸区（現在の中央区）加納町4丁目2番地に真言宗の教えを広める目的をもって創建された。これに先立つ明治3年、それまで氾濫をくりかえしていた生田川が、洪水防止のためにそれより東方の新生田川につけかえられた。これにともない、布引から小野浜にいたるまでの旧生田川の河川敷が約18m幅の南北の道路となり、これに東西に交わる5本の道路、そして4万余坪に及ぶ市街地も完成した。この道は、現在はフラワーロードと呼ばれ、三宮のメインストリートとなっている。しかし、昭和20年6月5日の神戸大空襲のさい、堂宇すべてを焼失してしまった。そののち、昭和24年になって、第8世住職・亮禪和尚の手によって、創建の地よりすこし東北に移り、現在の地に復興された。

ご本尊の弘法大師像は等身大の乾漆像で、幸い焼失をまぬがれ、脇仏には不動明王・愛染明王像がおまつりされている。境内の修行大師・稚児大師像および、ご入定姿の本尊とあわせて三体のお大師さまがまつられる「三宮大師」のお寺として親しまれている。

地図P248

第82番　再度山《ふたたびさん》　大龍寺《たいりゅうじ》

兵庫県神戸市中央区神戸港地方字再度山1‐3

☎078・341・3482

通称＝再度山

地図P249

当寺は、神護景雲2年（768）創建、開基は和気清麻呂公である。称徳天皇の「摂津国に寺塔建立の霊地を探すべし」との勅を受けて、公が摂津の国を渡り歩き、当山中の沢の辺で小休止していたさい、かねてより清麻呂公暗殺を企てていた僧・道鏡の遣わした刺客に襲われた。その時、沢より忽然と龍が現れ、刺客達は驚き逃げ去り、清麻呂公は一命を取り留めた。公が振り返り見てみると龍の姿はどこにもなく、そこに聖如意輪観音が立っておられた。公は観音龍身示現の霊地としてここに一寺建立し、寺号を大龍寺と定めた。

延暦23年（804）、弘法大師が入唐求法にあたり当山へ参られ、渡航安全と大願成就を祈願した。願叶って帰朝の後、再度当山へと留錫され法恩謝徳のために7日間秘法を厳修された。大師が再度登山されたとして、誰ともなく再度山《ふたたびさん》と呼ぶようになった。また天授元年（1375）、後円融天皇が中風を患われたおり、時の住職・善妙上人が本尊宝前に病気平癒の修法を行ったところ平癒した。これらの古事から、病気平癒のお寺、渡航安全のお寺、大願成就のお寺として名を馳せている。

第83番　紀念山《きねんざん》　真福寺《しんぷくじ》

兵庫県神戸市兵庫区下沢通1-2-2

☎078・575・8091

嘉祥元年（1106）仁和寺の覚行法親王により代院室の格に列せられた。以後、代々の祈願所となった福応神社の別当寺院として、延宝元年（1673）に西宮今津の地に仁和寺末として建立された。

江戸期中期の安永年間（1772〜1781）からは、摂津国八十八ヶ所の第83番の霊場として繁栄していたが、明治初期の神仏分離令により廃仏毀釈にあい、明治24年に現在地に移転、神戸発展とともに繁栄した。

第二次世界大戦の空襲にて本堂諸堂が灰燼に帰したが、戦後高野山真言宗として、本堂を再建し復興。また、平成12年に阪神淡路大震災にて全壊した本堂を再建。新たに本尊阿弥陀如来、ならびに孔雀明王菩薩など諸仏を開眼し安置して現在にいたっている。

なお、現在地の下沢通は、水木しげるの名前の由来となっている水木通のすぐ北に位置している。

地図P250

第84番　浄国山《じょうこくざん》　金光寺《こんこうじ》

兵庫県神戸市兵庫区西仲町2-12　☎078・671・2421

通称＝兵庫薬師

福原遷都の手始めとして、運河を造る工事を命じていた平清盛の夢に、子供の姿をした守護神が現れ「五町ほど沖の海底に仏さまが沈んでおられる。探し出すように」と告げた。これに従い主馬《しゅめの》判官《ほうがん》であった家臣の平盛国に命じ、海に網を張ると、佛體がひきあげられた。佛體に付着した貝を取り払うと、黄金の薬師瑠璃光如来が出現した。

平清盛はこの霊験と霊徳にいたく感心し、当地に大伽藍を建立したのが当山の草創である。平清盛は、薬師瑠璃光如来の金色の眩い光から寺号を「金光寺」とし、霊光があまねく国の内外を照らし浄めることを願い、山号を「浄国山」とした。平清盛は出家し僧名を「浄海」という。僧名の一文字を山号に付けたのである。当寺は多くの信仰を集めるところとなり、以来「兵庫のお薬師さん」として親しまれている。

海中出現の本尊は一寸八分。一寸五分の日光菩薩・月光菩薩、一寸三分の十二神将とともに厨子に安置されたうえで、外仏の胎内に納められている。胎内仏は秘仏。寺伝により、新たな住職が就任する晋山式や本堂落慶の時のみ、ご開帳される。

地図P251

第85番　観音山《かんのんざん》　常福寺《じょうふくじ》

兵庫県神戸市長田区大谷町3-11-1

☎078・611・4685

たびかさなる兵火により記録などは焼失しているため、当寺の確たる由緒・縁起を知ることは困難であるが、奈良時代、行基菩薩によって開創された「蓮華寺」の法脈を受け継いでいる。もとは西国街道に面した西代村内に在ったが、明治晩年に村墓域であった現在の地に移転された。

　西国街道より太山寺道へ進み、常福寺石柱横より緩やかな石段を登ると寺域へ至る。閑静な境内山林内には、西国霊場になぞらえた観音自然石像三十三体が安置されている。元来、平等山と号していたが観音山と称するようになった。

　また、当寺には行基菩薩が築造した「蓮の池」の樋の余材に刻んだといわれている「木造板五輪卒塔婆十基」が保存されている（平安時代後期・神戸市有形文化財）。尊像を伴う板卒塔婆は現存する類例が極めて少なく貴重なものである。寺墓地には、明治大正時代の大阪相撲の力士の墓碑数基がある。福原西国霊場十一番札所でもある。

地図P252

第86番　毘沙門山《びしゃもんざん》　妙法寺《みょうほうじ》

兵庫県神戸市須磨区妙法寺字毘沙門山1286

☎078・741・2935

当寺は天平10年（738）行基菩薩により建立された寺で、第45代聖武天皇の勅願所と伝わる。開基当初は七堂伽藍三十七坊を有したが、その後一時衰え、承和6年（839）に定範上人によって再興された。

平清盛の福原遷都のさい、王城鎮護の地として新鞍馬山の勅額を受け、1千石の寺領を授かり寺運は大いに上がったが、観応2年（1351）高師直・師泰兄弟の兵火にかかり焼失した。元禄10年（1697）再建、昭和48年再々建された。

ご本尊・毘沙門天王は、平安時代後期のもので、現在国の重要文化財に指定されている。本堂西裏手に東南に面して建つ石造宝篋印塔は、僧・浄照作で、南北朝時代の応安3年（1370）の銘があり、県の重要文化財である。

このあたりは当寺を中心に成立した村で、その大伽藍の跡地の大門、界地、堂ノ下なども、寺号の妙法寺とともに地名に名を残している。

境内には、富田砕花の歌碑や岸百艸の句碑があり、当地をこよなく愛した文人の風雅な心をしのばせている。

地図P253

第87番　桂尾山《かつらおさん》　勝福寺《しょうふくじ》

兵庫県神戸市須磨区大手町9-1-1

☎0778・731・1253

一条天皇の御代、永延2年（988）、太政大臣藤原伊尹の三男、藤原英雄丸が修行中、勅命によって神撫山麓の鬼ヶ平に下り、證楽上人と号して草庵を結んだ。そして、神撫山付近に出没する鬼神を法力によって退散され、熊野三社権現を勧請し、この地を安泰ならしめたのが、当寺の草創といわれる。この熊野三社権現が、現在当寺の真南にある證誠神社である。天皇は鬼神退散を喜ばれ、勅使・平兼盛を遣わして弘法大師一刀三礼聖観世音菩薩に多くの寺録をつけて下賜された。證楽上人は堂宇を建立し、当寺は七堂伽藍、東西の谷に三十六坊など偉観を呈することになった。

治承3年（1179）に平清盛が兵庫築港の工を起こしたさい、深く当寺に帰依し、当寺もよく協力したため、黄金花瓶二、香炉、三具足（重要文化財）、幡十二旒などの寄進を受け、寺運は大いに上がった。ほかにもご本尊・弘法大師作聖観音像、行基菩薩作の毘沙門天像、武蔵守知章の甲冑などが寺宝となっている。

その後の兵火などで堂宇や寺宝の多くを焼失し、現存するものはわずかとなった。現在の本堂は平成21年に再建されたもの。

地図P254

第88番 上野山《じょうやさん》 須磨寺《すまでら》

正式名称＝福祥寺

兵庫県神戸市須磨区須磨寺町4-6-8

☎078・731・0416

地図P255

天長年間（824〜834）淳和天皇の御代、和田岬の海中から聖観音像を発見し、北峯（現在の兵庫区会下山付近）に伽藍を建立し、恵偈山北峯寺と号した。その後、仁和2年（886）光孝天皇の勅命によって、聞鏡上人が本尊を上野の地（現在地）に移して奉祀し、上野山福祥寺と寺号を改め開創された。

以来、源頼政や豊臣秀頼による中興もおこなわれたが、人災天災を受けて寺は興廃をくりかえし、かつては七堂十二坊が建ちならんだ伽藍も、幕末には本堂、大師堂、仁王門をのこすのみとなった。

現在の本堂は、慶長7年（1602）豊臣秀頼によって再建されたもの。本堂内陣の宮殿は、応安元年（1368）の建造と伝えられ、本尊・聖観世音菩薩、脇侍の毘沙門天、不動明王、十一面観音などをおまつりする。大師堂の弘法大師像は「須磨のお大師さん」として親しまれている。

境内には『平家物語』の「敦盛最期」に見られる熊谷直実と平敦盛の戦いにちなむ、平敦盛の首塚、首洗池、源平の庭などがあり、また敦盛遺愛の「青葉の笛」も寺宝として残っている。

摂津国八十八ヶ所のめぐり方

●納経（御朱印）について

霊場めぐりを始めるにあたり、まずは専用納経帳（御朱印帳）を手に入れましょう。納経帳は1冊2500円で、大阪市内地区では6番太融寺、25番四天王寺、32番正圓寺、北摂地区では47番総持寺、54番勝尾寺、67番久安寺、兵庫地区では70番中山寺、76番東光寺、88番須磨寺などで頒布されています。お近くの札所寺院でも入手できるところがありますので、お問い合わせください。

納経料は、1札所300円（納経帳の場合）となります。なお、御軸の場合は500円、笈摺の場合は200円です。

摂津国八十八ヶ所の札所は、納経所にお寺の方が常駐しているような寺院ばかりではありません。札所を訪ねても納経所が不在の場合があります。霊場会のホームページ（http://shj.main.jp）には、各札所の納経時間や事前連絡の要・不要が記されていますが、前もって連絡してから巡拝するのはたいへんです。すべての札所の御朱印をいただくことよりも、参拝することに主眼を置き、納経できるところで御朱印を授かるといったゆるやかな巡拝の仕方がよいのではないかと思います。

事前連絡要の札所でも、参拝時に納経担当の方がおられれば御朱印はいただける場合がほとんどです。また、御朱印の押された用紙が準備されており、不在時には持って帰れるようにしてある寺院もあります。

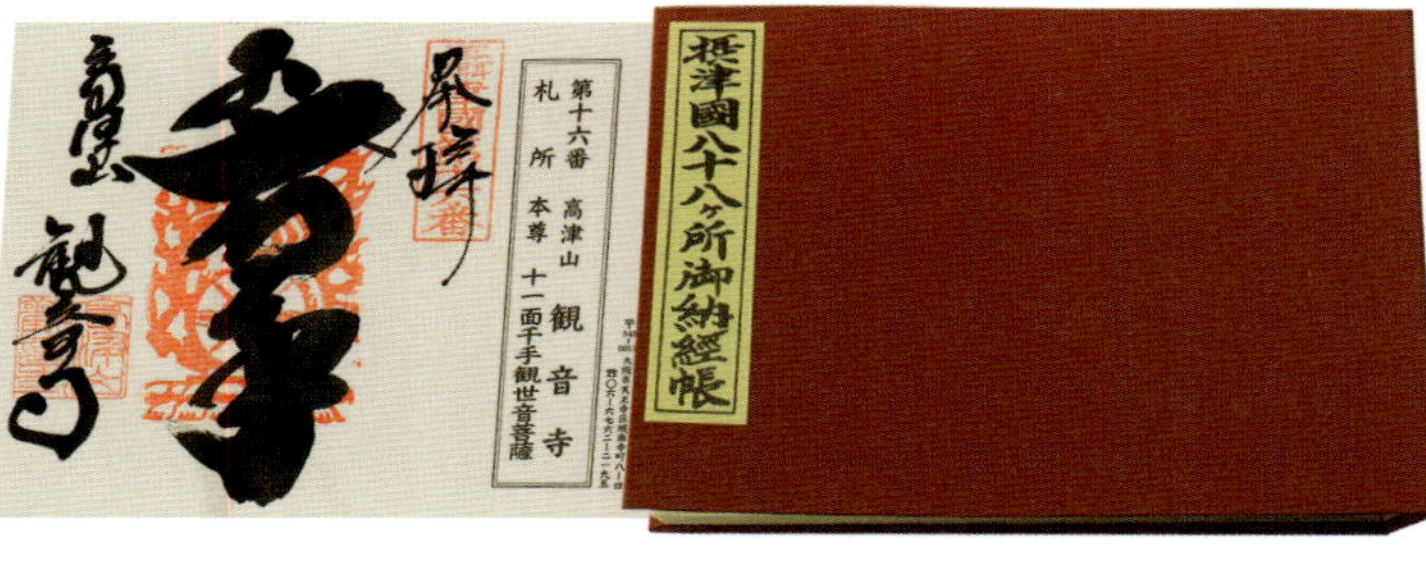

●順番も交通手段も自由に巡拝を

摂津国八十八ヶ所霊場は、さまざまなめぐり方ができます。自動車で巡拝することもできますし、電車やバスを利用したり、距離の近い札所を徒歩で回ることもできます。番号順に参拝する必要もないので、近くの札所から始めてもかまいません。

摂津国は大阪府北西部から兵庫県南東部におよぶ広大なエリアのため、大阪市内地区、北摂地区、兵庫地区に分けて巡拝計画を立てると考えやすいかもしれません。

大阪市内地区では、札所間の距離が短いところも多く、駐車場がない札所もあるので、いくつかの札所をまとめて徒歩でめぐるのがおすすめです。また、地下鉄など交通網も発達しており、離れた札所には電車を乗り継いで参拝することも容易です。

北摂地区の札所は自動車で回りやすいところが多いですが、本書では、阪急やJR沿線の札所は電車＋徒歩で、それ以外の札所は自動車で巡拝するコースを紹介しています。

兵庫地区も、私鉄・JR沿線の札所は電車＋徒歩で、それ以外の札所は自動車で巡拝する行程を紹介しています。

本書のモデルコース巡拝日程はひとつの例に過ぎません。これを目安とし、居住されている地域や状況に合った独自の巡拝日程を組んでいただければ幸いです。

歩くのが苦手な方は、可能なかぎり自動車で回るプランを立てていただき、無理することなく巡拝してください。自動車巡拝ならモデルコース巡拝日程よりもはるかに短期間でめぐることができます。

鉄道利用の巡拝の場合、大阪メトロ・バスの1日乗車券（エンジョイエコカード）や、阪急阪神1dayパスなどを使ったほうがお得な場合があります。計画を立てられるときにご検討ください。

●モデルコース巡拝日程

本書で紹介しているモデルコース巡拝日程は、スタート時に納経帳を入手していることを前提としています。1日目コースのスタートとなる2番三津寺でも、在庫があれば納経帳を入手できます。事前に納経帳を用意できない場合は、モデルコース3日目の行程を1日目とするなどしてください。6番太融寺で納経帳を授かってから巡拝を始めることができます。

独自の巡拝日程を組まれる場合も、始めに訪れる札所で納経帳を入手できるかご確認のうえ計画をお立てください。

モデルコースの行程は、お住まいの場所にもよりますが、時間的に余裕のあるものになっています。近隣の名所旧跡や観光スポットに足を延ばしながら、楽しく巡拝していただければと思います。

◉1日目（徒歩）

大阪メトロ御堂筋線心斎橋駅、近鉄大阪難波駅、南海なんば駅など　↓　**2番三津寺**　↓　**1番法案寺南坊**　↓　**21番報恩院**　↓　**20番自性院**　↓　**11番どんどろ大師善福寺**　↓　**12番興徳寺**　↓　**14番六大院**　↓　**15番圓珠庵**　↓　**16番観音寺**　↓　**17番正祐寺**　↓　**18番宗恵院**　↓　**19番藤次寺**　↓　大阪メトロ谷町線谷町九丁目駅など

◉2日目（徒歩）

大阪メトロ谷町線・千日前線谷町九丁目駅　↓　**22番持明院**　↓　**23番青蓮寺**　↓　**24番瑞雲寺真光院**　↓　**25番四天王寺**　↓　**30番竹林寺**　↓　**26番清水寺**　↓　**28番浪速寺**　↓　**29番大乗坊**　↓　大阪メトロ千日前線・堺筋線日本橋駅、御堂筋線なんば駅など

◉3日目（電車＋徒歩）

ＪＲ大阪駅、阪急・阪神梅田駅など　↓　**6番太融寺**　↓　東梅田駅〈大阪メトロ谷町線〉天神橋筋六丁目駅　↓　**9番國分寺**　↓　**10番寶珠院**　↓　大阪天満宮駅〈ＪＲ東西線・片町線〉鴫野駅　↓　**13番大日寺**　↓大阪城公園駅〈ＪＲ環状線内回り〉福島駅　↓　**4番了徳院**　↓　**5番持明院**　↓　**27番高野寺**　↓　大阪メトロ四つ橋線肥後橋駅など

◉4日目（電車＋徒歩）

大阪メトロ中央線大阪港駅　↓　**33番釋迦院**　↓　大阪港駅〈大阪メトロ中央線／阿波座駅で千日前線乗り換え〉西長堀駅　↓　**3番和光寺**　↓　西長堀駅〈大阪メトロ長堀鶴見緑地線〉大正駅　↓　**31番地蔵院**　↓　大正駅〈大阪メトロ長堀鶴見緑地線／西長堀駅で千日前線乗り換え／日本橋駅で堺筋線乗り換え〉天下茶屋駅　↓　**32番正圓寺**　↓　北天下茶屋駅〈阪堺電車阪堺線〉住吉鳥居前駅　↓　**34番西之坊**　↓　**35番荘嚴浄土寺**　↓　南海高野線住吉東駅、南海本線住吉大社駅など

◉5日目（電車＋徒歩）

大阪メトロ御堂筋線あびこ駅　↓　**36番薬師寺**　↓　あびこ駅〈大阪メトロ御堂筋線〉西田辺駅　↓　**40番法樂寺**　↓　田辺駅〈大阪メトロ谷町線〉喜連瓜破駅　↓　**37番如願寺**　↓　喜連瓜破駅〈大阪メトロ谷町線〉平野駅　↓　**38番長寶寺**　↓　**39番全興寺**　↓　平野駅〈ＪＲ関西本線〉東部市場前駅　↓　**41番京善寺**　↓　ＪＲ関西本線東部市場前駅など

◉6日目（電車＋徒歩）

阪急総持寺駅など　↓　**47番総持寺**　↓　総持寺駅〈阪急京都線〉南茨木駅　↓　**46番蓮花寺**　↓　南茨木駅〈阪急京都線〉摂津市駅　↓　**45番金剛院**　↓　千里丘駅〈ＪＲ京都線〉吹田駅　↓　**42番常光**

圓満寺 ↓ 吹田駅〈JR東海道本線／尼崎駅で東西線乗り換え〉加島駅 ↓ **7番富光寺** ↓ 加島駅〈JR東西線〉尼崎駅 ↓ **64番淨光寺** ↓ 杭瀬駅〈阪神本線〉尼崎駅 ↓ **65番大覚寺** ↓阪神尼崎駅

◉7日目（自動車）

新名神高速道路高槻ICなど ↓ **48番地藏院** ↓ **49番靈山寺** ↓ **50番大門寺** ↓ **51番眞龍寺** ↓ **52番帝釋寺** ↓ **53番善福寺** ↓ **54番勝尾寺** ↓ **56番如意輪寺寶珠院** ↓ **43番圓照寺** ↓ **44番佐井寺** ↓ 名神高速道路吹田IC（吹田JCT）など

◉8日目（電車＋徒歩）

阪急宝塚線石橋駅 ↓ **59番常福寺** ↓ **58番若王寺一乗院** ↓ **57番若王寺釋迦院** ↓ **66番高法寺** ↓ 池田駅〈阪急宝塚線／石橋駅で箕面線乗り換え〉桜井駅 ↓ **8番不動寺** ↓ 桜井駅〈阪急箕面線〉箕面駅 ↓ **55番瀧安寺** ↓ 阪急箕面線箕面駅

◉9日目（自動車）

阪神高速11号池田線池田木部出入口など ↓ **67番久安寺** ↓ **68番満願寺** ↓ **60番金剛院** ↓ **61番願成就寺安楽院** ↓ **62番昆陽寺** ↓ **63番大空寺** ↓ 名神高速道路尼崎ICなど

◉10日目（徒歩）

阪急宝塚線中山観音駅 ↓ **69番中山寺大師堂／70番中山寺寿老神堂** ↓ **71番中山寺奥之院** ↓ **72番清澄寺（清荒神）** ↓ 阪急宝塚線清荒神駅

◉11日目（電車＋徒歩）

阪急今津線逆瀬川駅 ↓ **73番平林寺** ↓ 逆瀬川駅〈阪急今津線〉仁川駅 ↓ **74番金龍寺** ↓ 仁

川駅〈阪急今津線〉門戸厄神駅 ↓ **76番東光寺（門戸厄神）** ↓ 門戸厄神駅〈阪急今津線〉西宮北口駅 ↓ **77番法心寺** ↓ **78番大日寺** ↓ 西宮北口駅〈阪急今津線／今津駅で阪神本線乗り換え〉西宮駅 ↓ **79番圓満寺** ↓ 阪神本線西宮駅

12日目（自動車）

中国自動車道宝塚ICなど ↓ **75番神呪寺** ↓ **80番忉利天上寺** ↓ **82番大龍寺** ↓ **86番妙法寺** ↓ 阪神高速31号神戸山手線妙法寺出入口・白川南出入口など

◉13日目（電車＋徒歩）

阪急神戸線春日野道駅 ↓ **81番聖徳院** ↓ 春日野道駅〈阪急神戸線／神戸三宮駅で神戸高速線に乗り換え〉新開地駅 ↓ **83番真福寺** ↓ **84番金光寺** ↓ 兵庫駅〈ＪＲ山陽本線〉新長田駅 ↓ **85番常福寺** ↓ **87番勝福寺** ↓ 東須磨駅〈山陽電鉄〉須磨寺駅 ↓ **88番須磨寺** ↓ 山陽電鉄須磨寺駅、ＪＲ山陽本線須磨駅

◉1日目コースガイド（徒歩）

大阪メトロ御堂筋線心斎橋駅、近鉄大阪難波駅、南海なんば駅など　↓　**2番三津寺**　↓　**1番法案寺南坊**　↓　**21番報恩院**　↓　**20番自性院**　↓　**11番どんどろ大師善福寺**　↓　**12番興徳寺**　↓　**14番六大院**　↓　**15番圓珠庵**　↓　**16番観音寺**　↓　**17番正祐寺**　↓　**18番宗恵院**　↓　**19番藤次寺**　↓　大阪メトロ谷町線谷町九丁目駅など

※19番は2日目に回しても可。余裕があれば2日目予定の22番持明院や生國魂神社を訪ねてもよい。

※事前に納経帳が入手できない場合は、3日目の行程を1日目とし、6番太融寺で納経帳を授かってから巡拝を始めよう。

大阪市内の中央区、天王寺区にある12の札所を歩いてめぐるコース。

巡拝の始まりは1番札所としたいところだが、本書で紹介する1日目コースは**2番三津寺**からスタートする。最寄りの大阪メトロ御堂筋線心斎橋駅は、JR大阪駅、阪急梅田駅、阪神梅田駅、京阪淀屋橋駅などからのアクセスもよい。近鉄大阪難波駅、南海なんば駅も近く、交通至便の地だ。

三津寺は真言宗御室派の準別格本山で、御堂筋沿いに鉄筋3階建の庫裡が立つ。庫裡の東には木造の本堂、その右手には前堂が甍を並べている。前堂に奉安されている愛染明王像は、かつて生國魂神社境内地に伽藍を構えていた生玉十坊のひとつ、持宝院にまつられていた仏像だ。庫裡のインターホンを押せば、納経所を開けてもらえ、在庫があれば納経帳も入手できる。

道頓堀川沿いの遊歩道「とんぼりリバーウォーク」

1番法案寺南坊へは、三津寺の南側を東西に通る三津寺筋を東に進んでも行けるが、1本南の宗右衛門町通を東進するほうがわかりやすい。法案寺は宗右衛門町通に面しているからだ。ただ、宗右衛門町通はクラブなども多い歓楽街なので歩くのによい雰囲気ではない。グリコの看板で有名な戎橋から道頓堀川沿いの遊歩道「とんぼりリバーウォーク」を歩くのがおすすめだ。日本橋で遊歩道を離れ宗右衛門町通に移ればよい。

にぎやかな通りを歩きたいなら、道頓堀川を渡って南側の道頓堀通を進んでもよい。づぼらやのフグ、金龍ラーメンの龍、かに道楽のカニなど、ハデな立体看板が迎えてくれる。堺筋で日本橋を北へ渡り返し、日本橋北詰交差点を右折すれば、やがて宗右衛門町通の北側に1番法案寺南坊の赤い山門が見える。繁華街に近いこともあって、境内では外国人旅行客の参拝者を見かけることも多い。

法案寺南坊は、古くは法円坂付近に伽藍を構えており、「法円坂」の称もこの寺の名に由来するとい

※巻末の札所地図も参照してください。

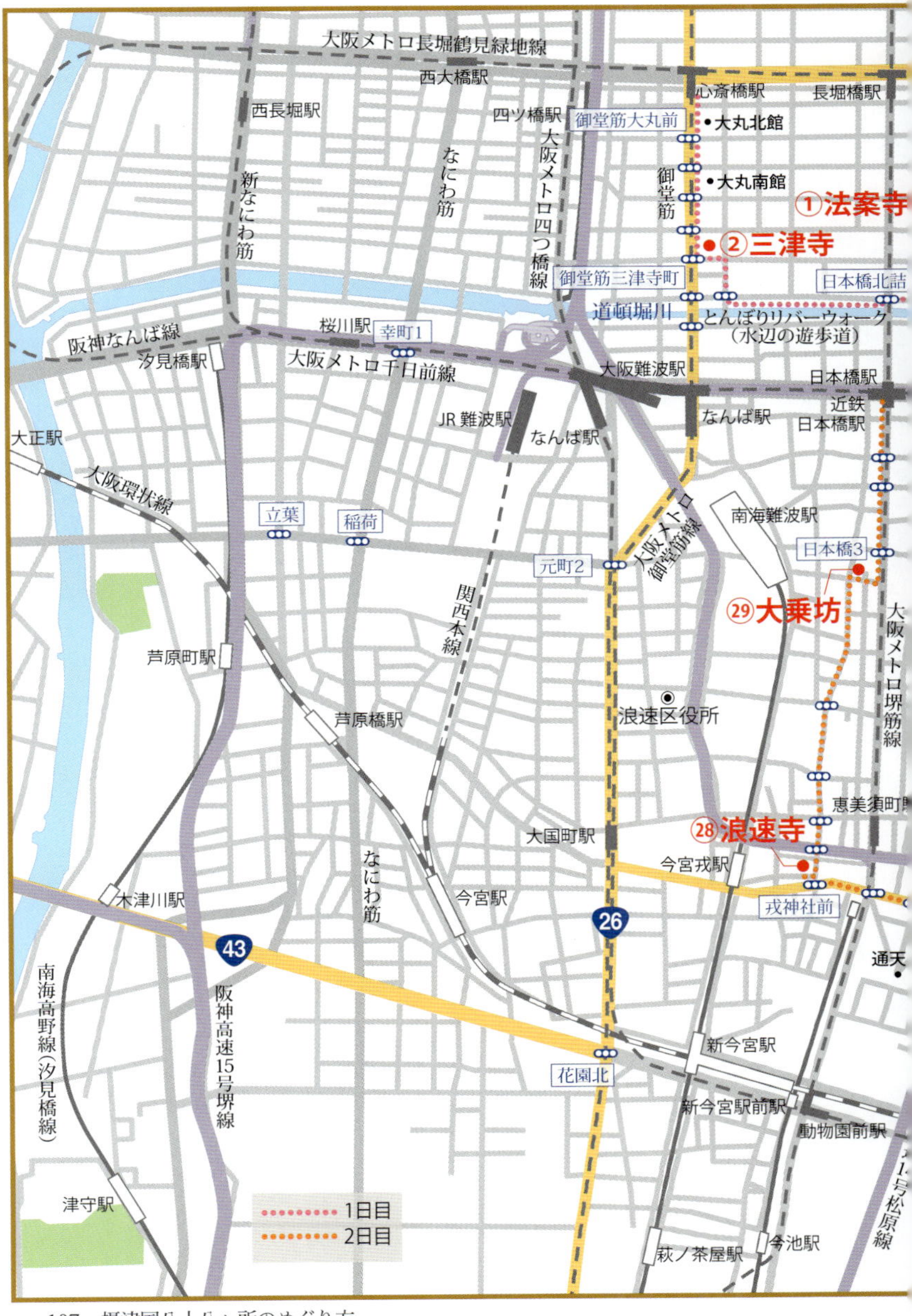
大阪メトロ長堀鶴見緑地線
西大橋駅
心斎橋駅
長堀橋駅
西長堀駅
四ツ橋駅
御堂筋大丸前
・大丸北館
・大丸南館
大阪メトロ四つ橋線
なにわ筋
新なにわ筋
御堂筋
①法案寺
②三津寺
御堂筋三津寺町
日本橋北詰
道頓堀川
とんぼりリバーウォーク
（水辺の遊歩道）
阪神なんば線
桜川駅
幸町1
汐見橋駅
大阪メトロ千日前線
大阪難波駅
日本橋駅
JR難波駅
なんば駅
なんば駅
近鉄
日本橋駅
大正駅
大阪環状線
大阪メトロ御堂筋線
南海難波駅
立葉
稲荷
元町2
日本橋3
㉙大乗坊
関西本線
大阪メトロ堺筋線
芦原町駅
浪速区役所
芦原橋駅
恵美須町
㉘浪速寺
大国町駅
今宮戎駅
なにわ筋
木津川駅
今宮駅
戎神社前
26
43
通天
阪神高速15号堺線
南海高野線（汐見橋線）
新今宮駅
花園北
新今宮駅前駅
動物園前駅
津守駅
1日目
2日目
萩ノ茶屋駅
今池駅
14号松原線

上方落語ともゆかりの深い高津宮

う。豊臣秀吉による大阪城築城の際に生國魂神社の社地に移され、明治に入って当地に移転している。「日本橋の聖天さん」として親しまれ、門をくぐった正面に聖天堂が立ち、納経所はその左手にある。

次に訪ねるのは**21番報恩院**。法案寺前の通りを東進して阪神高速の高架をくぐり、高津宮に突き当たって右折。信号で左に折れると、通りの南側に報恩院が立つ。近畿三十六不動尊、おおさか十三仏の札所でもあり、境内に入るとすぐ右手に納経所が設けられ、正面には二童子を従えた水掛不動尊が鎮座する。左手の本堂は本尊に不動明王をまつり、脇立ちに弘法大師、鎮宅霊符尊を奉安する。「相生の樟」の枯れた大木とその南北に立つお不動さまが、境内を荘厳な雰囲気で満たしている。

報恩院の向かいに立つ石鳥居をくぐって参道を進み、石段を登ると**高津宮（高津神社）**。主祭神に浪速の地を都(高津宮)に定められた仁徳天皇をまつる。

上方落語ともゆかりが深く、「高津の富」「高倉狐」「崇徳院」などでは当社が舞台となっている。境内には「五代目桂文枝之碑」と刻まれた石碑が立ち、本殿左手の「高津の富亭」では落語の寄席も定期的に開かれている。「高津の富亭」には喫茶富亭カフェのスペースもあり、コーヒーを飲みながらいっぷくできる。

20番自性院へ向かおう。高津宮本殿左手から神輿庫横の門を抜けて高津公園へ下り、公園北西角の信号から東進。1本目をすぐに左に折れると、道の右側に20番自性院の山門が見える。門の右手に「南無大師遍照金剛」と刻まれた石碑が立ち、境内に入ると正面に本堂、右手には墓地が広がっている。

寺前の通りを北上し、南税務署を過ぎて細くなる道を直進すると、**空堀商店街**に突き当たる。商店街を右に進むが、このあたりには飲食店も多いので、時間によっては昼食休憩にしてもよいだろう。カレーの旧ヤム邸や大衆食堂スタンドそのだなど、人気のお店が並ぶ。

谷町筋を過ぎ、上本町3交差点で上町筋を渡って東へ道なりに進むと、清水谷公園近くの信号に突き当たる。ここから珈琲館ビザンの右側の道をさらに東進すれば、右手に**11番どんどろ大師善福寺**が姿を現す。

善福寺門前では、歌舞伎「傾城阿波の鳴門」の登場人物、お弓・おつるの像が目を引く。この名高い巡礼哀話で母子が再会するのが、弘法大師の御命日のお大師まいりでにぎわうどんどろ大師なのである。

門をくぐって階段を登り、2階の本堂で参拝。御朱印受付もここにある。堂の1階から左手に進むと、修行大師像や剣を手にした勝軍地蔵尊がまつられて

善福寺門前のお弓・おつるの像

高津の富亭

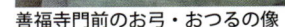

いる。

善福寺から**12番興徳寺**まではわずか100m余り。ゆるやかな坂を登っていくと大きな観音像の後ろ姿が目に入る。このあたりは真田丸の跡地として知られており、寺の向かい側には「真田丸顕彰碑」が設置されている。

趣きある山門の前にはいくつかの石碑が立っている。そのひとつには「攝州八十八箇所第十九番」と刻まれており、天明2年（1782）の銘がある。復興された現代の霊場とは札所番号が異なっており、摂津国八十八ヶ所霊場の江戸期の貴重な資料である。

門をくぐると正面に本堂、左手に納経所があり、境内は季節の花や紅葉で彩られている。

14番六大院へは、興徳寺前の道を南下し信号のある交差点を右折。曲がり角には「真田幸村めぐルート」の青い道標が立っている。興徳寺から300m足らずで六大院に到着。鐘楼門の右側には「大阪高野山六大院」の石碑、左側には「四國八十八箇所霊場」の石碑が立つ。境内へは鐘楼門の右手の門から入る。

15番圓珠庵は道路をはさんで六大院の西向かいに位置する。「鎌八幡」の通称で知られ悪縁を断つ寺として名高い。門前に「史蹟契沖舊庵「圓珠庵」竝墓」の石碑が立つ。

圓珠庵から200mほど南下すると、道路の西側に**16番観音寺**のビルがそびえる。1階部分が駐車場

興徳寺山門前の「攝州八十八箇所」石碑

になっており、インターホンで来意を告げて、駐車場入口右手からエレベーターで2階本堂・寺務所へ上がる。入口横の石碑に記されているように、ここは摂津国八十八ヶ所霊場の開祖・月海上人の菩提寺として知られている。

11番、12番、14番、15番、16番と近距離の札所が続いたが、次の**17番正祐寺**は少々離れている。とはいっても、1・3㎞程度で、15〜20分も歩けば着いてしまうのだが。

どの道を進んでもよいが、ここでは観音寺すぐ南の味原本町交差点を右折し、上町筋で左に折れ南下することにする。近鉄百貨店を過ぎ、上本町7交差点を渡ると、やがて上町筋の東側に正祐寺の長い築地塀が姿を現す。門前には「摂津國第十七番札所正祐寺」の石碑が立つ。ゆったりとした広い境内の北側に、高層ビルを背景にした本堂が甍を並べている。

18番宗恵院へは、上町筋を南下し信号で西側に渡る。大阪国際交流センターの南側の通りを西行し、谷町筋で右に折れれば、すぐに宗恵院。17番正祐寺からは500mほどの距離になる。鳥居のような形の門から奥へ進むと本堂・寺務所がある。

19番藤次寺へは谷町筋を450mほど北上する。朱塗りの山門が谷町筋の西側に面し、「融通尊藤次寺」の額が掛かる。薄いレンガ色の築地塀に囲まれた境内はきれいに掃き清められており、金堂へと石畳が続く。納経所は右手にあり、お寺の方が常駐されている。開門も朝早く、毎月1日、11日、21日の縁日には5時から開いており、参拝者でにぎわっている。

藤次寺は谷町9交差点のすぐそばで、大阪メトロ谷町線・千日前線の谷町九丁目駅などから帰路につく。時間に余裕があるなら、2日目コースの22番持明院を参拝してもよい。藤次寺のすぐ南だ。

◉2日目コースガイド（徒歩）

大阪メトロ谷町線・千日前線谷町九丁目駅 → **22番持明院** → **23番青蓮寺** → **24番瑞雲寺真光院** → **25番四天王寺** → **30番竹林寺** → **26番清水寺** → **28番浪速寺** → **29番大乗坊** → 大阪メトロ千日前線・堺筋線日本橋駅、御堂筋線なんば駅など

大阪市内の天王寺区、浪速区にある8つの札所を歩いてめぐるコース。生國魂神社から四天王寺へは寺の密集地帯が続いている。余裕があれば天王寺七坂を訪ねてもよい。

22番持明院へは大阪メトロ谷町九丁目駅からスタート。3番出口から出て藤次寺の前を通り過ぎ、歩道橋手前で右に折れる。この道は生國魂神社へ向かう参道で、22番持明院は道の北側に面している。本堂には「慈眼視衆生」と観音経の額が掛かるが、本尊は大日如来となっている。かつては観音さまがまつられていたそうだ。

結縁の卯之日大明神、開運の廿日大明神、縁切の橋姫大明神が奉安されている小堂が信仰を集めており、参拝者が数多く訪れている。

卯之日大明神などをまつる小堂

生國魂神社鳥居

寺前の道を西進すれば**生國魂神社**が鎮座する。鳥居の両側には大きな石造の常夜燈が立ち、参拝者を迎えてくれる。拝殿の背後には「生國魂造」と呼ばれる独特の建築様式で知られる本殿の屋根が顔をのぞかせている。右手から奥へ進むと数多くの摂末社が並び、緑も多く市民の憩いの場となっている。

生國魂神社はまた、近松門左衛門の「生玉心中」「曽根崎心中」の舞台にもなっており、近松らをまつる浄瑠璃神社が末社として鎮座する。西鶴一昼夜四千句独吟の聖地として井原西鶴座像、上方落語発祥の地として米澤彦八の碑も設置されており、文芸にゆかりの深い地である。織田作之助の生誕地にも近く、子どものころの遊び場でもあったため、織田作の像も立っている。

神社北側の赤い冠木門を出ると、千日前通へと下る真言坂がある。明治の神仏分離令以前には、生國魂神社の神宮寺であった法案寺南坊（摂津国八十八ヶ所霊場第1番札所）をはじめとする生玉十坊が境内地に伽藍を構えていたが、このあたりには医王院、観音院、桜本坊、新蔵院、遍照院、曼陀羅院の真言宗寺院6坊が甍を並べていたのがその名の由来だ。生玉十坊の残りの3坊は地蔵院、覚園院、持宝院と称する。

ちなみに、17番正祐寺は新蔵院と観音院、18番宗恵院は覚園院、19番藤次寺は地蔵院、22番持明院は曼陀羅院、23番青蓮寺は遍照院と医王院にゆかりがあり、生玉十坊の多くは生國魂神社周辺の摂津国八十八ヶ所霊場札所に受け継がれている。2番三津寺の前堂に奉安されている愛染明王像も持宝院にまつられていたものだ。

次の**23番青蓮寺**へは、生國魂神社鳥居前の通りを５００ｍほど南下すれば着く。銀山寺の手前まで来ると、四つ辻に案内板が立っており、右に折れると源聖寺坂に寄り道できる。源聖寺坂は天王寺七坂に数えられており、趣きある石畳の道が続いている。登り口から10ｍほどの石畳は、昭和44年に廃止された大阪市電の敷石が使われているそうだ。

天王寺七坂とは、真言坂、源聖寺坂、口縄坂、愛染坂、清水坂、天神坂、逢坂の7つ。2日目コースで近くを通るので、すべて立ち寄ってみるのも一興だ。

銀山寺あたりからは、道の両側にいくつものお寺が並んでおり、地名も生玉寺町と称する。寺院の築地塀に沿った通りを進み、突き当り手前で23番青蓮寺に着く。門前に「竹田出雲墓所」石碑、「岸本水府先生之墓所」石碑が立つ。竹田出雲は

青蓮寺門前に立つ石碑

四天王寺西大門（極楽門）

近松門左衛門ともなじみの浄瑠璃作家で竹本座の座元、岸本水府は『番傘』創刊の川柳作家だ。この寺はまた、おおさか十三仏霊場第12番札所でもある。

24番瑞雲寺真光院へは、谷町筋に出て通りの西側を南下する。六万体交差点を過ぎるとやがて芝生のスペースがあり、歩道が二手に分かれる。ここに伽藍を構えるのが瑞雲寺真光院だ。朱塗りの山門前に「四天王寺支院真光院」「聖徳太子御直作六万体地蔵尊安置」の石碑が立つ。蘇鉄や桜の木が樹陰をつくる境内を奥へ進むと本堂・寺務所がある。

次はいよいよ**25番四天王寺**。日本仏法最初の官寺にして和宗総本山、聖徳太子創建の古刹。略称の「天王寺」は区名や駅名にもなって親しまれている。

ラフカディオ・ハーンは『日本の心』（小泉八雲著、平川祐弘編、講談社学術文庫）で次のように記している。

「実は私が大阪へ行ったのも、寺、なかでも有名な天王寺を見るためであった」

「賑やかな狭い商店街から天王寺の古色蒼然たる中

庭へ足を踏み入れた時の気持ちは、言葉に表わすことができない。日本人でさえ、なにか不思議な気持ち――日本における仏教伝道の最も初期の時代である千二百年昔の日々に、記憶の中で戻って行くような感覚を味わうに違いないと私は想像する」

今となっては多くの人が駅名や地名を連想する天王寺も、ハーンの時代にはまさに四天王寺そのものを表わしていたのだ。

さあ、四天王寺に向かおう。瑞雲寺真光院前の天王寺警察署西交差点で信号を渡り、谷町筋の東の細道を南下する。四天王寺学園手前に中之門があり、ここからも四天王寺に入れるが、国道に合流するまで進んで左の石鳥居から境内へ。西大門（極楽門）をくぐると、正面に金堂や五重塔がそびえる中心伽藍の偉容がせまる。右手に進むと弘法大師堂があり、「摂津國八十八ヶ所第二十五番霊場四天王寺」の額が掛かる。納経所は西大門から左手に進んだところにある。そばには和労堂と呼ばれる休憩所があるのでいっぷくして体を休めよう。

一息ついたら、東大門から四天王寺境内を出て**30番竹林寺**へ。信号で横断歩道を渡り直進すればすぐ左手に寺の入口が見える。奥へ進むとモダンな本堂が立ち、小堂には3体のお地蔵さまがまつられている。

次の札所は**26番清水寺**。東大門から再び四天王寺境内に入り、六時礼讃堂の裏を通って中之門か

清水寺への石道標

真田幸村公終焉の地として知られる安居神社

ら境内を出て直進。信号で谷町筋を渡って北上すると、歩道に清水寺への石道標が立っている。北面に「風除風天尊　是より半丁」、東面に「浪速名所清水寺」、南面に「子育て地蔵尊」と刻まれている。道標に従って西に入ると、天王寺七坂に数えられる清水坂の石段に出合う。そばには清水寺の石標が立ち、境内案内図もあるので、それを参考に26番清水寺に向かう。

通用門から墓地のあいだを抜け石段を下ると清水寺の仮本堂（納経所）がある。新西国霊場、近畿三十六不動尊霊場、大阪三十三観音霊場の札所でもあり、参拝者も多い。さらに奥へと進むと、大阪市内唯一の天然の滝といわれる玉出の滝が水音を響かせている。墓地のある高台の舞台からは大阪の町が眼下に広がり、通天閣も遠望できる。

28番浪速寺へ向かう。清水寺仮本堂から坂を下り、「たき道」と刻まれた石道標で左に折れると、前方に**安居神社**の石段が見える。石段前で左に折れると天王寺七坂に数えられる天神坂の石畳が続いている。

安居神社は安居天神、安居天満宮とも呼ばれ、真田幸村公終焉の地として知られている。拝殿前には宝暦12年（1762）寄進のユーモラスな姿の狛犬がにらみをきかせている。拝殿正面の石段を下り、石鳥居を2つくぐって松屋町筋に出て左折。すぐに公園北口交差点があるので右に折れて国道25号を西へ進む。ちなみに、ここから東へ四天王寺へと続く坂道は、天王寺七坂に数えられる逢坂だ。

天王寺七坂は、大阪市内を南北に走る上町台地の西側に位置している。かつて大阪市域の大半は海であり、大阪城から住吉へと連なる上町台地は半島のように海へと突き出していた。古人が四天王寺から拝した海に沈む夕陽を思い浮かべながら西に向かおう。

阪神高速の高架をくぐり恵比須東交差点まで来ると、「SHINSEKAI」の看板の向こうに通天閣がそびえる。**新世界**に立ち寄ってジャンジャン横丁を歩くのも一興だ。

戎神社前交差点で国道を離れ、東西に走る通りを入るとすぐに28番浪速寺。道路の北側に面して鐘楼門が立ち、正面に毘沙門天をまつる本堂、ほかに不動堂や大師堂がある。

すぐ西の**今宮戎神社**は「十日戎」で知られ、1月9〜11日の3日間には100万人もの参詣者が訪れる。続く**29番大乗坊**へは、戎神社前交差点から北上し阪神高速の高架をくぐって直進する。日本橋小中一貫校（浪速小学校・日本橋中学校）を過ぎると、日本橋でんでんタウンのオタロードに突入し、アニメショップやメイドカフェが並ぶ。タイムズの大きな駐車場の北側で右に折れると、「日本橋毘沙門天」で知られる大乗坊。繁華街にあって参拝者が多く、線香の煙が絶えることがない。

2日目の巡拝はここまで。帰りは大阪メトロ日本橋駅やなんば駅からになるが、余裕があれば堺筋に出て日本橋2交差点まで北上し、黒門市場を散策しよう。

◉3日目コースガイド（電車＋徒歩）

ＪＲ大阪駅、阪急・阪神梅田駅など　↓　**6番太融寺**　↓　東梅田駅〈大阪メトロ谷町線〉天神橋筋六丁目駅　↓　**9番國分寺**　↓　**10番寶珠院**　↓　大阪天満宮駅〈ＪＲ東西線・片町線〉鴫野駅　↓　**13番大日寺**　↓大阪城公園駅〈ＪＲ環状線内回り〉福島駅　↓　**4番了徳院**　↓　**5番持明院**　↓　**27番高野寺**　↓　大阪メトロ四つ橋線肥後橋駅など

※長距離ウォーキングを楽しみたい人は13番から大阪城公園、大川沿いを歩いて27番、４番、５番と巡拝してもよい。

大阪市内の北区、城東区、福島区、西区にある７つの札所を、大阪メトロとＪＲを乗り継ぎながら巡拝するコース。

最初に訪れる**6番太融寺**は、ＪＲ大阪駅、阪急梅田駅、阪神梅田駅、大阪メトロ御堂筋線梅田駅、谷町線東梅田駅から徒歩圏内にある。このあたりは地下街が発達しているが、初めての人にはわかりにくいかもしれない。町歩きにもコンパス（方位磁石）があると役に立つ。迷いそうになったら地上に出て歩いてもよい。

ここでは阪急梅田駅からの道筋を案内しておく。梅田駅に着いたら先頭車両側（大阪側）の改札から出て１階まで下り東側に出る。ＪＲの高架下をくぐって南下し、阪急前交差点を左に折れれば太融寺まで迷うことはない。大通りではなくにぎやかな商店街を歩きたいなら、阪急東交差点で信号を渡って阪

太融寺西門

急東通商店街を歩けばよい。新御堂の高架下で信号を渡ってしばらく歩くと、有名ラーメン店の一蘭がある。ここは24時間営業で外国人観光客でもにぎわっている。次の通りで右に折れて大通りに出ると太融寺交差点。信号を渡って築地塀沿いに南に下れば太融寺西門、さらに下って左に折れれば南門がある。

南門から入ると本堂は正面。本堂右手に大師堂、護摩堂、一願堂、宝塔などが甍を並べる。御供所（納経所）もここにあり、お寺の方が常駐されている。

太融寺は新西国霊場、近畿三十六不動尊霊場、おおさか十三仏霊場、ぼけ封じ観音霊場、なにわ七幸、神仏霊場と、数多くの霊場の札所にもなっている。摂津国八十八ヶ所霊場の専用納経帳も入手できるので、この寺から巡拝を始めてもよい。

次の札所は**9番國分寺**。太融寺交差点にもどって西へ進み、曽根崎東交差点南東角から地下街に入る。あとは頭上の案内板に従って大阪メトロ東梅田駅を目指せばよい。JR大阪駅、阪神梅田駅、大阪メトロ御堂筋線梅田駅などにも通じているので、迷わないよう注意しよう。

東梅田駅から大阪メトロ谷町線で2駅目の天神橋筋六丁目駅へ。2番出口を出るとローソンがある菅栄町西交差点。都島通を東進して信号の次の通りを北上すれば9番國分寺に着く。都島通の1本北の通りを歩いてもよい。

山門前には「大本山國分寺」寺標とともに、「大界外相」と刻まれた結界石も立つ。山門左手の石柱門から境内に入ると、右手には天平の古式にのっとり昭和に落慶された金堂、左手には納経所がある。納経所前の弘法大師像のそばには、「攝州八十八箇所」石碑が残り、「安永八年（1779）己亥十月」の銘がある。札所番号は欠けているが30番台のようだ。

続く**10番寳珠院**へは1・7kmほど歩く。菅栄町西交差点までもどり信号を渡って南へ。セブンイレブンの先の二股で右、突き当りを左折し、すぐに右に折れて人気寿司店の前を通って天神橋筋商店街に合流。ここからアーケード街を南下する。

天神橋筋商店街は日本一長い商店街といわれており、天六から天一まで南北約2・6kmにもおよぶ。合流点の天五から南へ下り、JR大阪環状線高架、阪神高速高架をくぐり信号を渡ると、いよいよ天神橋筋三丁目商店街に入る。左手に前田豆腐店が見えたら左の道に折れ、善導寺、天徳寺、栗東寺の前を過ぎて10番寳珠院に到着。宝珠の刻印された青銅の門扉は威厳があり、境内は緑も多く清浄な雰囲気が

江戸期の「攝州八十八箇所」石碑

保たれている。

このあたりはかつて東寺町と呼ばれていた寺院密集地で、寶珠院の先にもいくつものお寺が並ぶ。

13番大日寺に向かう。寶珠院東側の信号のある通りを南下し、国道1号に突き当たると大阪天満宮駅の入口がある。JRに乗車し3駅目の鴫野駅を出たら、すぐに信号を渡り今里筋を右へ。「南しぎの商店街」看板が掛かる入口で左に折れると、店は少ないが昔ながらの商店街が続く。二股まで来たら左に進み城東小学校の南側を歩くと、やがて13番大日寺の入口がある。「安産子安大日寺」寺標に導かれ奥に入ると、正面には八劔神社の石鳥居。左に折れるとイチョウの木が枝を広げる大日寺の境内となる。正面の本堂には「子安大日如来」の額が掛かる。

次の札所は**4番了徳院**。来た道をもどって再び南しぎの商店街を歩き、今里筋まで来たら信号を渡る。続く二股ではどちらの道を進んでもよいが、右の道のほうが歩行者には安全だ。大阪環状線の高架下をくぐって石段で玉造筋に出れば、大阪城公園駅はすぐそこだ。

JR環状線内回りで福島駅に移動。なにわ筋から西に進む通りには「売れても占い商店街」の幟が立ち並んでいるが、ここは聖天さん了徳院への参道として栄えた「福島聖天通商店街」だ。心斎橋筋、九条新道、十丁目筋（現天神橋筋）とともに、戦前は大阪の四大商店街に数えられていたという。現在は人気の飲食店が数多く並びにぎわっている。

聖天通交差点を渡り、次の信号を渡って右折すると、すぐに「歓喜天」の額が掛かる石鳥居が見える。石鳥居に続いて山門をくぐると、正面に歓喜天（聖

大日寺に隣接する八劔神社

天さん）をまつる聖天堂が鎮座する。御朱印は山門入ってすぐ左手の寺務所へ。境内には藤棚があり、福島区の区の花でもあるノダフジが咲く。

続く**5番持明院**へは、了徳院前の道を西へ１００m余りと近い。山門をくぐると宝形造の本堂が立ち、右手には四国八十八ヶ所写し霊場の本尊石仏や「厄除弘法大師」石碑、本堂向かいには川魚供養塔や「南無安産大師」石碑が並ぶ。

持明院から**27番高野寺**までは２㎞程度。来た道を福島駅までもどってなにわ筋を南に下る。そのまま土佐堀1交差点まで進んで左折してもよいが、あまり歩きやすい道ではない。玉江橋を渡らずに堂島川の手前で左に折れ福島浜緑道を歩こう。

田蓑橋手前まで来ると**「蛸の松」顕彰碑**がある。江戸時代の中之島には諸藩の蔵屋敷が林立し、屋敷前には枝振りのよい松が植えられて美景で知られていた。なかでも久留米藩と広島藩の黒松は、その姿から「蛸の松」と呼ばれ名所に数えられていたという。

田蓑橋で堂島川を渡り、国立国際美術館のある通りを歩き、筑前橋で土佐堀川を渡る。土佐堀1東交差点で右に折れ土佐堀通を進めば、背の高いビルにはさまれるように27番高野寺が立つ。石段を登った2階部分が本堂で、1階は駐車場になっている。御朱印受付は駐車場の奥へ。

帰りは最寄り駅の大阪メトロ四つ橋線肥後橋駅から。さらに東へ歩けば御堂筋線や京阪の淀屋橋駅もあり、寺から徒歩15分程度だ。

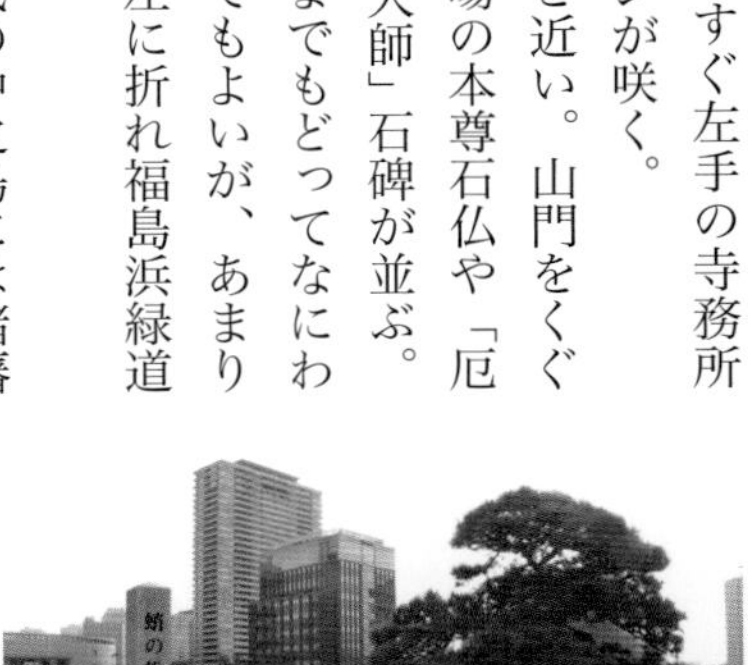

「蛸の松」顕彰碑

◉4日目コースガイド（電車＋徒歩）

大阪メトロ中央線大阪港駅 ↓ **33番釋迦院** ↓ 大阪港駅〈大阪メトロ中央線／阿波座駅で千日前線乗り換え〉西長堀駅 ↓ **3番和光寺** ↓ 西長堀駅〈大阪メトロ長堀鶴見緑地線〉大正駅 ↓ **31番地蔵院** ↓ 大正駅〈大阪メトロ長堀鶴見緑地線／西長堀駅で千日前線乗り換え／日本橋駅で堺筋線乗り換え〉天下茶屋駅 ↓ **32番正圓寺** ↓ 北天下茶屋駅〈阪堺電車阪堺線〉住吉鳥居前駅 ↓ **34番西之坊** ↓ **35番荘厳浄土寺** ↓ 南海高野線住吉東駅、南海本線住吉大社駅など

※大正駅から天下茶屋駅へはJR大阪環状線と南海利用のほうが早いが、エンジョイエコカード使用を前提に大阪メトロ利用としている。

大阪市内の港区、西区、大正区、阿倍野区、住吉区にある6つの札所を大阪メトロと阪堺電車を乗り継いで巡拝するコース。大阪メトロの利用が多いので、1日乗り放題のエンジョイエコカードを買っておくと便利でお得。駅の券売機で購入でき、大阪市内の観光スポットが割引になる特典もある。

打ち始めの**33番釋迦院**は大阪メトロ中央線大阪港駅が最寄り駅。大阪港駅から釋迦院へは、4番出口からでも6番出口からでも徒歩3分程度と近い。南側の山門には「築港高野山」の額が掛かり、門前には「釋迦院」と刻まれた寺標が立つ。門をくぐると左手に本堂、正面には日限地蔵堂、右手には大阪四不動の西方不動尊をまつる。大阪四不動とは、大阪市内の東西南北の四方不動で、「四合わせ（幸せ）」と呼ばれ、摂津国八十八ヶ所の4番了徳院も北方不動尊に名を連ねている。

西国三十三所石仏霊場、四国八十八ヶ所お砂踏所、鯖大師像、稲荷社なども目を引き、案内板に記された「往時の築港高野山境内図」を見ると、空襲による焼失前の偉容が偲ばれる。納経所は本堂左手から奥へ。

大阪港駅までもどって**3番和光寺**へ向かう。時間に余裕があれば、駅北側の天保山マーケットプレースなどを散策してもよい。天保山公園にある天保山は標高4・53mで、二等三角点がある山では日本一低い山として知られている。海遊館も近いが、ここに入館していては何時間も過ごしてしまうのでまたの機会に。

阿波座駅で千日前線に乗り換え、西長堀駅で降り5番出口へ。出口は南向きなので、反対の北側の道を東に向かう。信号のある広い道路はあみだ池筋で、通り名は3番和光寺の通称に由来する。信号を渡り直進すれば車用の入口から境内に入れる。鉄筋の本堂が東面して立ち、本堂右手の北側には阿弥陀池があり、池の中央には朱塗りの宝塔・放光閣が鎮座する。

阿弥陀池（あみだ池）は長野善光寺の本尊出現の霊地として知られ、和光寺創建以前から仏教伝来の聖地として信仰を集めている。百済の聖明王から献上された天竺由来の阿弥陀如来像は物部氏によって打ち捨てられたが、本田善光によって難波堀江の地で見出されたと伝わる。それがこの阿弥陀池というわけだ。阿弥陀池は通り名のみならず、上方落語の演目の舞台にもなっており、和光寺の通称としても庶民に親しまれている。

和光寺の通称にもなっている阿弥陀池

釋迦院山門

天下茶屋駅前商店街

次の札所は**31番地蔵院**。西長堀駅までもどって、今度は長堀鶴見緑地線で大正駅へ向かい3番出口から出る。大阪市大正区は「リトル沖縄」と呼ばれ、沖縄県からの移住者が多い地域。沖縄料理のお店なども多く、JR大正駅の高架下にも人気の沖縄料理店がある。

大正通沿いに南下し、三軒家交差点を過ぎて2本目の通りを左へ折れると、すぐに31番地蔵院に着く。ツタの絡まる赤レンガ塀の前に「弘法山地蔵院」石碑が立ち、イチョウの大木が高くそびえている。火灯窓のような意匠の入口から扉を開けて入ると畳敷きの本堂で、左手に納経受付もある。

続いて参拝するのは**32番正圓寺**。大正駅にもどって大阪メトロで天下茶屋駅に向かう（JR大阪環状線内回りに乗り新今宮駅で南海に乗り換えても行ける）。駅の東に出たら、少し北に進んで天下茶屋駅前商店街のアーケードに入る。レトロな商店街を抜けて阪堺電車の踏切を過ぎると住宅街となり、突き当りを右に進んですぐに左折。聖天山公園入口の石段前で右に折れると「大聖歓喜天」石碑が立つ正圓寺の入口に着く。鳥居をくぐって石段を登れば、左手に正圓寺の山門が立ち「海照山」「天下茶屋聖天」の額が掛かる。

北天下茶屋駅から阪堺電車を利用

反橋を渡って住吉大社へ

門をくぐって正面が聖天堂で、石鳥居の両側をお尻を上げた出雲式の狛犬が守る。大師堂、護摩堂など堂舎も多く、釈迦堂はおおさか十三仏霊場の札所にもなっている。奥之院は山門を出て東に100m足らず。山下にはマロニエという雰囲気のよいカフェがある。

34番西之坊に向かう。阪堺電車の北天下茶屋駅まで来た道をもどる。住吉方面行きの乗り場は踏切の北側だ。大阪唯一の路面電車に揺られながら、およそ10分で住吉鳥居前駅に到着。目の前の**住吉大社**は摂津国一宮として信仰を集め、初詣の三ヶ日の参拝者は200万人を数える。

反橋を渡りウサギの石像が水を吹き出している手水舎で身を清め、4つの本殿を参拝する。参拝の順序は特にないということだ。いちばん奥の第一本宮の左手から「初辰さん」で知られる楠珺社の方へ抜け、東の門から境内を出て東へ。一方通行の赤信号がある池田屋本舗（住之江味噌）の四つ辻で右に折れれば、34番西之坊に着く。

西之坊山門前の「摂州八十八箇所」石碑

　山門前には「摂州八十八箇所 第廿五番 西之坊」石碑が立ち、天明2年（1782）の銘がある。当時は25番札所だったようだ。また「方除祈願所西之坊」石碑が立ち、境内には方違社もあって、方位除けの祈願所として信仰を集めている。

　続いて**35番荘厳浄土寺**へ。池田屋本舗までもどり右折して東進。南海高野線の住吉東1号踏切を越えると、道の北側に荘厳浄土寺が姿を現す。山門は江戸初期の薬医門で、門前には石畳が続き、左右に「朝日山荘厳浄土寺」「後村上天皇聖蹟」の石碑が立つ。門の左手には地蔵尊をまつる小堂も付属している。広い境内の正面に本堂、右手に本坊、左手に寺務所が並び、奥には阿弥陀堂も立つ。

　４日目の巡拝はここまで。南海高野線住吉東駅や南海本線住吉大社駅などから帰路につく。時間があれば住吉大社駅西側の粉浜商店街を散策しよう。南海本線粉浜駅あたりまで続くおよそ４００ｍのアーケード街なので、粉浜駅まで歩いてもよいだろう。

粉浜商店街

◉5日目コースガイド（電車＋徒歩）

大阪メトロ御堂筋線あびこ駅 → **36番薬師寺** → あびこ駅〈大阪メトロ御堂筋線〉西田辺駅 → **40番法樂寺** → 田辺駅〈大阪メトロ谷町線〉喜連瓜破駅 → **37番如願寺** → 喜連瓜破駅〈大阪メトロ谷町線〉平野駅 → **38番長寶寺** → **39番全興寺** → 平野駅〈JR関西本線〉東部市場前駅 → **41番京善寺** → JR関西本線東部市場前駅など

このコースは大阪市南部の住吉区、東住吉区、平野区にある6つの札所をめぐる。

最初に訪ねるのは**36番薬師寺**。あびこ駅1番出口を出て、地下鉄あびこ中央商店街(あびんこ商店街)に入る。アーケード街ではないが、道沿いにはスーパーなどもあって、駅近くは人通りも多い。東に進むにつれ人は少なくなり、信号のある交差点を渡って直進するとやがて突き当り。ここで右折してすぐに左の道を東行し、苅田北住宅の南の道を歩く。巨大な集合住宅が5棟並ぶが、5棟目を過ぎて駐車場のある角を南下し突き当りを右に折れると、36番薬師寺の門前に着く。手前に駐車スペースがあり、奥に山門が見える。山門をくぐった正面が本堂で、その左手に納経所がある。

次に参拝するのは**40番法樂寺**。あびこ駅までもどり、御堂筋線で2駅北の西田辺駅へ。西田辺駅前交差点北東角から東に進み、歩道橋すぐ手前の道を左斜めに入る。長池小学校沿いに進むと長池公園があり、池の周りは釣り人でにぎわっている。JR阪和線の高架をくぐって直進すると山坂公園があり、「歴史の散歩道」の青い道標が立っている。法樂寺へは、ここから道標に従って北に進み、南田辺駅を過ぎて右に折れても行ける。
ここではもうひとつのルートを案内しておこう。山坂公園で山阪神社の南から入る。山阪神社は田辺神社とも呼ばれ、渡来系の田辺氏ゆかりの神社とされ、主祭神に天穂日命をまつる。拝殿前の広島型玉乗り狛犬は後ろ姿がユーモラスだ。境内を抜けて東の鳥居から出て直進し、スーパーナショナルを過ぎると南田辺本通商店街のアーケードがあり、ここで左に折れて北上する。安楽寺のある四つ辻で左折すれば、40番法樂寺の門前に着く。

法樂寺山門前

法樂寺は田辺不動尊とも呼ばれ、山門前には「大聖不動明王」石碑が立ち、近畿三十六不動尊霊場第3番札所、おおさか十三仏第1番札所としても信仰を集めている。山門をくぐって正面に三重塔、左手に大師堂、本堂は三重塔の背後に甍を並べている。

37番如願寺に向かう。法樂寺前から府道26号まで東進し、信号を渡らずに左に折れる。前方に阪神高速の高架が見え、高架下に大阪メトロ田辺駅の入口がある。（谷町線で3駅目の喜連瓜破駅で降り、3番出口から府道１７９号（長居公園通）沿いに東進。喜連住宅前交差点で左折し道なりに北上すると楯原神社。神社からも37番如願寺に入れるが、神社前から東側に巻いて進むと如願寺

楯原神社

の山門がある。境内には季節の花も多く明るい雰囲気につつまれている。

来た道をもどり喜連瓜破駅へ向かう。平野喜連郵便局の少し南までもどると、道の西側に馬倉地蔵尊の小堂が立っている。この堂の裏の細道は平野へと続く中高野街道で、南は瓜破天神社をへて河内長野で他の高野街道と合流し高野山へと至る。

次の札所は平野の**38番長寶寺**。喜連瓜破駅から大阪メトロ谷町線で1駅の平野駅で降り、1・2番出口か4番出口へ。4番出口からは直進し府道186号（南港通）を東に進む。平野酒饅頭、棒きんつばなどが人気で創業明治42年の老舗・御菓子司梅月堂西店の前を通り、平野流町歩道橋のある信号交差点で左の道に入る。途中で斜めの道に突き当たるが道なりに北上を続けると、サンアレイ平野本町通商店街のアーケード入口に出合う。さらに北へ進み、2017年オープンのだるま珈琲を過ぎ、タイムズ駐車場の角を右に折れると38番長寶寺に到着。

山門前には「後醍醐天皇行在所跡」石碑が立ち、正面に本堂、左手に大師堂、右手には国指定重要文化財の鎌倉時代銅鐘がある。境内には「弘法大師當國八十八箇所　第三十四番」石碑も立ち、当時の札所番号も分かる。

39番全興寺までは300m程度。長寶寺の東から南下しサンアレイ平野本町通商店街のアーケードに出合う。すぐ西側には人気のうどん店、六々々屋がある。アーケード街を東進し、次の四つ辻を右に折れると39番全興寺の山門。ア

門前茶屋おもろ庵

長寶寺山門

ーケード街を直進しても北の入口から入ることができる。

山門前の右手には門前茶屋おもろ庵があり、抹茶、玉露、煎茶など本格的な日本茶が楽しめる。コーヒーやぜんざい、茶がゆなどもあり、観光案内所や「パズル茶屋」としても利用できる。平野では１９９３年より「町ぐるみ博物館」というミニ博物館運動が行われており、おもろ庵の「パズル茶屋」もそのひとつ。全興寺境内にも「小さな駄菓子屋さん博物館」がある。

全興寺ではまた、10の質問に答えて極楽行きか地獄度行きかがチェックできる「地獄堂」、四国八十八ヶ所の石仏やステンドグラスの曼陀羅が神秘的な空間をつくる「ほとけのくに」などユニークな施設も見どころだ。

41番京善寺へはＪＲを利用。おもろ庵前の道を北上し平野駅へ向かう。大阪平野本町郵便局の前を通り、亀乃饅頭で知られる寛永元年（１６２４）創業の福本商店を過ぎ、国道25号に出合って左折。宮前交差点で信号を渡り、石鳥居をくぐって**杭全神社**の境内に入る。

杭全神社は全国唯一の連歌所とだんじり祭で知られている。毎年7月11日〜14日の夏祭では勇壮なだんじり曳行が見られ、30万人の人手でにぎわう。拝殿の背後には3つの本殿が並び、素盞嗚尊をまつる第一本殿前には、延享5年（１７４８）寄進の独特の姿をした古い狛犬が鎮座する。

拝殿の左手のほうに進むと西側の門がある。門を出て直進し突き当りを右折、イズミヤ平野店の端で左に折れれば、信号のある交差点に出て、右に進め

杭全神社の第一本殿前の狛犬

全興寺の地獄堂

ばＪＲ平野駅に着く。ここからＪＲ関西本線で1駅目の東部市場前駅に向かう。駅間の距離は2㎞足らずなので国道25号を歩いてもよいのだが、あまり歩きがいのある道ではない。

乗車時間2分ほどで東部市場前駅に着いたら、南側の国道25号杭全西交差点に出て信号を渡り西へ。橋を渡った桑津4東交差点で左に折れて川沿いを歩き、すぐに1本目の道を西に入る。ここから道なりに西行すれば、やがて桑津天神社の前に至り、神社の向かいには桑津公園がある。公園ではお年寄りが集まってのんびりと将棋を楽しんでおり、のどかな風景が見られる。

41番京善寺は公園のすぐ東に面している。山門前の石標には、寺号とともに「くわづ不動尊」の文字が刻まれている。近畿三十六不動尊霊場第4番札所でもあり、桑津不動の呼び名で親しまれている。桑津という地名は、養蚕が盛んで桑畑が広がっていたことにちなむとか。

仁王門をくぐると、左手に納経所のある庫裡、本堂が連なり、本堂向かいに護摩堂が立つ。護摩堂と鐘楼のあいだには護摩場があり、奥には一願不動尊がまつられている。

本日のコースはここまで。来た道を東部市場前駅までもどって帰途につく。桑津天神社前の道を西に道なりに進めば、近鉄南大阪線河堀口駅へも10分足らずの距離だ。

京善寺仁王門

桑津天神社

◉6日目コースガイド（電車＋徒歩）

阪急総持寺駅など　↓　**47番総持寺**　↓　総持寺駅〈阪急京都線〉南茨木駅　↓　**46番蓮花寺**　↓　南茨木駅〈阪急京都線〉摂津市駅　↓　**45番金剛院**　↓　千里丘駅〈JR京都線〉吹田駅　↓　**42番常光圓満寺**　↓　吹田駅〈JR東海道本線／尼崎駅で東西線乗り換え〉加島駅　↓　**7番富光寺**　↓　加島駅〈JR東西線〉尼崎駅　↓　**64番淨光寺**　↓　杭瀬駅〈阪神本線〉尼崎駅　↓　**65番大覚寺**　↓阪神尼崎駅

※7番富光寺から徒歩で64番淨光寺へ向かってもよい。

大阪府北部の茨木市、摂津市、吹田市、大阪市淀川区と、兵庫県尼崎市にある7つの札所をめぐるコース。鉄道利用で巡拝できる駅近くの寺院をまとめて回る。

打ち始めとなる**47番総持寺**は、阪急京都線総持寺駅のほか、2018年新設開業となったJR総持寺駅からも近く、いずれの駅からも徒歩5分程度。ここでは阪急の駅からのルートを案内しておこう。

亀の石像に乗った総持寺の寺標

西改札口を出たら、ファミリーマートの前のゆるやかな坂を登っていく。四つ辻まで来ると、右の道には築200年の蔵を改装した手打ちそば屋の貞寿庵があり、総持寺へは左の道を下る。総持寺参拝者用の有料駐車場を過ぎると、右手の小高いところに総持寺の山門が見える。亀に乗った観音さまで名高い寺にふさわしく、山門前に立つ寺標も亀の石像に乗っている。

総持寺は西国三十三所観音霊場第22番札所でもあり、西国巡礼の参拝者でもにぎわっており、納経所には納経帳や経本など巡拝用品が充実している。

46番蓮花寺へ向かう。総持寺駅までもどり、阪急京都線で2駅目の南茨木駅へ。蓮花寺は線路の西側に位置するが、駅の東出口から出たほうがわかりやすい。駅前ロータリーには黄色い宇宙服のようなものを身につけた巨大な人形が立っている。茨木市出身のヤノベケンジ氏が、東日本大震災からの再生復興を願い創作したモニュメント「Sun Child（サン・チャイルド）」だ。

蓮花寺へは線路沿いの道を南下する。線路の向かい側に寺が見えるあたりで、道はいったん線路から離れるが、道なりに進んで再び線路沿いに出る。蓮華寺踏切を渡れば線路のすぐ西側に寺の入口がある。踏切名では「蓮華寺」となっているようだ。

「行基菩薩開基　真言宗瑞光山　蓮花寺」寺標に導かれ2層の山門をくぐると、正面に薬師如来をまつる本堂、右手奥にはまだ新しい護摩堂が立つ。護摩堂そばには、近隣の沢良宜西の里道でまつられていたお地蔵さまが集められており、一願地蔵として信仰を集めている。線路沿いながら境内には野鳥の声も響き、柔らかい雰囲気に満たされている。

南茨木駅前のモニュメント

続く**45番金剛院**は、南茨木駅から阪急で1駅目の摂津市駅から歩く。西出口から出て左に折れ境川沿いの道を進む。対岸には織田信長軍に急襲された勝久寺門徒が多数殺害されたという古戦場「流れの馬場跡」があり小さな公園になっている。川沿いの道はやがてＪＲ京都線と平行する府道１４２号に突き当たるので、左に折れて押しボタン信号のところでＪＲの下をくぐって西側に出る。線路沿いの道を２００ｍほど南下すると青い建物があり、ここで右の道に斜めに入っていく。千里丘3丁目周辺の地図も立っているので目印になる。

しばらく進むと金剛院の案内板があり、「この先20ｍ」「摂津國第四十五番札所　蜂の寺」と記されている。境内は思いのほか広く、本堂の右手には宝形造の護摩堂が並び、玉姫大明神社や弁天堂、織田有楽斎ゆかりの「野立の井」などがある。

42番常光圓満寺へ向かう。来た道を引き返し、阪急摂津市駅のほうへはもどらず線路沿いを北上し続ける。金剛院から７００ｍほど歩けば、ＪＲ京都線千里丘駅に着く。ここから2駅目の吹田駅が42番常光圓満寺の最寄り駅だ。

吹田駅中央改札を出たら、にぎやかな旭通商店街を南下していく。このあたりは飲食店も多いので、昼時なら食事の時間にしてもよい。府道14号との交差点で右に折れ、次の信号で再び右折。吹一公園を過ぎて次の信号まで来れば、常光圓満寺はもう見えている。仁王像に守られた山門が通りの北側に面している。参拝者も多く活気のある寺で、古い木造建築と新しい現代的な施設が仲よく共存している。

寺のすぐ西側から北上して吹田駅にもどり、まずはＪＲ東海道本線で尼崎駅に向かって、東西線に乗り換えて1駅目の加島駅で降りる。**7番富光寺**までは７００～８００ｍの距離だ。２番出口から出て府道41号まで北上し、信号を渡ってローソンの左手の細道に入る。新幹線の高架沿いの道を進むと、高架下に小さな公園があり、そこで右折すれば富光寺の門前に着く。

7番富光寺は大阪市淀川区にあるが、淀川より北にある市内唯一の札所であり、兵庫県との県境付近に位置する。JRを利用しても乗り換えがあるので、面倒だという方は自動車巡拝のコースに組み入れてもよい。駐車場は広く充実しており、阪神高速11号池田線も近くを通る。

富光寺の境内は広々としており、山門から石畳の道が入母屋造の本堂へと続く。右手には納経所、左手には藤棚があり、花の季節が楽しみだ。山門近くには「攝州八十八箇所第三十九番富光寺」石標が立っており、天明3年（1783）の銘がある。江戸期の札番は現代のものとはだいぶ異なっていたようだ。

64番浄光寺に向かう。来た道を引き返し、加島駅から東西線で尼崎駅へもどる。南出口から出て県道191号を東進、常光寺1丁目交差点を右折すれば、道の東側に面する浄光寺に着く。このあたりの町名は「常光寺」となっており寺号とは異なる表記となっている。

山門前には「攝津國八十八ヶ所第六拾四番霊場」石碑が立ち、その隣の石碑には旧名の慈眼院の名も見える。門をくぐると正面に外付け階段のある本堂、左手に納経所がある。修行大師像や七福神像などが参拝者を見守っている。道路をはさんだ向かいの皇大神社は、弘法大師が浄光寺開創のおり勧請された由来を有する。

7番富光寺から64番浄光寺までは2km程度の距離。富光寺から加島駅までと尼崎駅から浄光寺までを合わせると、それほど違わない距離になる。歩きやすい道とは言えないが、電車に乗らず徒歩で向かってもよい。その場合は府道41号の神崎橋を渡り、常光寺1丁目交差点をへて南下すればよい。

富光寺の境内は広い

6日目コース最後の札所は**65番大覚寺**。浄光寺前の通りを南下して阪神本線の杭瀬駅へ向かう。杭瀬団地の脇を通ってしばらく進むと、ビルの壁に仮面ライダーやウルトラマンエースの人形が掲げられた古い玩具店のビルが見える。このあたりから杭瀬本町商店街のアーケードになり、にぎやかになってくる。東西に走る通りにも杭瀬1番街、昭和ショッピングロードなどのレトロな商店街が広がっている。

国道2号の杭瀬交差点を渡る。左側は歩道橋しかないので、階段を避けたい人は道路の西側に渡っておこう。交差点を過ぎると杭瀬駅はすぐそこだ。

阪神電車2駅目の尼崎駅で降りて駅の南側に出る。駅に沿って西に進み、信号を渡って南下すると、すぐに阪神尼崎駅前交差点。ここで右折し、突き当りを左に折れ、3本目の通りを西に入れば大覚寺に着く。このあたりは寺町と呼ばれ11の寺院が集まっている。元和3年(1617)、戸田氏鉄により尼崎城が築かれたさい、城下町建設のため城の西側にあたるこの地に移されたもの。駅前を東に進み庄下川を渡ると尼崎城址公園があり、尼崎城の再建計画が進行中。2018年11月頃に完成予定で、2019年3月末頃に一般公開予定。

65番大覚寺は築地塀に囲まれており、門前や境内には石畳が敷かれ清浄な空気が漂っている。十一面千手観世音菩薩を本尊にまつる本堂のほか、狂言奉納舞台の「茅淳殿」が目を引く。ここでは、毎年2月3日の節分会に大覚寺身振り狂言が奉納される。同日、芦刈からくり堂のからくり人形の演舞も見られ、参拝者でにぎわいを見せる。

帰りは阪神尼崎駅から。梅田まで10分程度とアクセスもよい。

大覚寺周辺は11の寺院が集まる寺町

◉7日目コースガイド（自動車）

新名神高速道路高槻ICなど ↓ **48番地藏院** ↓ **49番靈山寺** ↓ **50番大門寺** ↓ **51番眞龍寺** ↓ **52番帝釋寺** ↓ **53番善福寺** ↓ **54番勝尾寺** ↓ **56番如意輪寺寶珠院** ↓ **43番圓照寺** ↓ **44番佐井寺** ↓ 名神高速道路吹田IC（吹田ＪＣＴ）など

大阪府北部の高槻市、茨木市、箕面市、吹田市にあり、駅から遠く鉄道利用だけでは回りにくい10札所を自動車で巡拝するコース。札所間の道筋は分かりやすさを優先して案内しているので、参考程度にとどめ、優秀なカーナビに従ってください。

最初に訪れる**48番地藏院**は、ＪＲ高槻駅から徒歩20〜25分程度とそれほど離れておらず、歩いてでも行ける。自動車で参拝する場合は、新名神高槻ICから近い。寺の西側の道を南下し、クリーニング店の先で左に折れ狭い坂道を登ると、寺の裏手の駐車場に着く。駐車場は広いが、そこまでの道はかなり狭いので注意が必要。

寺の南側の石段下にも駐車スペースがあるので、真上公民館南の交差点から東に入り、突き当りを北上するルートを取ってもよい。ただし、こちらの道もそれほど広いわけではない。

地藏院は高台にあり、開放感のある眺望のよい寺だ。境内にはイチョウの木が枝を広げ、秋の黄葉が青い空に映える。本堂裏手の墓地にある五輪塔は総高４・８ｍとかなりの大きさ。

続く**49番靈山寺**へは、府道６号を北上し、高槻服部交差点で左に折れ、祥風苑の前を通る。祥風苑は

「美人の湯」で知られる日帰り入浴施設で、食事だけの利用も可。本店の山水館では宿泊もできる。
塚脇橋で芥川を渡ったら、直進して一方通行の道で関大正門前に出るか、左に折れて川沿いを進み、すぐに右折して府道115号を北上して関大正門前に至ってもよい。

関大正門前からさらに北に進み、霊仙寺バス停や白山神社を過ぎると、左手に関係者以外進入禁止と記された道があり、「一言不動尊」の石碑が立つ。この道を下るとすぐに駐車場があるが、ここは法要などがある日以外は鎖がかかっている。さらに下ると左手に駐車スペースがある。

境内への坂を登ると左手に鐘楼のようなものが立っているが、近づいてみると鐘ではなく球体の時計がぶらさがっている。さらに奥へと進めば一言不動尊をまつる本堂、さらに奥には薬師堂がある。納経所は球体時計の所から細道を下った庫裡へ。

靈山寺（霊山寺）があるのは霊仙寺町で、バス停も霊仙寺となっている。古くは「仙」の字が使われていたこともあるのだろう。

次に参拝する**50番大門寺**へは、府道115号を南下し、途中で西に向かって府道46号に移る。上の池公園の前を通って突き当りを右折するルートがわかりやすい。長ヶ橋北詰交差点で府道46号に合流し北上する。大門寺トンネル手前で右の道に入れば50番大門寺に到着。このあたりは安威川ダムの建設が行われており、風景が一変しているが、大門寺山内は豊かな木々に囲まれて静けさを保っている。

大門寺は紅葉の名所として知られている。郊外に位置するため京都市内の寺院のように混雑することもなく、じっくりと紅葉を堪能することができる穴場

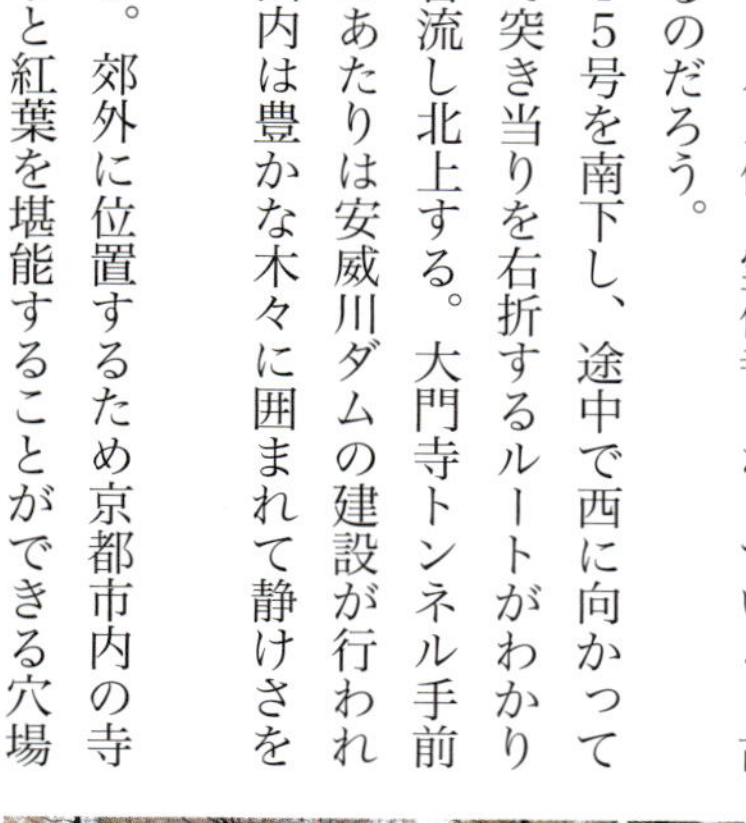
大門寺の紅葉

だが、近年は訪れる人も多くなっている。「ありがたや　もみぢ浄土の　大門寺」と刻まれた石碑がその美しさを讃えている。

古い石臼などを敷石とした趣きある小道をたどり山門をくぐると、赤や黄色のカエデに彩られた本堂が静かにたたずむ。本尊には国指定重要文化財の如意輪観音がまつられている。

51番眞龍寺へは、府道46号を安威交差点まで南下し西進。福井郵便局前交差点で右に折れ府道110号を北上し、真龍寺道標を目印に東の道に入ればたどり着く。広い駐車場にはD51形蒸気機関車が保存展示されている。

駐車場から石段を登ると、稚児大師像を前にして本堂が立つ。本堂左手には西国三十三所の本尊石仏が並び、ミニ西国巡りができる。納経は石段下から東に進んだ庫裡へ。

次の**52番帝釋寺**へは、府道110号を福井郵便局前交差点までもどり西進。府道4号に突き当たって左に折れ、豊川1丁目交差点で右折し国道171号を西に進む。大阪モノレールの高架をくぐり、勝尾寺口交差点で右折し国道を離れしばらく進むと、左手に白壁の塀に囲まれた帝釋寺が姿を現す。駐車場は寺のすぐ北側にある。

寺の南に立つ山門をくぐると、正面に寺号のとおり帝釈天王を本尊にまつる本堂が立つ。明るく開放的な境内には、昭和30年頃まで帝釈天が降臨されたと伝わる松の巨樹が枝を広げていた。樹齢1200年、樹高20m超のご神木で、寺全体をおおうほどであったという。

帝釋寺ではまた、月例の瞑想会や写経会が行われている。予約制の修行体験

眞龍寺に保存展示されている蒸気機関車

カフェもあり、気軽に参加できる。

53番善福寺へは、帝釋寺すぐ北の府道9号を東行し粟生外院交差点を左折。道なりに進み、西田橋の手前で善福寺の道標が見えたら左の道に入る。坂道を登りつめると右手に9台分の駐車場がある。駐車場からも境内には入れるが、山門から参拝するなら墓地の方へ回ろう。門をくぐると草の緑に縁取られた石畳が本堂へと続く。東向十一面観世音菩薩を本尊にまつり、本堂は日の出の方角である東に面して立っている。

続く**54番勝尾寺**へは、来た道を下って左に折れて橋を渡り、西田橋交差点で左に進んで府道4号を北上する。突き当りで府道4号と43号が分かれるが、左に折れて府道4号を進むと、やがて左手に勝尾寺第1駐車場の入口が現れる。少し先には屋内駐車場の第2駐車場もある。

勝尾寺は西国三十三所観音霊場第23番札所でもあり、その境内は広大だ。関西有数の紅葉の名所として名高く、「勝運の寺」としても信仰を集めている。諸堂を巡るだけでもかなりの時間を要し、絵になる撮影スポットも数多いので、余裕をもって参拝したい。

次に訪れるのは**56番如意輪寺寶珠院**。距離的には来た道を引き返したほうが少々近いが、同じ道を通るのもおもしろみがないので、西行し府道43号を南へ下る。途中の大日駐車場は箕面大滝に近い。観光シーズンと土日祝（冬～早春除く）は有料だがそれ以外は無料なので、箕面大滝を訪れたことのない方は、時間に余裕があれば立ち寄るとよい。

箕面市浄水場前交差点まで下ったら、左に折れて府道9号を東進する。白島

勝尾寺は「勝ちダルマ」でも知られる

西交差点で左折するとすぐに駐車場があり、寺はその北側に位置する。寺の北には第2駐車場もある。

短い石段を登って白壁の塀に囲まれた寺の境内へ。入母屋造の朱塗りの本堂は1983年に再建されたもの。寺から3分ほど西へ歩けば奥之院があり、クスノキやヤマモモが枝を広げている。

56番如意輪寺寳珠院から近い55番瀧安寺は、本書では8日目の電車でめぐるコースに含めているが、車で巡拝するなら阪急箕面駅周辺の有料駐車場を利用すればよい。箕面市立箕面駅前第一駐車場など大きな駐車場がある。瀧安寺のある箕面公園内は車両は通行できないので、駅前から20分程度歩くことになる。

43番圓照寺へは、国道423号新御堂筋を南下し、中国自動車道近くで府道2号に移って東行する。しばらく中国道の北側に沿って進み、阪急千里線の高架の先で吹田方面へ南下。スターバックスから2つ目の信号で左折し、伊射奈岐神社のところの信号で左の道に入る。ここからは圓照寺の道標が要所にあるので迷うことはないだろう。

圓照寺は道の左手の石垣の上の小高い場所に伽藍を構えている。車は石段の右手の坂を進んで境内の駐車スペースへ。本堂の左右にはソテツが植わり、左手のソテツの前には「摂津国八十八ヶ所巡拝成満記念碑」が立っている。本堂右手から石段を登ると奥之院がある。

来た道をもどって**44番佐井寺**へ向かう。余裕があれば、先ほど通過した伊射奈岐神社に立ち寄ろう。ここは駐車場そばの狛犬が恐竜かカエルのようなユニークな姿形をしていることで知られている。明治36年寄進というから意外に古いものだ。

圓照寺近くの伊射奈岐神社

イチョウの黄葉が散り敷く佐井寺の境内

伊射奈岐神社は『延喜式神名帳』に記される摂津国島下郡「伊射奈岐神社二座」のひとつ。これから向かう佐井寺の近くにも、同じく式内社とされる伊射奈岐神社が鎮座するというのが興味深い。

府道2号の信号までもどったら、交差点を直進。山田下交差点で府道135号を渡りさらに進むと、直進方向が住宅街へ入る細道となる交差点に出るので、左折して南下する。佐井寺交番の交差点で大きく曲がって右に折れ、谷上池公園手前の一方通行の道に入って道なりに進むと石垣に突き当たる。佐井寺はこの石垣の上に位置するが、駐車場は寺の北側にあるので、右に回って寺の裏手に進む。左に進むと曲がり角が急なので運転しづらい。駐車場のスペースは3台分ほど。

寺の周辺の道路は狭いので、不安であれば少し西の大通り沿いに24時間営業のコインパーキングがある。

佐井寺へは寺の南側から石段を登る。境内にはイチョウやカエデが枝を広げ、秋の紅葉は風情がある。右手には「摂津國八十八ヶ所」の札が掛かった薬師如来堂、鐘楼が並び、正面に十一面観音をまつる本堂、本堂右側には宝形造の不動堂（護摩堂）が立つ。

駐車場のすぐ西には、佐井寺との関わりも深い伊射奈岐神社への石段がある。43番圓照寺近くの伊射奈岐神社とともに摂津国島下郡の式内社として知られている。

◉8日目コースガイド（電車＋徒歩）

阪急宝塚線石橋駅 → **59番常福寺** → **58番若王寺一乗院** → **57番若王寺釋迦院** → **66番髙法寺** → 池田駅〈阪急宝塚線／石橋駅で箕面線乗り換え〉桜井駅 → **8番不動寺** → 桜井駅〈阪急箕面線〉箕面駅 → **55番瀧安寺** → 阪急箕面線箕面駅

※駐車場が広い寺院も多いので、自動車巡拝に組み入れてもよい。ただし66番髙法寺は周辺の有料駐車場、55番瀧安寺は箕面駅前の有料駐車場を利用することになる。

大阪府北部の池田市、豊中市、箕面市にある6つの札所を、阪急宝塚線・箕面線を利用して巡るコース。最後に参拝する55番瀧安寺は箕面公園内にあるので、時間があれば箕面大滝まで足を延ばし、箕面駅周辺で食事やコーヒーで締めくくろう。

打ち始めの**59番常福寺**は、阪急宝塚線石橋駅からおよそ2㎞の距離。石橋駅西改札口を出るとすぐにアーケードの石橋商店街がある。大阪市内の商店街でもシャッター通りになっているところは多いが、ここは活気があってにぎやかだ。

石橋商店街

商店街を北へ向かい箕面川橋を渡る。欄干が真っ赤に塗られた橋で、この橋へと向かう道は「赤い橋通り」と名づけられている。橋を渡ったら左に折れ、あとはひたすら西へと進めばよい。北豊島中学校前交差点で国道171号を横断し、中国自動車道の高架をくぐれば、やがて左手に常福寺の入口が見える。右に寺標、左に「摂津國弘法大師八十八ヶ所第五十九番」「摂津國観音霊場三十三所第廿番」石碑が立ち、奥に進めば広い駐車場がある。山門をくぐると、修行大師像を前にして正面に本堂、左手に鐘楼、右手には納経所のある庫裡が立つ。

58番若王寺一乗院へは、来た道を北豊島中学校前交差点までもどって左折し国道171号を北上。夫婦池交差点で右に折れ、天神西交差点で左折し国道171号を離れる。鉢塚交差点で国道176号に合流し左に進めば、感応式信号の一乗院前交差点に「五社神社参道」石碑が立っている。ここで右の道に入れば若王寺一乗院の山門に着く。

ちなみに、五社神社は若王寺一乗院のすぐ北にあり、若王寺の鎮守社として創建されたと伝わる古社。本殿裏手には鉢塚古墳があり、石室内には国指定重要文化財の石造十三重塔がまつられている。

「融通尊霊場」の額が掛かる山門をくぐると、正面に本堂、右手に融通尊堂や庫裡、左手には鐘楼が立つ。融通尊堂にまつられる雨宝童子は、どんな願いも融通してくださる「融通尊」として信仰を集めている。

鐘楼側には石田三成軍旗塚もある。三成の遺児千代丸が遺臣や乳母によって軍旗にくるまれてこの地に落ち延びたと伝わり、当時の軍旗が一乗院に奉納されている。国道から入れる広い駐車場もあり、車でも参拝しやすい札所だ。

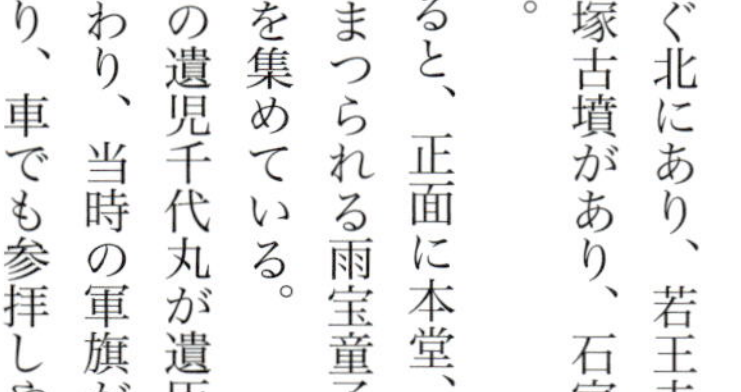
若王寺一乗院山門

山門越しに望む若王寺釋迦院の境内

続く**57番若王寺釋迦院**は歩いて5分ほどと近い。山門を出てすぐ北の道を西行し、郵便局のある四つ辻で左折、お食事処アサヒヤのすぐ手前で右の道に入れば若王寺釋迦院に着く。このあたりには釋迦院の通称である「尊鉢厄神」の道標がそこかしこにあるので迷うことはないだろう。

左に「摂津国八十八ヶ所第五十七番霊場」石碑、右に「厄除開運厄神明王」石碑が立つ石畳の道を奥へ進むと、瀟洒な白い袴腰の竜宮門に迎えられる。左右に雷神・風神が配され、門にトリミングされた境内の風景も格別だ。正面奥には庫裡、その前には手入れの行き届いた庭が広がり、右に折れて石段を登ると総檜・入母屋造の本堂。本堂左手には護摩堂、右手に進むと厄神堂、虚空蔵堂が並び、ここから石段を下ると、境内を一周して先ほどくぐった山門までもどる。

次に向かう**66番髙法寺**まではおよそ2㎞。お食事処アサヒヤ左側の南行き一方通行の狭い道を進む。信号からは広い道となり、辻ヶ池公園に突き当たるまで直進し、公園の北側の道を西行する。この道は大阪市北区の中津から能勢の妙見山へと至る能勢街道に重なっている。星の宮（明星大神宮）、池田文庫の前を過ぎ、池田職安前交差点を右折し、1本目の細道を左に入る。ここは池田の名酒「呉春」の酒蔵の裏手になり、黒い壁の建物が連なっている。

江戸中期の池田は酒所として栄え、最盛期には38軒の酒蔵が存在した。現在もこの地で酒を醸し続けている呉春は、谷崎潤一郎が愛飲した酒として知られ、その名は池田にゆかりの絵師・呉春に由来するようだ。呉春は与謝蕪村に南画を学び、その号は池田の古い雅称「呉服《くれは》の里」で新春を過ごしたことにちなんで名づけられたという。

酒蔵の黒壁沿いから右のさらに細い道に入って北上すると、66番高法寺の山門前。ここには、池田職安前交差点を右折し北上を続け、墓地前の細道を左に入ってもたどり着く。山門前の石道標には「右中山」「左京 みのを山 かち尾寺 道」と刻まれている。春は桜、秋はイチョウの木が境内に彩りを添える。

高法寺の東には**池田城跡公園**、北には**五月山公園**がある。池田城跡公園内には池泉回遊式の日本庭園があり、やぐら風展望休憩舎からは360度のパノラマビューが楽しめる。五月山公園は桜やツツジの名所で、秀望台まで登れば猪名川の流れを望む絶景が広がる。五月山動物園という日本有数の小さな動物園もあり、池田市のマスコットであるウォンバットに出会える。小規模ながら、オーストラリア国外でウォンバットの繁殖に初めて成功した動物園として有名で、入園は無料。池田城跡公園も五月山動物園も火曜休（祝日の場合は翌日）。

能勢街道沿いの星の宮（明星大神宮）

高法寺から池田駅へは栄町商店街を歩こう。アーケード街がサカエマチ2番街、サカエマチ1番街と駅前まで続いている。昼食をとるなら西の国道173号沿いにある吾妻に立ち寄ってもよい。元治元年（1864）創業の大阪最古のうどん屋だ。谷崎潤一郎夫人で『細雪』の幸子のモデルとなった松子さんゆかりのささめうどんが人気。

8番不動寺へは、阪急宝塚線池田駅から石橋駅までもどり、箕面線に乗り換えて桜井駅で下車。駅前を東に進んで桜井踏切を渡り、国道171号の箕面自由学園前交差点まで南下する。歩道橋の手前まで西行し左の細道に入り、半町南公園先の耳鼻咽喉科で右、左と折れて急坂を登る。突き当りから右に進んで桜の木のある小さな四つ辻を左折し、あとは道なりに進めば8番不動寺の西門に着く。ここは裏門のようなので、いちど東側に下って表門から入って参拝しよう。東門側には大きな石の寺標が立っている。

不動寺の石段

ツツジや桜に彩られ石灯籠の並ぶ石段を登ると柴燈護摩道場、大師堂、鎮守堂が並ぶ。鎮守堂は龍神と白鹿霊神をまつり、堂の前には雌雄の鹿の像が鎮座する。ここからさらに階段を登ると鉄筋の本堂で、正面の青い壁にはお不動さんのお姿が描かれている。不動寺は近畿三十六不動尊霊場の札所にもなっており、御本尊の五大力不動明王は2階におまつりされている。本堂は高台にあり眺めがよい。すぐそばには護摩堂の宝形造の瓦屋根も見える。

55番瀧安寺へは、桜井駅から阪急箕面線に乗り終点の箕面駅で降りる。駅に観光案内所があるので、イラストマップやパンフレットを入手しよう。

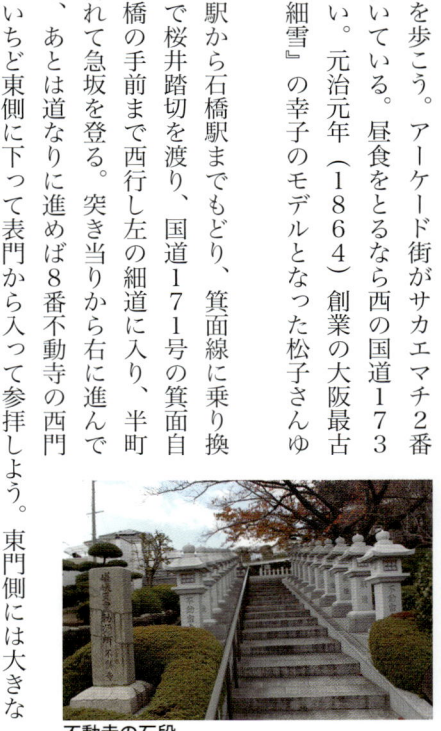

瀧安寺弁天堂への参道

駅前から交番左手の道を北上し、箕面名物もみじの天ぷらのお店が並ぶ道をたどる。箕面温泉スパーガーデン入口を過ぎ、川沿いの道を上流に向かうと、箕面公園昆虫館がある。東京の高尾山、京都の貴船とともに昆虫の三大宝庫に数えられる箕面にふさわしく、さまざまな昆虫が展示され、放蝶園では一年中蝶が飛び交っている。

昆虫館から100mも進めば55番瀧安寺が見える。川の右手の高い石垣の上に立つのは本坊や客殿で、参拝者は左手の観音堂方面に向かう。山門をくぐると正面に観音堂、左手には納経所がある。観音堂裏手の石段を登ると、日本最古と伝わる弁財天をまつる本堂の弁天堂、朱塗りの大黒堂、行者堂などが並ぶ。

時間に余裕があれば箕面大滝まで足を延ばそう。台風被害などで道が不通となる場合があるので、前もって観光案内所で確認しておこう。箕面駅周辺には喫茶店や食事処も多く、帰る前に一息つくのによい。

◉9日目コースガイド（自動車）

阪神高速11号池田線池田木部出入口など → **67番久安寺** → **68番満願寺** → **60番金剛院** → **61番願成就寺安楽院** → **62番昆陽寺** → **63番大空寺** → 名神高速道路尼崎ICなど

大阪府池田市、兵庫県川西市、伊丹市にある6つの札所を自動車で巡拝するコース。67番久安寺、68番満願寺は見所も多く、食事処やお茶を楽しめる施設もあるので、時間に余裕をもってまわりたい。**67番久安寺**へは、阪神高速11号池田線池田木部出入口か新名神高速道路箕面とどろみICが最寄りのインターチェンジとなる。寺までの距離はともに３km程度。

池田木部出入口からは余野川沿いの国道４２３号を北上。しばらく進むと左手に伏尾温泉不死王閣が見える。天然ラジウム温泉の温泉旅館で、食事付きの日帰りプランもある。ここから久安寺まではわずかの距離。楼門の前を過ぎてカーブを曲がったら、久安寺前交差点手前で左にそれる。入ってすぐのスペースはバス降り場やうどん店かやの木の駐車場なので、右手北側の奥に進んで参拝者用の駐車場へ。およそ60台分とめられる広い駐車場だ。

国指定重要文化財の楼門をくぐり、拝観受付を通って奥へと歩を進める。さまざまな木々や花に荘厳された境内は広大だ。久安寺は関西花の寺二十五ヵ所の札所でもあり、春はボタンやツツジ、初夏はアジサイ、秋には紅葉が諸堂に

久安寺楼門は国指定重要文化財

彩りを添える。

本堂前から「攝津國弘法大師八十八ヶ所第六十七番」石碑が立つ左手の石段を登ると、弘法大師をまつる遍照殿御影堂が静かにたたずむ。堂の右手には「弥勒山めぐり入口」があり、およそ1㎞の山歩きが楽しめる四国八十八ヶ所お砂踏みコースが設けられている。

68番満願寺へは、国道423号、173号を南下。絹延橋を渡っても行けるが、西本町交差点まで下って右折し、呉服橋を渡って国道176号を西行するほうが分かりやすいだろう。寺畑1丁目交差点で右に折れたら、あとは道なりに進めばよい。ヤマザキYショップの向かいに満願寺第1駐車場がある。駐車場はかなりの広さで、「手打ち満願寺蕎麦」の幟がはためいている。

奥に進むと石段があり、手前で左に進めば第2駐車場。石段前の寺標には、山号寺号とともに「後醍醐天皇勅願所　多田源氏祈願所」と刻まれている。満願寺は新西国霊場第13番札所でもあり、金太郎こと坂田金時ゆかりの寺としても知られている。

明治14年建立のユニークな形の仁王門をくぐり長い石畳の道を進む。本坊の前を過ぎ石段を登れば、正面に入母屋造の金堂、金堂の右側には宝形造の毘沙門天堂が甍を並べる。納経所は本堂の向かい側。

本堂手前の一段低いところには、観音堂、鐘楼、金時茶屋がある。金時茶屋では土曜・日曜・祝日に

久安寺遍照殿御影堂

満願寺本堂下の一段低いところには鐘楼や金時茶屋がある

満願寺蕎麦がオープンし、本格的な手打ち蕎麦がいただける。営業時間は11～15時くらいで、無くなり次第終了。

本坊向かいには、コーヒーや抹茶、軽食などが楽しめる喫茶坊「縁」があり、ゆったりとした時間を過ごすことができる。定休日は火曜・水曜で、営業時間は10～15時。

満願寺から**60番金剛院**までは約８㎞、25分程度。来た道を国道１７６号までもどり、東行して小花１丁目交差点を右折、県道13号をひたすら南下する。伊丹１交差点で右に折れ、１つ目の信号を右折すれば、白壁の築地塀に囲まれた60番金剛院。参拝者駐車場は寺の北側に３台分ある。このあたりは伊丹市立美術館など市の施設も多く、伊丹市立宮ノ前地下駐車場など有料駐車場もあるので、そちらを利用し

満願寺山門

てもよい。

「宇多天皇勅願所　真言宗御室派」の額が掛かった山門をくぐると、正面には石鳥居を前にした金毘羅堂、左手には本堂（持仏堂）、観音堂が並ぶ。自転車に乗った近所の方、スーツ姿のビジネスマンなどが、本堂や境内の石仏に掌を合わせる姿が見られた。町中の癒しの場となっているようだ。

61番願成就寺安楽院までは2㎞程度。金剛院山門前の道路は北行き一方通行なので、駐車場から西に進んで広い道路で左折し、伊丹小学校前交差点で右に折れ県道334号を西進。一ツ橋交差点で右折し県道332号を北上、国道171号の大鹿交差点で左折する。道の両側に続く陸上自衛隊千僧駐屯地の敷地を過ぎて千僧交差点を左折し、駐屯地に沿った1本目の道を左に入り、またすぐに1本目を右折すれば願成就寺安楽院の駐車場。

山門はここから少し南。門前の石碑には、山号院号とともに「聖武天皇勅願所　摂津國六十一番霊場」と刻まれている。願成就寺安楽院は行基上人創建と伝わる古刹で、所在地である千僧という地名も、昆陽池、千僧今池、籠池などの溜め池造営に力をつくした行基上人が、この地で千人の僧を招く大法会を修したことに由来するという。近隣の地名にも、行基町、昆陽などが見られ、行基上人の遺徳がこの地に深く刻まれていることを実感させられる。

行基上人造営の昆陽池は、今も昆陽池公園として市民に広く親しまれている。籠池は埋め立てられ駐屯地の一部となっている。千僧今池は多くの部分が

願成就寺安楽院山門

金剛院本堂

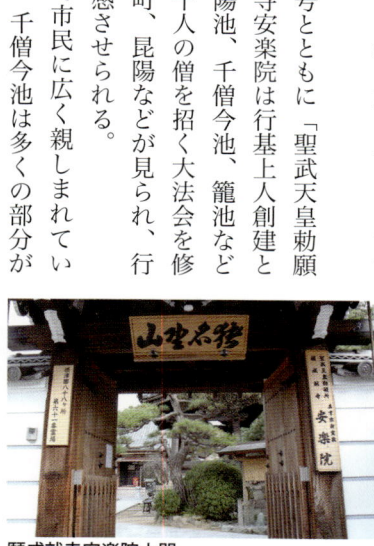

埋め立てられ、伊丹市役所や市立博物館の建設用地となったが、現存している。願成就寺安楽院から西に1分も歩けば、周囲500mにも満たない池が今も水をたたえている。寺の境内には「水鳥の羽音高く今池は消ゆ」と刻まれた記念碑が立ち、千僧今池の歴史を伝えている。

62番昆陽寺までは3km足らずで、国道171号を西に向かう。国道171号は高架の部分とその脇の一方通行の部分があり、いったん昆陽里交差点手前まで進んで、高架下をくぐって東向き一方通行の側道に移る。歩道橋を過ぎると、左手に昆陽寺の豪壮な朱塗りの山門が見えるので、山門前の道を西行し、寺の築地塀沿いに右に折れると、自動車参拝者用の西門がある。門をくぐって左手のスペースなどに駐車する。

まずは見上げるような山門までもどり、左右の仁王像を拝して境内へ。正面に入母屋造の本堂、その奥には行基上人創建の寺にふさわしく行基堂、観音堂など数多くの堂宇が甍を並べる。境内は広大で、石仏が点在する新四国（四国八十八ヶ所の写し霊場）もある。

63番大空寺へは3km足らず。国道171号から県道334号に移り、小井ノ内交差点を右折し南下。山陽新幹線の高架をくぐり、野間交番前交差点で右に折れ道なりに進むと、小さな川沿いの斜めの道になり、左手に大空寺の車用の門がある。駐車できない場合は、手前のコープの隣のコインパーキングを利用するとよい。

昆陽寺境内の新四国

大空寺南側の山門

行基上人ゆかりの昆陽池は野鳥観察地として知られ市民の憩いの場となっている

寺の山門は南側と東側にある。南側の山門から境内に入ると、正面に庫裡、その左手に本堂が甍を並べる。本堂前から左を向くと不動堂が立つ。

帰りは、寺から東南方向の名神高速道路尼崎ICなどから。

61番願成就寺安楽院を参拝した時点で時間に余裕があれば、行基上人ゆかりの**昆陽池**を訪ねてから62番昆陽寺へ向かってもよい。昆陽池公園駐車場（有料）は、公園の西側の県道142号沿いにある。昆陽寺へは天神川沿いを西行し県道42号を南下すればよい。

昆陽池公園は関西屈指の野鳥観察スポットとして知られており、バードウォッチングに訪れる人も多い。池の中央には日本列島の形を模した「野鳥の島」が造られ、水鳥の楽園となっている。毎日のように通う地元のバードウォッチャーもおられ、観察された野鳥の種類が掲示板に記されている。年間100種以上の鳥が見られる豊かな自然も、行基上人の遺徳の賜物だ。

◉10日目コースガイド（徒歩）

阪急宝塚線中山観音駅 ↓ 69番中山寺大師堂／70番中山寺寿老神堂 ↓ 71番中山寺奥之院 ↓ 72番清澄寺（清荒神）↓ 阪急宝塚線清荒神駅

西国三十三所第24番札所であり安産守護の寺として知られる中山寺と、その北西の山上にある中山寺奥之院、南方に山道を下った山下の清荒神清澄寺をめぐる山歩きのコース。**69番中山寺大師堂**と**70番中山寺寿老神堂**はともに中山寺の境内にあり、1ヶ所で2つの札所に参拝できる。四国遍路でも香川県観音寺市に同一境内に2つの札所(第68番神恵院と第69番観音寺)があるが、同じようなケースだ。

阪急宝塚線中山観音駅の北口を出ると、参道には食事処や土産物店が軒を連ねている。100mも歩かないうちに中山寺の山門に着く。門前の総案内所で境内図の記されたパンフレットをいただこう。

仁王像がにらみをきかせ大きな草蛙が奉納されている山門・望海楼をくぐり、両側に塔頭寺院が甍を並べる石畳の道を奥へと進む。正面に石段があるが、右手にはエスカレーターもあり、安産祈願の寺にふさわしくバリアフリーも行き届いている。エスカレーター横には中国風内装の喫茶梵天があり、名物蓮ご飯などの食事もできる。

石段上（エスカレーター上）に登ると、右手には納経所が付属した紫雲閣、左手には70番札所となっている寿老人堂、閻魔堂、大黒堂などが並ぶ。

中山寺大師堂と五重塔

　ここからさらに石段かエスカレーターで登ると十一面観世音菩薩をまつる本堂、さらに背後にそびえる五重塔の方まで登ると、塔の隣に69番札所の大師堂がある。大師堂には受付コーナーもあるが、御朱印は紫雲閣付属の納経所で受け付けている場合が多いようだ。70番寿老人堂での参拝を終えて2札所分の御朱印をいただこう。

　境内にはそのほか、多宝塔の大願塔、朱塗りの阿弥陀堂など数多くの堂塔が甍を並べており、時間をかけてゆっくりと参拝したいものだ。

　70番寿老人堂の背後に立つ大黒堂の横を通りゆるやかな坂を登ると、宝塚市内を一望できるスペースがありベンチが並んでいる。横の絵馬堂は参拝者が自由に休憩利用でき、背後の信徒会館の観音茶屋ではそばや

絵馬堂横に奥之院案内板と石道標が立つ

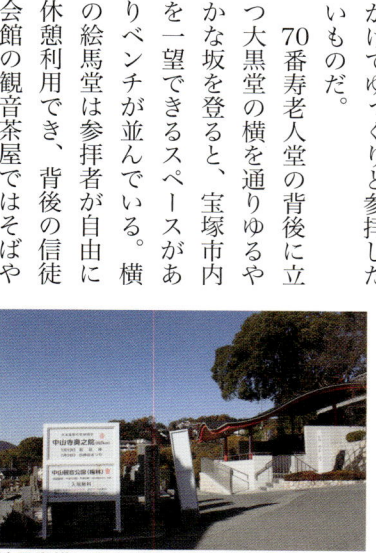

うどん、喫茶メニューで一服できる。

71番中山寺奥之院へは、絵馬堂の横から案内板に従って進む。案内板には奥之院まで約２㎞と記されており、隣の石道標には「すくおくのゐん道　是より十八丁」と刻まれている。赤い門のある梅林公園への道と分かれて左の道を進み、石仏と壹丁石に導かれ林のなかを下って石橋で川を渡る。卜部左近の墓を過ぎて小さな四つ辻に出ると、右手には公園沿いの道があり、向かいには斜めの細い登りの石段道が続く。道標には「奥之院を経て中山山頂へ約３・１㎞」と記されている。

山道を登り、十丁石を過ぎると夫婦岩に着く。眺めがいいのは東屋がある東側だ。ここから奥之院まではおよそ１・２㎞。十七丁石のところには「厄神明王聖徳太子御修行の地」碑があり、さらに進むと宇多天皇が天神像を刻まれたと伝わる磐座の天神岩が姿を現す。ここまでくれば奥之院まであとわずか。

十八丁石まで来たら舗装路が見え、山上の開けた地に朱塗りの本堂、納経所の建物などが並ぶ。登拝回数表押印所も設けられており、毎日のように参拝される方もおられるようだ。

72番清澄寺（**清荒神**）へは、奥之院本堂向かいあたりにあるカエデの根元の道標に従って歩きはじめる。左手から下ってくる道と合流しさらに下ると、ゆるやかな勾配の直線的な道になり、右手に「清荒神まで約２・９㎞」の道標が目に入る。ここから左の山道に入り、木製治山ダムを経て清荒神に下る道は、

中山寺奥之院納経所

夫婦岩

地形図に記載されていないが、要所に道標もあって歩きやすい道だ。山道に不安がある方は、やすらぎ広場の方へ下って清荒神を目指すとよい。

木製治山ダム経由の山道は、大林寺の裏手の墓地に至る。清荒神駅への道標に従って東側の石段を下ると、清荒神の駐車場を見下ろす道に出るので、左に進んで露店の並ぶ参道を寺へと向かう。威厳ある「日本第一清三寶大荒神王」石碑を拝して山門をくぐり、大イチョウを見上げながら歩を進める。境内案内図に参拝順路が記されているので、従ってまずは左手の天堂（拝殿）と周辺の諸堂に参拝。続いて宝蔵横の石段から本堂へ向かい、参拝後に本堂受付所で御朱印をいただこう。本堂下からは鉄斎美術館や龍王瀧に向かう。

鉄斎美術館は、南画家・富岡鉄斎の絵画や書など2000点余を所蔵。入館料は一般300円、開館10時〜16時30分、月曜休館（祝日の場合は翌日）。入館料は全額宝塚市に寄付されており、美術関係図書の購入に当てられ、宝塚市立中央図書館内に「聖光文庫」が設けられている。

山門へともどる道すがら、ガラス張りの史料館（入館無料）に立ち寄るのもよい。山門そばの売店では清荒神まんじゅうがお土産によく買われている。

帰りは阪急宝塚線清荒神駅へ。駐車場から左の坂道を下って道なりに進み、みそぎ橋を渡って中国道の高架をくぐると、清荒神参道商店街のお店もしだいに多くなる。土産物店や食事処が並び、末廣では鯖寿司や出汁のきいたうどん・そばが人気。

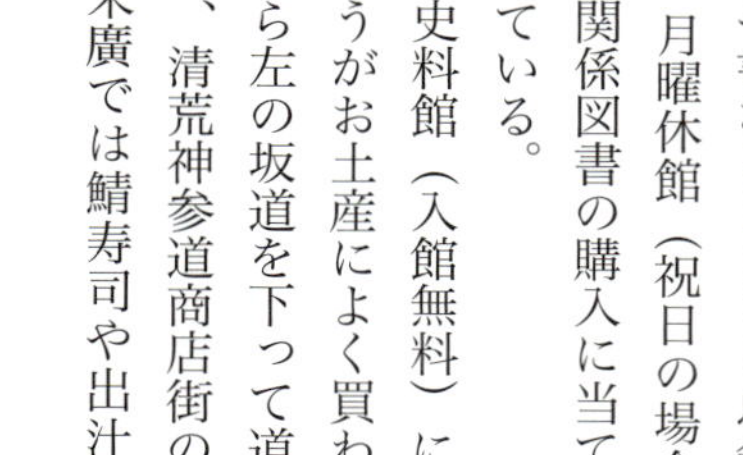

鉄斎美術館

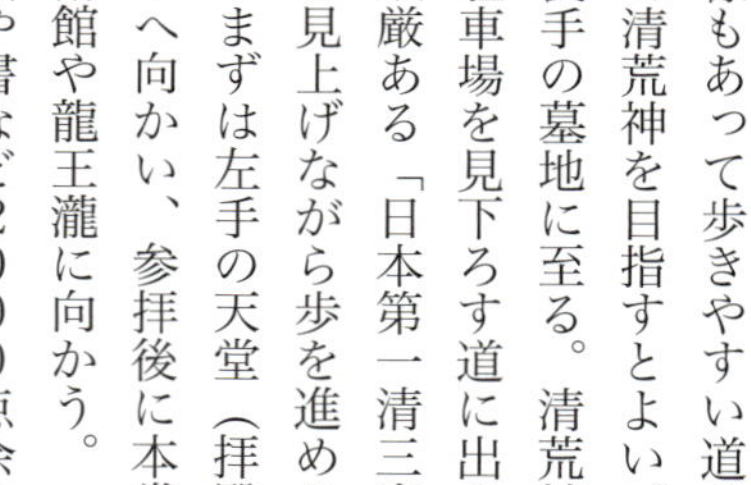

「清荒神まで約2.9㎞」の道標

清荒神清澄寺本堂

「日本第一清荒神」の額が掛かった鳥居をくぐり、アーケードの商店街を下ると清荒神駅に着く。梅田方面へは踏切手前の北改札口、宝塚方面へは踏切を渡った南改札口を利用。これで10日目コースは終了となる。

本書では、中山寺奥之院から72番清澄寺（清荒神）へと下るコースをとったが、山歩きが趣味でもっと長い距離を歩きたいという方は、中山連山縦走コースをたどり68番満願寺と組み合わせるのも一案だ。奥之院から中山最高峰（標高478m）を経て満願寺へと向かう。長い岩場もあるので、ある程度登山に慣れた人向けのコースだ。中山連山縦走コースは、奥之院への登り道も含めコバノミツバツツジの美しさで名高い。春の花の季節に訪れられれば最高だ。

清荒神参道商店街の末廣

◉11日目コースガイド（電車＋徒歩）

阪急今津線逆瀬川駅 → **73番平林寺** → 逆瀬川駅〈阪急今津線〉仁川駅 → **74番金龍寺** → 仁川駅〈阪急今津線〉門戸厄神駅 → **76番東光寺（門戸厄神）** → 門戸厄神駅〈阪急今津線〉西宮北口駅 → **77番法心寺** → **78番大日寺** → 西宮北口駅〈阪急今津線／今津駅で阪神本線乗り換え〉西宮駅 → **79番圓満寺** → 阪神本線西宮駅

※73番平林寺から74番金龍寺、76番東光寺から77番法心寺へは、電車に乗らずに歩いてもよい。

兵庫県宝塚市、西宮市の鉄道沿線にある札所をまわるコース。阪急今津線沿線の5つの札所と、今津駅から阪神本線に乗り換えた西宮駅近くの1つの札所をめぐる。阪急・阪神・神戸高速全線が利用できる「阪急阪神1dayパス」を購入しておいたほうがお得な場合がある。

73番平林寺へは、阪急今津線逆瀬川駅の西口から出て南へ下り、鉄道高架下のトンネル手前で右に折れて坂を登る。ここには「真言宗平林寺」道標があるので迷うことはない。道標には「摂津国三十三ヶ所観音霊場第二番　摂津国八十八ヶ所霊場第七十三番」とも記されている。

坂を登り詰めて右に曲がると墓地が広がっており、墓地の手前で左の石段を下ると、2つのお堂が仲よく並んでいる。右の宝形造の堂は薬師堂、左の火灯窓のある堂は観音堂だ。観音堂前の石段を下ると釈迦如来をまつる平林寺本堂。本堂に隣接する庫裡の左手から西国三十三所の石仏が並ぶ道をたどると、宝塚神社の境内に行き着く。東方の眺望がよく、元旦は初日の出目当ての参拝者でにぎわうという。

平林寺の御朱印は、本堂前から下って鉄道の高架をくぐった塔頭寺院へ。宝寿院、成就院、西光院、成福院の４つの塔頭寺院が並んでいる。

74番金龍寺へは、逆瀬川駅にもどり阪急今津線で仁川駅で降りる。成福院東側の道をまっすぐ南に下っても２㎞足らずで金龍寺に着くので、直接歩いて行ってもよい。時間的には歩くほうが早い。

仁川駅の東口に出たら、北に進んで「さらら仁川」の横を通り、緑の欄干の夢野橋を渡る。突き当りを左に折れて鹿塩公園を過ぎ、短い横断歩道のあたりまで来ると、右手の生け垣のなかに金龍寺の寺標が立っている。ここで左に入り鹿塩会館横の道を斜めに奥へと進めば、桜の木に導かれて金龍寺の山門にたどり着く。この経路は自動車でも通れる。もうひとつのルートは、駅から踏切で線路の西側に移り、弁天池沿いの遊歩道を北上する経路。こちらは歩行者専用の気持ちのよい道だ。門をくぐると正面に本堂と庫裡がひとつになった建物が立ち、「大雲山」の扁額が掛かる。山号の大雲山にふさわしい雲のような書体に遊び心が感じられる。本堂右手には延命地蔵菩薩をまつる小堂、庭には枝垂桜やツツジの花が彩りをそえる。

仁川駅にもどって阪急今津線で門戸厄神駅に向かう。**76番東光寺**は「門戸厄神」の名で親しまれている厄除け祈願の寺で、日本三大厄神のひとつに数えられている。

門戸厄神駅西口から北に向かうと、県道３３７号と左の細い道とのあいだに「門戸厄神参道　左側」と記された道標が立っている。この道標に従って左の水路沿いの細道を北上する。左手には田園風景が続く田舎道だ。住宅街に入ると左に折れる道があり、角には「日本三體　厄神明王道　是より五丁」と

金龍寺本堂に掛かる「大雲山」扁額

「日本三體　厄神明王道」石道標

刻まれた石道標が立っている。説明板によると、この墓石型道標は門戸厄神駅から西方の田んぼの畦道に立っていたものを移設したものだという。

東光寺へは、ここから西に真っすぐ進めばよい。道沿いには数多くの道標が設置されているので迷うことはない。2車線の広い道に出ると参拝者用駐車場がある。横断してさらに進むと坂道になり、寺のすぐそばにも参拝者用駐車場が設けられている。

突き当りが門戸厄神東光寺の南門で、冠木門から境内に入れるが、右に折れて表門から参拝しよう。42段の男厄坂の石段を登り「開運社」の扁額が掛かる表門をくぐり、さらに33段の女厄坂を登って中楼門をくぐると、正面に厄神明王をまつる厄神堂、右手には本尊薬師如来をまつる薬師堂が甍を並べる。大師堂は厄神堂前から左手奥へと進んだところにある。

帰りは中楼門を出て左に進み庭園近くの石段を下ると、石仏が並ぶ四国八十八ヶ所めぐりがある。梅や藤棚の花に彩られ、竹林に風がそよぐ一周数十mのミニコースだ。

門戸厄神駅にもどって阪急今津線で西宮北口駅に向かう。お昼どきなら、駅近くの夢打庵で腹ごしらえしてもよい。門戸厄神駅から**77番法心寺**までは1・

門戸厄神東光寺中楼門

３km程度なので歩いても行ける。駅東側の通りを南下すれば法心寺すぐ西側の交差点に至る。

西宮北口駅から北東出口に向かう。アクタ西宮東館の西側の通路を進み、階段を下って北側の道路に出る。信号を渡って道路沿いの歩道を東に歩けば、向かい側にサンディというスーパーが見え、その先で左の道に入れば77番法心寺に着く。駅から徒歩5分程度。

山門左手には車2台分の駐車スペースがあり、門前の石碑には「攝津之國八十八箇所　八十一番拝場」と刻まれている。江戸期の摂津八十八ヶ所巡りでは81番札所だったようだ。嘉永元年（１８４８）の銘があり、前の札所の門戸厄神も80番札所として刻まれている。

山門をくぐると、正面に「大悲殿」の額が掛かる入母屋造の本堂、右手に宝形造の行者堂（護摩堂）が立つ。行者堂のそばには宝篋印塔などの歴代住職の墓が並んでいる。

法心寺から**78番大日寺**へは３５０ｍ程度で5分もかからない。南の道路までもどって東に進み、３本目の通りを左に折れればすぐに大日寺に着く。左折箇所に道標もあるので迷うことはないだろう。

山門前に立つと、境内に入る前から本堂の瓦屋根が見える。震災後に復興された山門や本堂はまだ木材の色が明るく新しい。入母屋造の本堂には「覺王殿」の扁額が掛かる。納経は右手の庫裡へ。

次の札所に向かうために西宮北口駅にもどるが、時間があれば駅南東すぐの阪急西宮ガーデンズに立ち寄ってもよい。西日本最大級のショッピングセンターで飲食店も数多く入っている。

79番圓満寺へは、西宮北口駅から阪急今津線で2駅目の今津駅へ、さらに阪神本線に乗り換え1駅目の西宮駅で降りる。戎口から国道43号方面に出て南下し、どこかで右に折れてえべっさん筋に出る。どの道を通ってもよいのだが、石畳の道は店舗も多く楽しく歩ける。えべっさん筋で横断歩道があるのは国道43号から北へ2本目の通り。ここで横断して国道で右に折れ、西宮神社南門の前を過ぎると「西宮

開門神事福男選びで知られる西宮神社

成田山」の看板が見える。圓満寺と同じ境内に、成田山新勝寺のお不動さんの御分身をまつる西宮成田山の祈祷殿が同居しているのだ。唐破風の山門も仲よく並んでおり、右が圓満寺のもの。門前は広い駐車場となっている。

右の山門をくぐった正面が圓満寺の本堂で、右手に庫裡が付属している。左手には西宮成田山の祈祷殿があり、横の寺務所が納経受付となっている。

11日目コースはここで終わりだが、帰りに**西宮神社**に立ち寄ろう。「西宮のえべっさん」と呼び親しまれており、全国のえびす神社の総本社だ。毎年1月10日を中心に前後3日間催される「十日えびす」は100万人を超える参拝者でにぎわい、開門神事福男選びは関西の新春の風物詩となっている。

木々によって外界と遮断された広い境内に入ると、町なかとは思われぬ静けさがただよっている。朱塗りの本殿の背後に広がるえびすの森は兵庫県指定の天然記念物となっている。

◉12日目コースガイド（自動車）

中国自動車道宝塚ICなど　↓　**75番神呪寺**　↓　**80番切利天上寺**　↓　**82番大龍寺**　↓　**86番妙法寺**
↓　阪神高速31号神戸山手線妙法寺出入口・白川南出入口など

六甲山系の山麓や山上にある札所を自動車で巡拝するコース。86番妙法寺は13日目コースに組み込むこともできるが、最終日は余裕をもって終わり余韻を味わいたいのでこのコースに含めることとする。

75番神呪寺へは、北や高槻方面からなら、中国自動車道宝塚ICを降りて県道16号を西へ進む。甲寿橋交差点から県道82号を南下、鷲林寺町交差点から東行し北山貯水池の北側の道を通って神呪寺に着く。南からなら、阪神高速3号神戸線などを利用し北上。寺前の道路の南側に広い駐車場がある。

駐車場からわずかに東へ下ると、甲山を背景にした本堂へと続く石段に迎えられる。お椀を伏せたような山容は空海のふるさとである讃岐の山々を彷彿させる。

石段を登る前に、ちょっと後ろを振り返ってみよう。道路の南側の石段下には神呪寺の山門が立っている。文化元年（１８０４）建立の仁王門で「武庫山」の扁額が掛かる。左右に鎮座するのは仁王さんではなく、増長天と広目天の二天で「二天門」と呼ぶのがふさわしいのかもしれない。道路に分断されてはいるが、参拝はこの門をくぐって始めることとしよう。

道路を注意して横断し石段を登る。「淳和天皇勅願所」石碑を過ぎて登り詰めると正面に本堂。本尊は秘仏の如意輪融通観世音菩薩で、河内観心寺、大和室生寺とともに日本三如意輪像に数えられる。国指定重要文化財で、毎年5月18日の融通観音大祭には秘仏御開帳となる。

　本堂左手には大師堂、右手には不動堂が並ぶ。不動堂からさらに右手に進むと屋根付きの休憩所があり、甲山森林公園越しに東方の市街地が見渡せる。休憩所から北に進むと多宝塔があり、甲山（標高３０９ｍ）への登り口になっている。

　神呪寺近くの**甲山森林公園**は、季節の花見や野鳥観察に多くの人が訪れる市民の憩いの場。眺望のよい展望台もあり、生駒山地や金剛山地も遠望できる。みくるま池から眺める甲山の姿も味わい深い。

　神呪寺から**80番忉利天上寺**までは20㎞余り。北山貯水池北側の道を西行し鷲林寺町交差点で右折、県道82号を経て、ひたすら県道16号を西へ向かう。盤滝トンネル東交差点と宝殿ICで有料道路に入らないように注意。

　短い鉢巻山トンネルを抜けると左手に一軒茶屋がある。六甲最高峰（標高９３１ｍ）の直下にあり登山者でにぎわっている。六甲有馬ロープウェーの六甲山頂駅近くを過ぎると、レストランやショップ、自然体感展望台「六甲枝垂れ」などが並ぶ六甲ガーデンテラス。駐車場は有料だが昼食や休憩に訪れてもよい。

　六甲高山植物園、六甲オルゴールミュージアムの前を通り、記念碑台の信号を過ぎると道沿いの建物が増えてにぎやかになる。丁字ヶ辻からはまた寂しい道になり、ヘアピンカーブを曲がって六甲山牧場のシープベル（バーベキュー＆レストラン）のあたりで県道16号と分かれ、左の奥摩耶ドライブウェイを南

甲山森林公園みくるま池から望む甲山

神呪寺境内

摩耶山掬星台から神戸市街を一望

下する。あとは道なりに進んで天上寺前駐車場へ（コインパーキングで有料）。

駐車場から少し先へ歩くと白壁の築地塀が見え、「忉利天上寺」「佛母摩耶山」と刻まれた石柱門から境内へ。続いて木造の西山門をくぐり山上へと石段を登る。忉利天上寺は新西国霊場、神仏霊場、神戸七福神、神戸十三仏など多くの霊場巡りの札所になっている。また、関西花の寺二十五ヵ所にも名を連ねるだけあって、季節の花や紅葉の美しさが目を楽しませてくれる。石段を登りながらも、シャクナゲ、アジサイ、ヤマボウシ、サラ、サルスベリ、カエデなどに心癒される。

登り詰めた高台の空間は天へと明るく開かれており、入母屋造の風格ある金堂が参拝者をどっしりと迎えてくれる。金堂右手には宝形造の摩耶夫人堂が甍を並べ、堂前には「日本第一女人守護」の石碑が立つ。安産・子育てなど女性の信仰を広く集めている。

駐車場へと下る前に、余裕があれば**掬星台**へ立ち寄ろう。登ってきた石段側には曲がらず、直進してトイレの裏から階段を登り裏参道口から出る。オテル・ド・摩耶の前を通って細い散策路を進み、寺から７００ｍほどで掬星台に着く。ここには摩耶ロープウェーの星の駅がありカフェも併設されている。掬星台からの夜景は日本三大夜景に数えられており、昼間の眺めも絶景で神戸の街を一望。六甲アイランドの形がよくわかる。

天上寺前駐車場から**82番大龍寺**まではおよそ13㎞。来た道をもどって県道16号（西六甲ドライブウェイ）を西行する。道沿いで施設などを目にすることもなく進み続けると、やがて左手に神戸市立森林植物園の入口が現れる。

神戸市立森林植物園は総面積１４２・６haの広大な植物園で、外国産約５００種を含むおよそ１２００種の木本植物が植栽展示されている。アジサイの名所としても知られ、25種３５０品種、約５万株が植栽されている。開園時間は９～17時、水曜休園（祝日の場合は翌日）、入園料は３００円。

森林植物園入口から５００ｍほど進んだら、「再度公園２㎞」の道路標識に従って県道16号を離れ、左に折れて南下。道なりに進んで再度公園への入口を過ぎると、まもなく平坦路になり右手に82番大龍寺の山門が見える。「赤門」と呼ばれる山門前は駐車スペースになっておりバス停もある。赤門左手から舗装路を登ったところにも駐車スペースがあり、ここから先は石段が仁王門へと続く。門をくぐり直進して石段を登れば本堂、途中で右の道に進むと納経所や休憩所のある霊明殿に至る。

向拝付き入母屋造の本堂は修行大師像を前にして、銅板葺きの屋根の緑青が

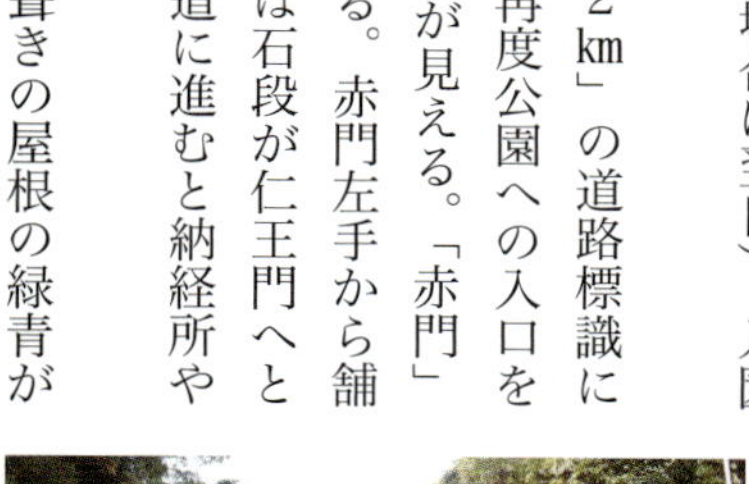

大龍寺赤門

背後の山の緑に調和して美しい。左手には毘沙門堂や鐘楼、右手には不動堂（護摩堂）が並び、大きなイチョウの木が諸堂を守るように枝を広げている。

本堂前の石道標にしたがって右に進むと奥の院大師堂への登り口がある。四国八十八ヶ所を写した石仏の道になっており、石造りの小堂が道沿いに連なっている。ちなみに、第1番札所の石仏は仁王門を入ってすぐ左手にある。

大龍寺から**86番妙法寺**へはさまざまなルートがあるが、距離は15㎞足らずといったところ。再度山ドライブウェイを神戸市街地まで下って西に向かい、県道22号で北上。南西角に「寶國　毘沙門天妙法寺」石碑が立つ妙法寺小学校前交差点で左に折れ、小さな橋を渡って直進すると、右手に妙法寺の石柱門が見える。駐車場はそのすぐ先だ。

妙法寺の参拝は13日目コースの85番常福寺のあとに組み込んでもよい。その場合は神戸地下鉄西神・山手線妙法寺駅で降り、北出口を出て駅前を走る阪神高速の高架をくぐる。高架下はコインパーキングの駐車場になっており、通路はその東側だ。石段を下って川までたどり着いたら、下筆前橋を渡って右に折れ川沿いを進む。谷野橋で川を渡り返すと「妙法寺村の弘法井戸」の説明板があり、弘法大師ゆかりの湧水が今も残されている。井戸から道なりに進めば妙法寺に着く。

洒落た灯りの付いた石柱門から境内に入り石段を登ると、正面に国指定重要文化財の木造毘沙門天立像をまつる本堂。本堂右手には宝形造の護摩堂や鎮守の五社神社が並ぶ。応安3年（1370）造立の宝篋印塔も残る。

弘法井戸

◉13日目コースガイド（電車＋徒歩）

阪急神戸線春日野道駅 → **81番聖徳院** → 春日野道駅〈阪急神戸線／神戸三宮駅で神戸高速線に乗り換え〉新開地駅 → **83番真福寺** → **84番金光寺** → 兵庫駅〈ＪＲ山陽本線〉新長田駅 → **85番常福寺** → **87番勝福寺** → 東須磨駅〈山陽電鉄〉須磨寺駅 → **88番須磨寺** → 山陽電鉄須磨寺駅、ＪＲ山陽本線須磨駅

神戸市中央区、兵庫区、長田区、須磨区の鉄道沿線にある6つの札所をめぐるコース。神戸市内や近隣にお住まいの方なら、86番妙法寺（12日目コース）をこのコースに加えても時間的に余裕があるだろう。

81番聖徳院へは阪急神戸線春日野道駅で降りる。駅の北側に出て「かすがの坂」看板が掛かるゆるやかな坂を登り、信号のある交差点を渡って3本目の道を右に入ると、やがて聖徳院の山門が見える。

門をくぐると左手に近代的なホールのような本堂が立ち「遍照山」の扁額が掛かる。本尊には神戸大空襲による焼失をまぬがれた弘法大師像がまつられており、本堂向かいには修行大師と稚児大師の像が並んでいる。

寺から東に15分足らず歩けば王子動物園や神戸文学館のある王子公園、西に20分余り歩けば神戸北野異人館街があり、観光と合わせて巡るのも一案だ。

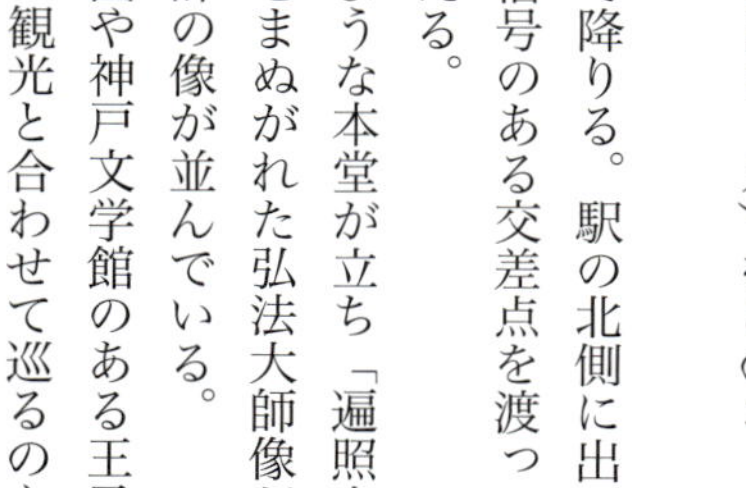

「かすがの坂」看板の掛かる坂を登る

83番真福寺に向かう。春日野道駅にもどり阪急神戸線で神戸三宮駅へ、神戸高速線に乗り換えて新開地駅で降りる。西出口の改札から1番出口で地上に出て、新開地交差点から北上し2つ目の信号で左の道に入る。道の北側に石造の山門があり、右に「高野山真言宗」、左に「紀念山真福寺」と刻まれ、「攝津國八十八ヶ所第八十参番霊場」の文字も見える。

震災後に再建された鉄筋2階建ての本堂が築地塀のすぐ背後に立ち、道路側が正面となっているので、入母屋造の屋根や左右の火灯窓が通りからもよく見える。庫裡の前の小さな庭では木々とともにさまざまな仏像が多彩な表情を見せている。

真福寺から**84番金光寺**まではおよそ1・3㎞で歩いて20分程度。新開地交差点までもどって信号を渡り、右に折れて湊町公園の西側を南下する。永沢歩道橋のところで左に折れ、山陽本線、阪神高速の高架を続けてくぐり、西宮内町交差点から南下すれば84番金光寺の門前に着く。駐車場は寺の南側にあるが、一方通行の道なので、1本南の信号で左折することになる。

金光寺は「兵庫のお薬師さん」として親しまれており、門柱にも「兵庫やくし」と刻まれている。石柱門から境内へ入ると、震災後に再建された本堂が正面に立つ。以前の建物は平屋であったそうだが、現在は鉄筋の2階建てとなっており、階上で参拝できる。

次の札所は**85番常福寺**。金光寺から徒歩10分余りの兵庫駅からJR山陽本線で1駅目の新長田駅へ。ここはJRのみならず地下鉄海岸線、地下鉄西神・山手線の3つの駅が集まっており、周辺には新長田1番街商店街、大正筋商店街などいくつものアーケード街があってにぎやかだ。駅近くの若松公園には、高さ15mを超える鉄人28号モニュメントが立っている。作者の横山光輝は神戸市出身だ。

駅の西側の通りを北上し、西代通1丁目交差点で県道21号、さらに次の信号で県道22号を横断し直進を続ける。道はゆるやかな登りとなり、直進の道が狭くなる四つ辻で右に折れる。この道は東行きの一方通行になっている。

やがて常福寺の寺標が見え、左手は駐車場になっている。寺標の側面には「攝津四國八十五番　福原西國十一番　札所」と刻まれている。

狭い石段を登って左手の山門をくぐると、高台の境内はうっそうとした木々におおわれている。延命地蔵菩薩をまつる本堂も近づかなければ緑に隠されているようだ。鐘楼の前から細道を入ると地蔵菩薩をまつる小堂や石造の大師堂がある。

山門を出てさらに登れば「従是西國卅三所霊場」の石碑が立ち、墓所には秀の海幸右衛門など明治大正に活躍した力士の墓碑が並ぶ。

87番勝福寺までは1・8㎞程度。来た道をもどって寺の下の道を西に進む。常福寺に来たとき右折した四つ辻も直進し、二股のところで左の道を下って信号を渡る。すぐに中央商店街の看板があり、道沿いには店舗が多くなる。

さらに進むと銀映通のアーケード街になり、右側には新町通アーケードが続いている。銀映通アーケードを直進すると南北に走る板宿本通アーケードにぶつかるので、右に折れる。このあたりはいくつものアーケード街が連なる須磨区いちばんの繁華街で活気がある。

板宿本通をアーケードが終わるまで北上し、左に折れて西行。道なりに進むと大手町勝福寺下バス停があり、近くに勝福寺の石道標が立っている。道標に

板宿本通商店街

常福寺への石段

高台にある勝福寺境内から神戸の町並みを望む

従って右の道に入り住宅街の細道を登っていくと、勝福寺の石段にたどり着く。駐車場は石段下から左に進んだところにある。

山門をくぐると正面に立つのは2009年に再建された入母屋造の本堂、右隣には宝形造のお堂が並ぶ。左手の庫裡は古い建物のようだ。高台の境内は広く、木々のあいだから神戸の町並みが望まれる。

鐘楼の近くには大正14年建立の「桂尾山勝福寺八十八ヶ所」石碑が立ち、石仏の道が続いているが、最初に目にするのは88番の石仏だ。1番から順打ちで巡る場合は駐車場近くの入口からスタートする。

いよいよ次は摂津国八十八ヶ所霊場最後の札所、**88番須磨寺**だ。東須磨駅から山陽電鉄で2駅目の須磨寺駅へ向かう。余裕があるなら板宿商店街巡りをして一息つき、板宿駅から乗車してもよい。

須磨寺駅の改札を出るとすぐに須磨寺前商店街の中華街風の門が立っている。門をくぐって喫茶店や食事処が並ぶ商店街を北上する。大師餅本舗は創業140年以上の老舗で、大師餅（つぶあん入りのよ

須磨寺の大師堂

もぎ餅）などの和菓子が参拝者に親しまれている。

　商店街は信号までで、さらに進むと右手に亜細亜万神殿がありアジアの神仏が一堂にまつられている。朱色の欄干が鮮やかな龍華橋を渡り仁王門をくぐると、平敦盛と熊谷直実の一騎打ちの場面を再現した源平の庭が目を引く。石段を登り唐門をくぐると正面に本堂、左右に大師堂と護摩堂が甍を並べている。納経所は本堂の斜め向かいにある。

須磨寺商店街

　須磨寺の寺域は広大で、いくつもの堂塔が立ち並んでおり、裏山には奥の院も鎮座する。さまざまな仕掛けのある「おもろいもん」も境内のそこかしこで見られる。納経所で散策マップなどをもらいじっくりと参拝しよう。摂津国八十八ヶ所霊場巡拝結願の余韻にひたりながら――。

摂津国八十八ヶ所地図

地図上のルートは、「摂津国八十八ヶ所のめぐり方」の章で紹介しているモデルコースに基づいています。濃い色のルートは前の札所（または駅）からのルートで、薄い色のルートは次の札所（または駅）へのルートを示しています。同じ駅にもどる場合など、濃い色のルートだけが記載されている場合もあります。点線のルートは徒歩、実線のルートは自動車のコースです。ルートどおりに進む必要はありません。特に自動車のコースではわかりやすい道を選んでいるので、優秀なカーナビがあればそれに従ってください。

●●●●●●●● 前の札所から（徒歩）	●●●●●●●● 次の札所へ（徒歩）
━━━ 前の札所から（自動車）	━━━ 次の札所へ（自動車）

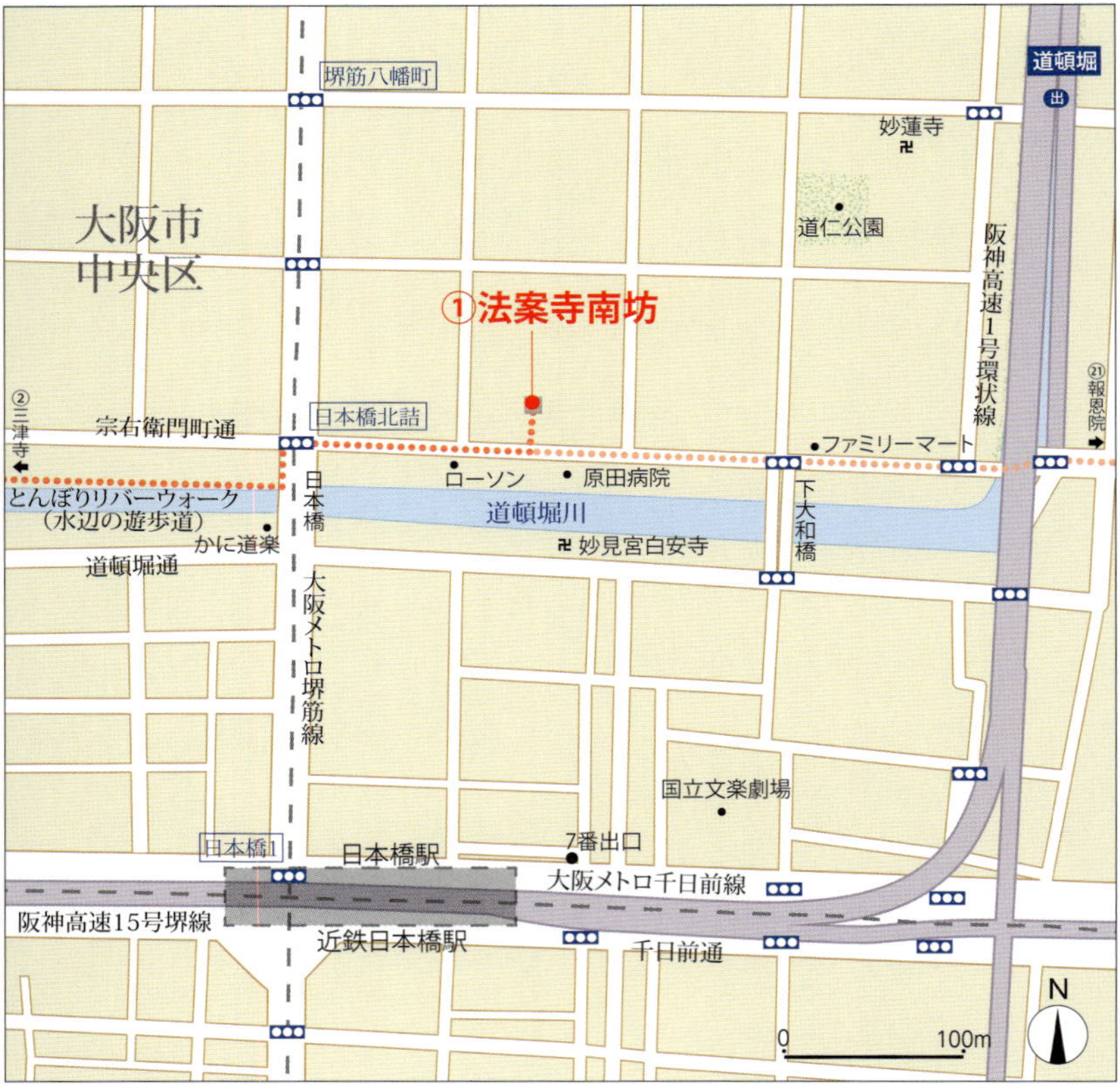

第１番　法案寺南坊

【住所】 〒542-0082 大阪府大阪市中央区島之内2-10-14

【電話】 06-6211-4585

【交通】 大阪メトロ千日前線・堺筋線「日本橋駅」より北へ徒歩５分

近鉄難波線（奈良線）「近鉄日本橋駅」より北へ徒歩５分

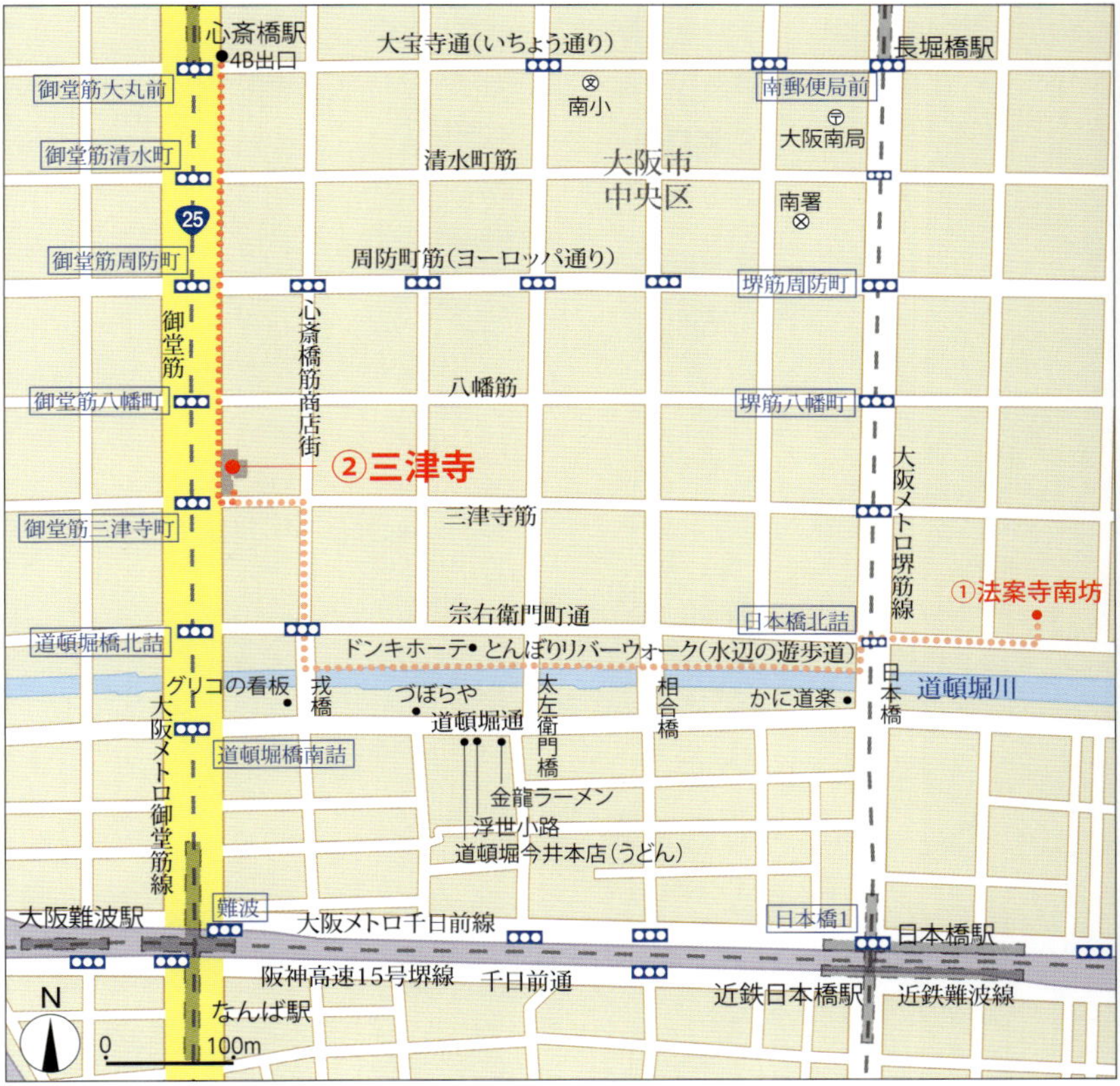

第２番　三津寺

【住所】 〒542-0085 大阪府大阪市中央区心斎橋筋2-7-12

【電話】 06-6211-1982

【交通】 大阪メトロ御堂筋線「心斎橋駅」より南へ徒歩５分

大阪メトロ・南海「なんば駅」より北へ徒歩５分

近鉄難波線（奈良線）・阪神なんば線「大阪難波駅」より北へ徒歩５分

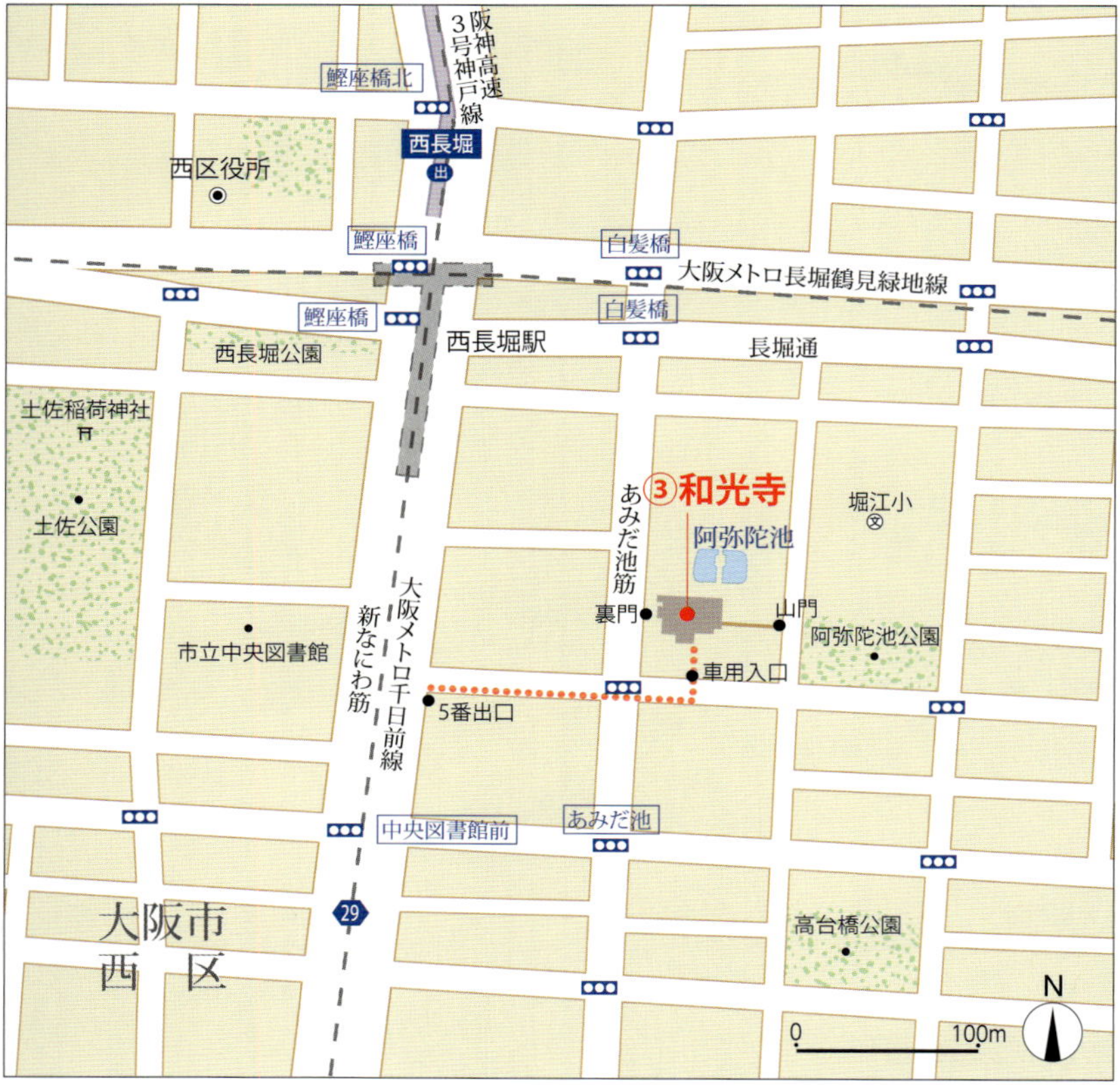

第３番　和光寺

【住所】 〒550-0014 大阪府大阪市西区北堀江3-7-27

【電話】 06-6531-1360

【交通】 大阪メトロ千日前線・長堀鶴見緑地線「西長堀駅」より東へ徒歩5分

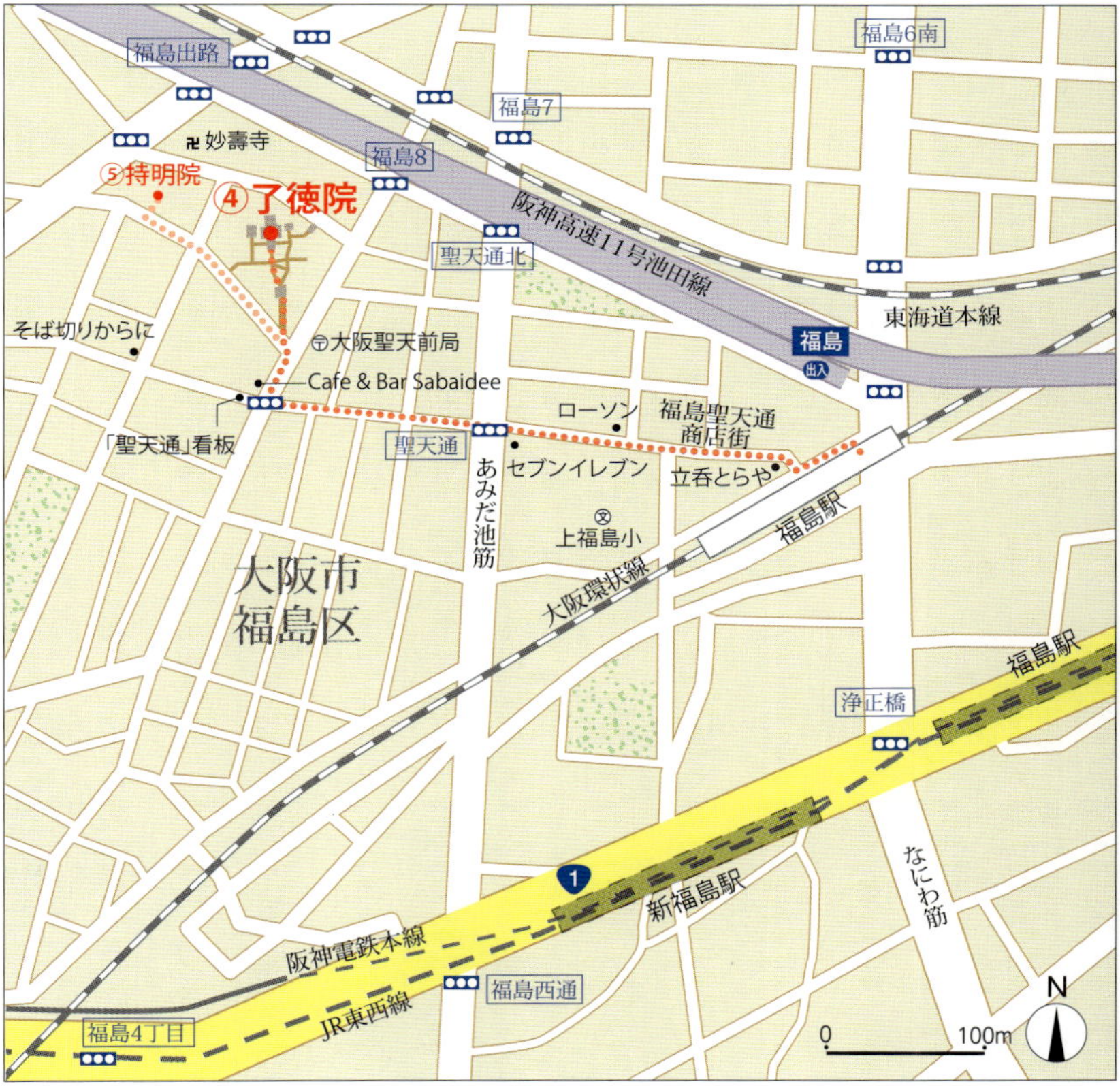

第４番　了徳院

【住所】〒553-0002　大阪府大阪市福島区鷺洲2-14-1

【電話】06-6451-7193

【交通】JR大阪環状線「福島駅」より西へ徒歩５分

JR東西線「新福島駅」より北西へ徒歩８分

阪神本線「福島駅」より北西へ徒歩８分

第５番　持明院

【住所】〒553-0002　大阪府大阪市福島区鷺洲2-13-3

【電話】06-6451-2585

【交通】JR大阪環状線「福島駅」より西へ徒歩６分

JR東西線「新福島駅」より北西へ徒歩９分

阪神本線「福島駅」より北西へ徒歩９分

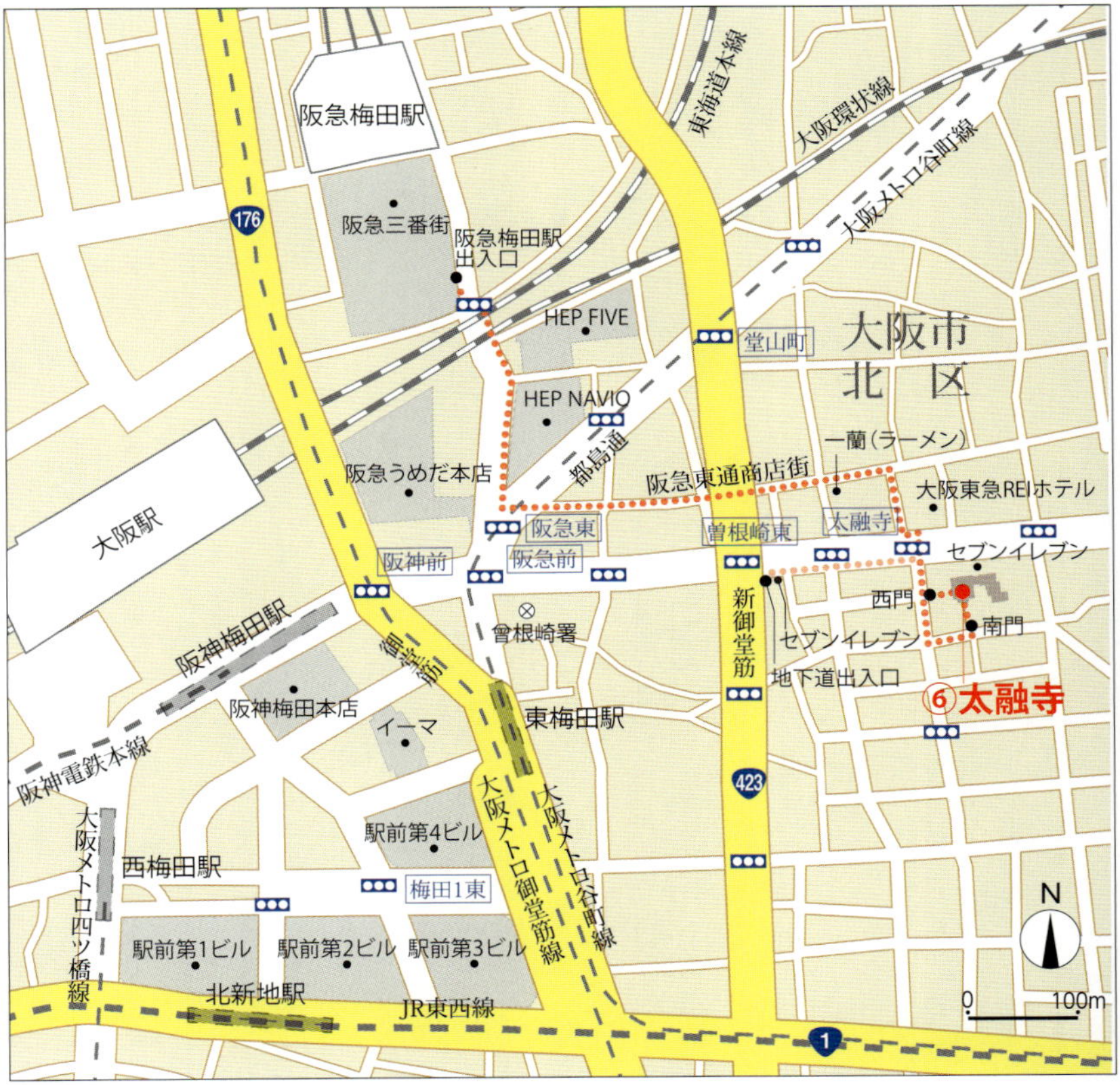

第６番　太融寺

【住所】〒530-0051　大阪府大阪市北区太融寺町3-7

【電話】06-6311-5480

【交通】JR「大阪駅」より東へ徒歩10分

阪急・阪神・大阪メトロ「梅田駅」より徒歩10分

大阪メトロ谷町線「東梅田駅」より東へ徒歩７分

第７番　富光寺

【住所】〒532-0031　大阪府大阪市淀川区加島4-10-8

【電話】06-6301-3426

【交通】JR東西線「加島駅」より北へ徒歩10分

大阪駅前より大阪シティバス97系統「加島」下車北西へ徒歩５分

梅田（JR大阪駅北側）より阪急バス18系統「加島」下車北西へ徒歩５分

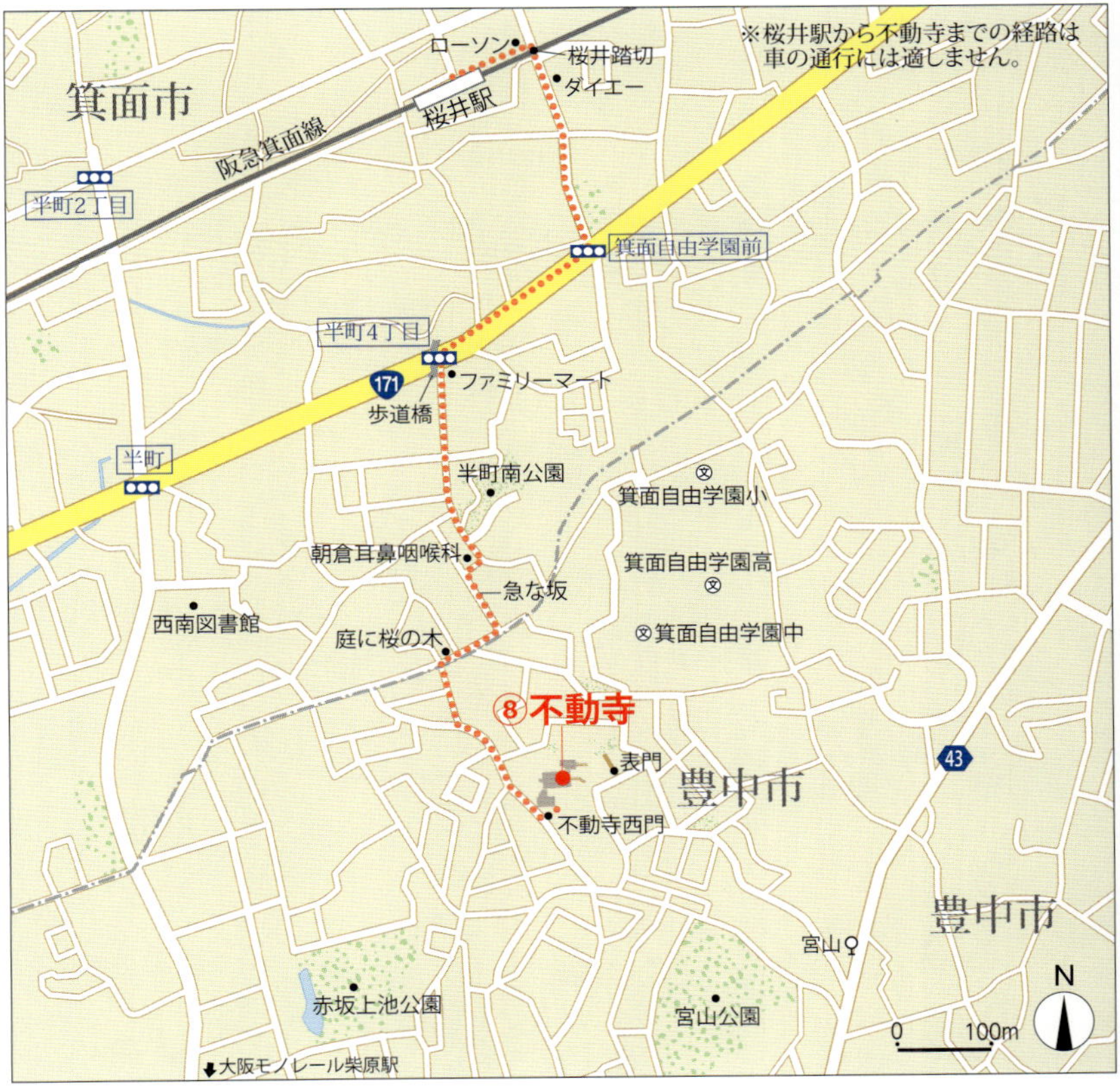

第８番　不動寺

【住所】 〒560-0056　大阪府豊中市宮山町4-7-2

【電話】 06-6855-0079

【交通】 阪急箕面線「桜井駅」より徒歩14分
大阪モノレール「柴原駅」より徒歩20分
阪急宝塚線「豊中駅」より阪急バス「宮山」下車徒歩５分
北大阪急行・大阪メトロ御堂筋線「千里中央駅」より阪急バス「宮山」下車徒歩5分

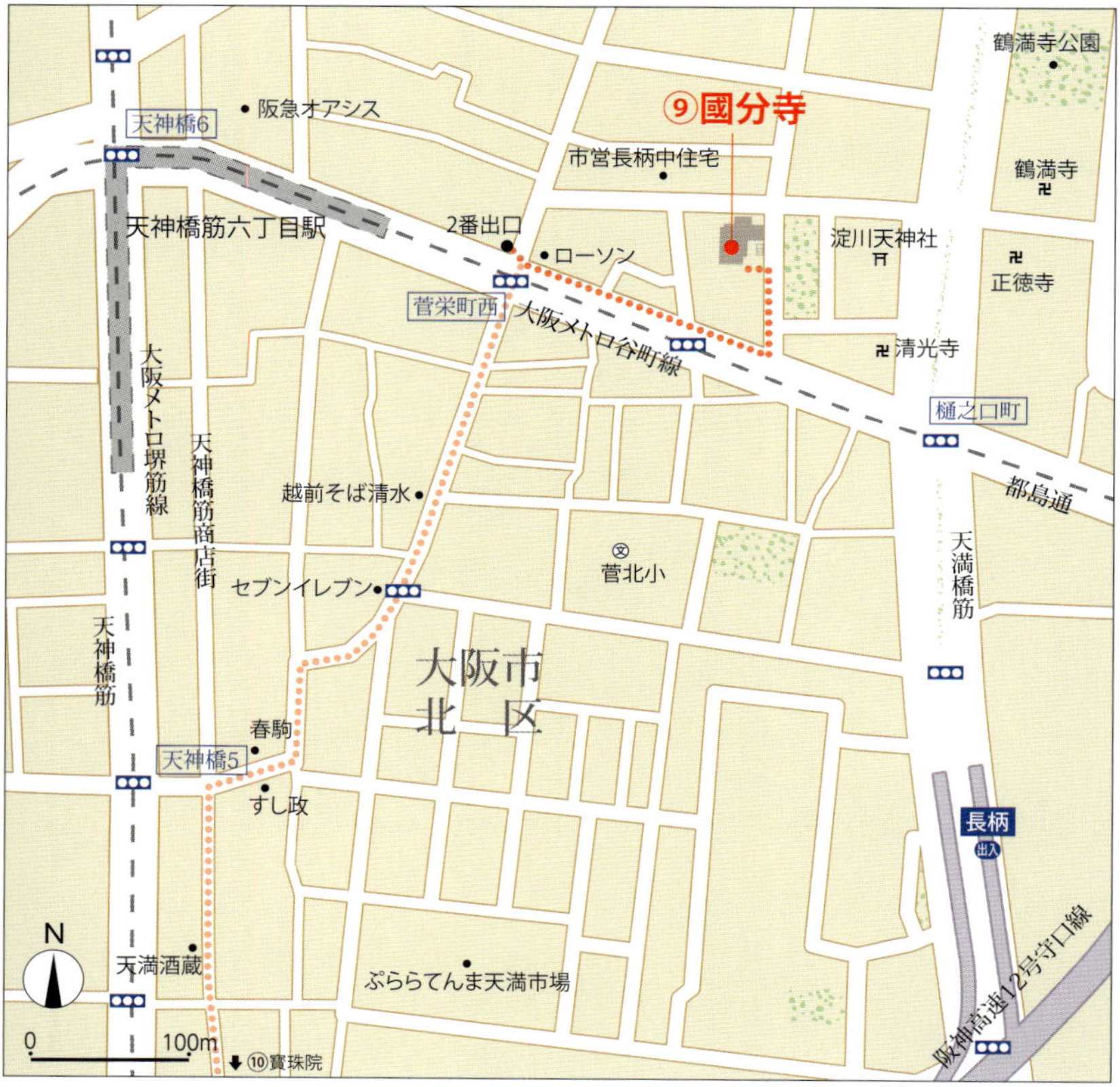

第９番　國分寺

【住所】 〒531-0064　大阪府大阪市北区国分寺1-6-18

【電話】 06-6351-5637

【交通】 大阪メトロ堺筋線・谷町線「天神橋筋六丁目駅」より東へ徒歩５分

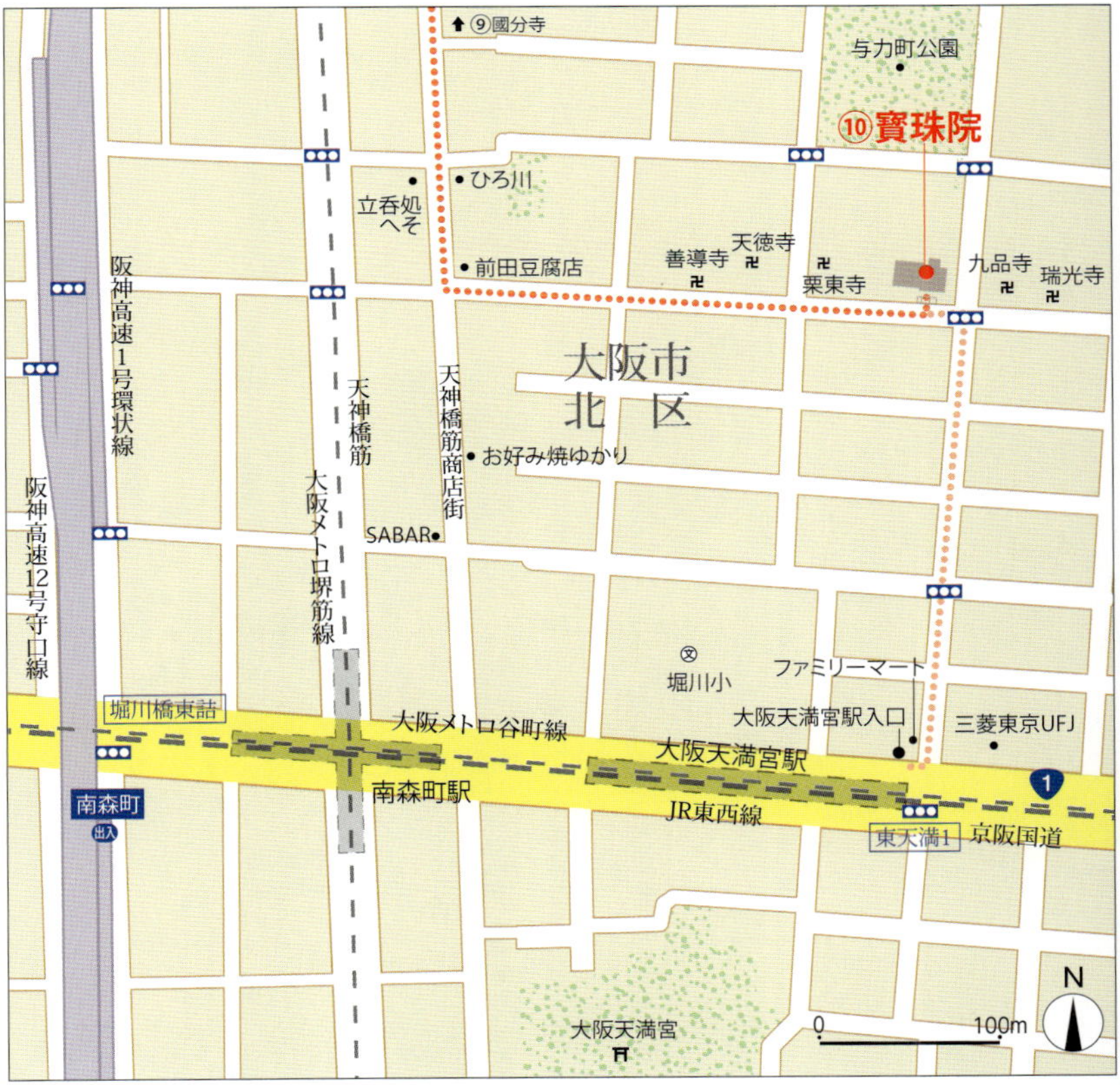

第10番　寶珠院

【住所】〒530-0036　大阪府大阪市北区与力町1-2

【電話】06-6351-4960

【交通】JR東西線「大阪天満宮駅」より北へ徒歩５分

大阪メトロ谷町線・堺筋線「南森町駅」より北東へ徒歩10分

第11番　どんどろ大師 善福寺

【住所】 〒543-0012　大阪府大阪市天王寺区空堀町10-19
【電話】 06-6768-6366
【交通】 JR大阪環状線「玉造駅」より西へ徒歩８分
大阪メトロ長堀鶴見緑地線「玉造駅」（２番出口）より西へ徒歩５分

第12番　興徳寺

【住所】 〒543-0016　大阪府大阪市天王寺区餌差町2-17
【電話】 06-6761-7040
【交通】 JR大阪環状線「玉造駅」より西へ徒歩10分
大阪メトロ長堀鶴見緑地線「玉造駅」（２番出口）より西へ徒歩８分

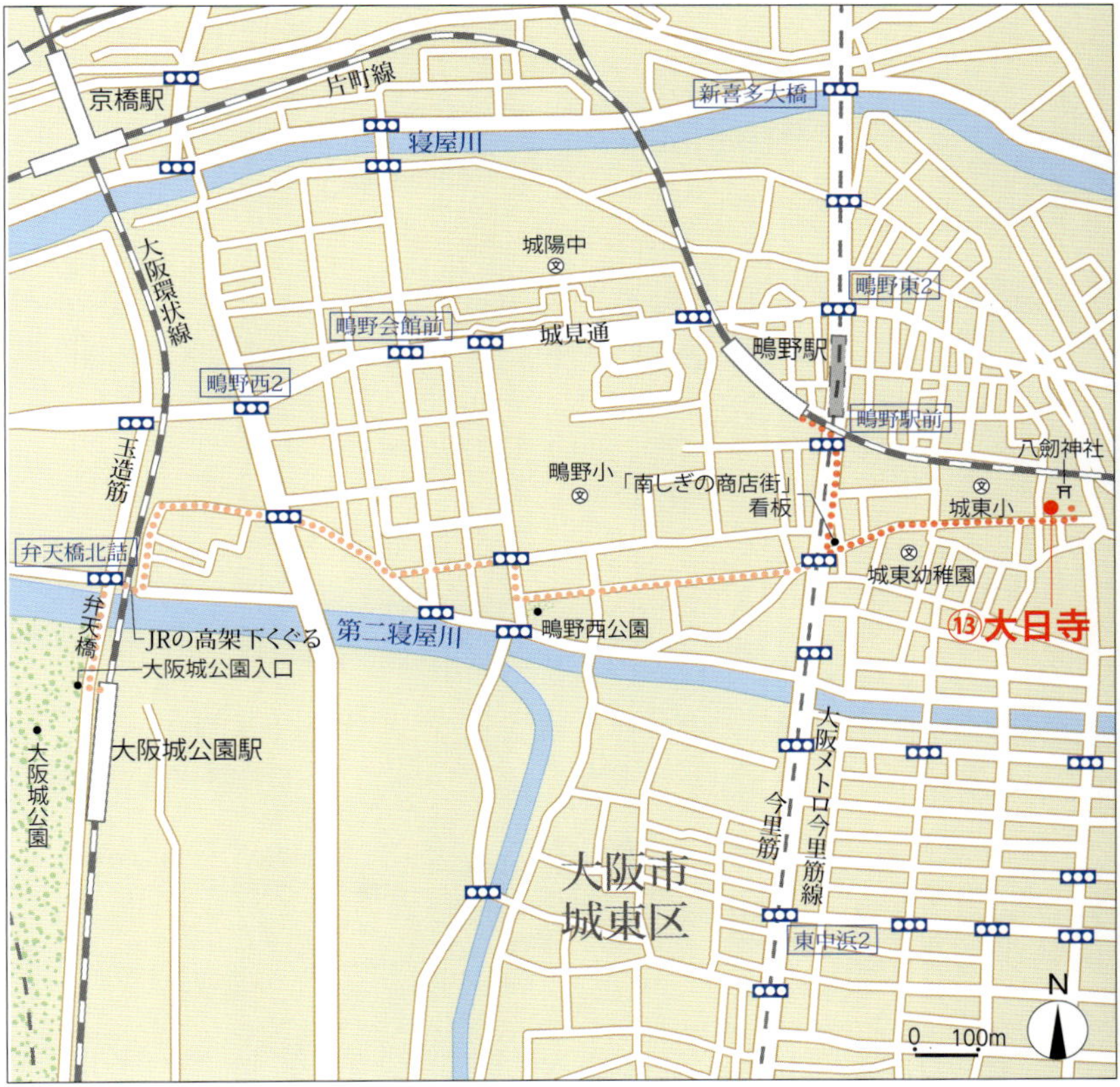

第13番　大日寺

【住所】〒536-0013　大阪府大阪市城東区鴨野東3-31-17

【電話】06-6961-1809

【交通】JR片町線「鴨野駅」より東へ徒歩６分

JR大阪環状線「大阪城公園駅」より東へ徒歩22分

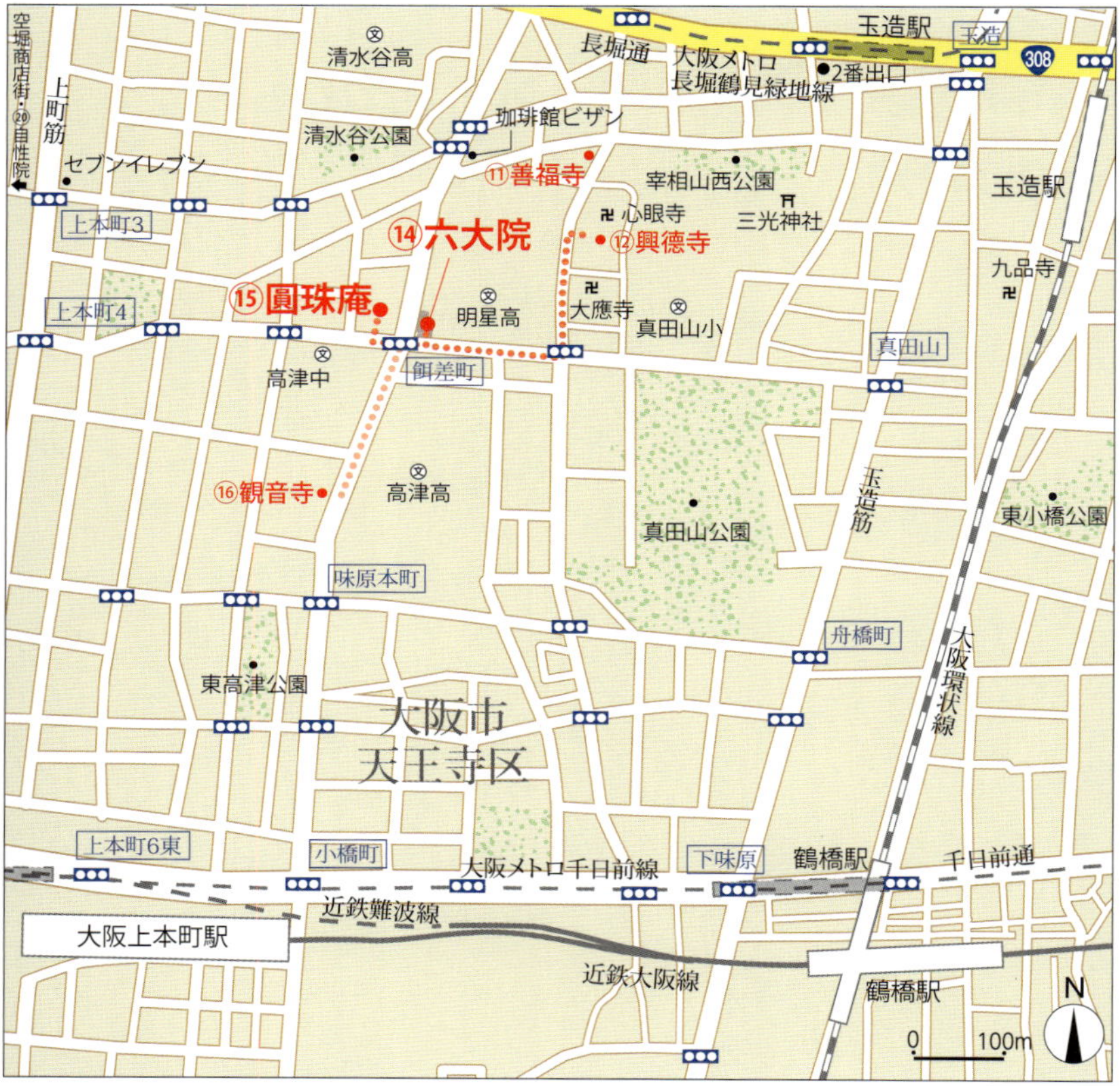

第14番　六大院

【住所】〒543-0016　大阪府大阪市天王寺区餌差町5-34
【電話】06-6761-4347
【交通】JR大阪環状線「玉造駅」より西へ徒歩12分
大阪メトロ長堀鶴見緑地線「玉造駅」（２番出口）より西へ徒歩10分

第15番　圓珠庵

【住所】〒543-0018　大阪府大阪市天王寺区空清町4-2
【電話】06-6761-3691
【交通】JR大阪環状線「玉造駅」より西へ徒歩12分
大阪メトロ長堀鶴見緑地線「玉造駅」（２番出口）より西へ徒歩10分
大阪メトロ谷町線「谷町六丁目駅」（３番出口）より東南へ徒歩15分
近鉄大阪線「大阪上本町駅」より北へ徒歩15分

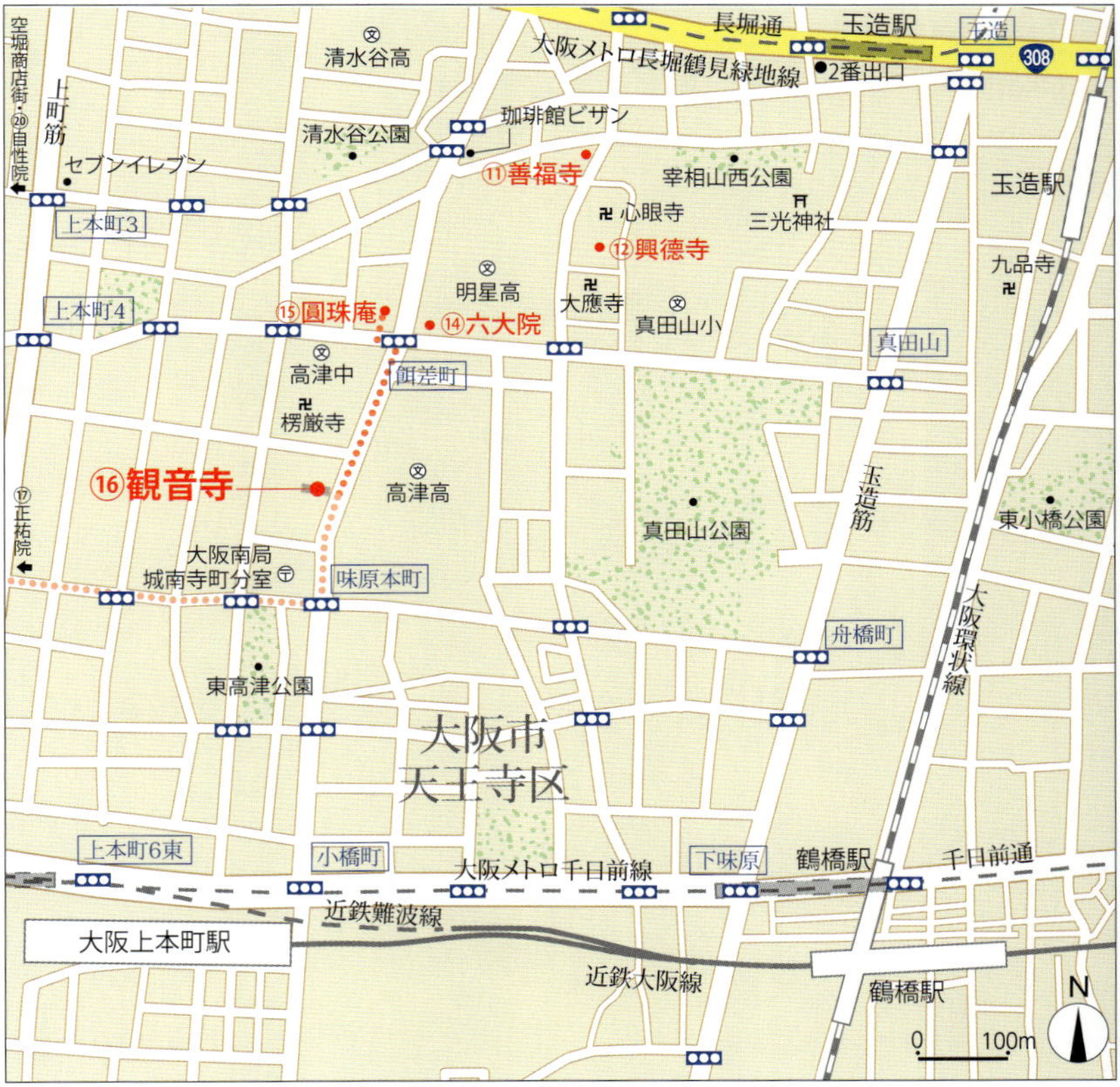

第16番　観音寺

【住所】〒543-0017　大阪府大阪市天王寺区城南寺町8-4

【電話】06-6762-2195

【交通】JR大阪環状線「玉造駅」より西へ徒歩15分

大阪メトロ長堀鶴見緑地線「玉造駅」（２番出口）より西へ徒歩13分

近鉄大阪線「大阪上本町駅」より北へ徒歩10分

第17番　正祐寺

【住所】〒543-0001　大阪府大阪市天王寺区上本町7-4-18

【電話】06-6771-6302

【交通】近鉄大阪線「大阪上本町駅」より南へ徒歩５分

第18番　宗恵院

【住所】〒543-0072　大阪府大阪市天王寺区生玉前町5-22

【電話】06-6771-7515

【交通】大阪メトロ谷町線「谷町九丁目駅」より南へ徒歩７分
大阪メトロ谷町線「四天王寺前夕陽ケ丘駅」より北へ徒歩６分

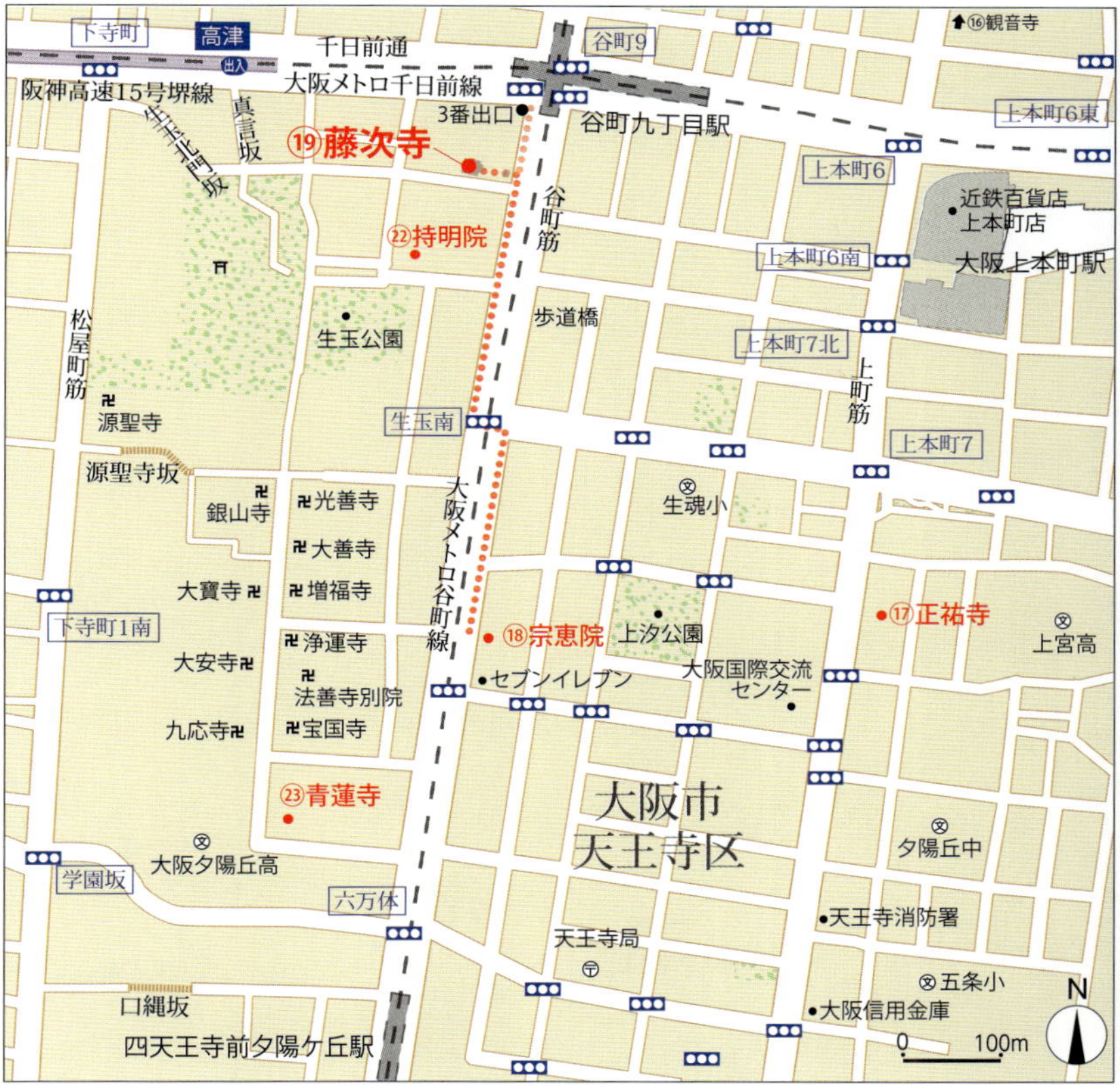

第19番　藤次寺

【住所】 〒543-0071　大阪府大阪市天王寺区生玉町1-6

【電話】 06-6771-8144

【交通】 大阪メトロ谷町線・千日前線「谷町九丁目駅」（３番出口）より南へ徒歩１分

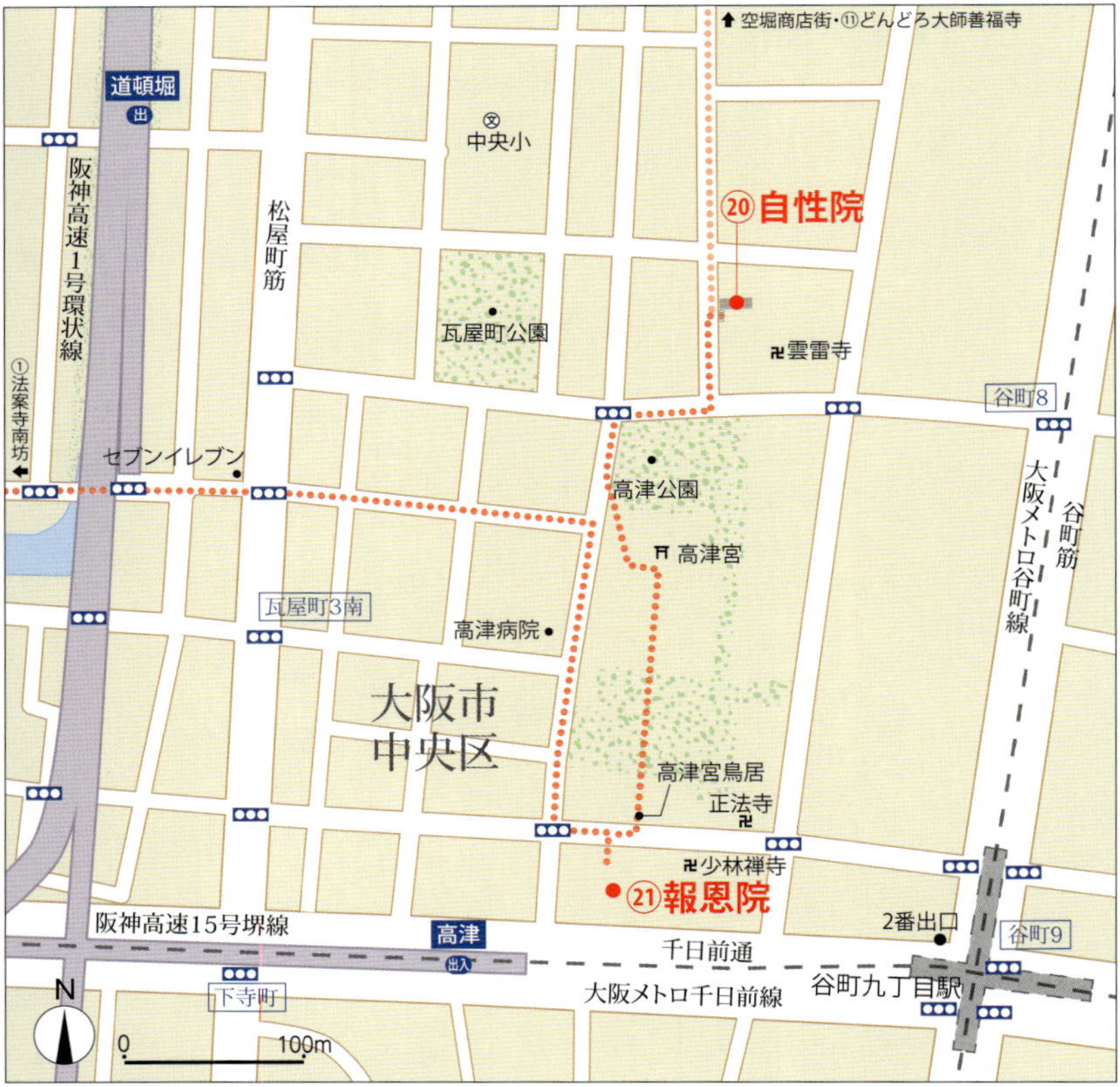

第20番　自性院

【住所】〒542-0065　大阪府大阪市中央区中寺1-4-18
【電話】06-6761-8103
【交通】大阪メトロ谷町線・千日前線「谷町九丁目駅」（２番出口）より北西へ徒歩６分

第21番　報恩院

【住所】〒542-0072　大阪府大阪市中央区高津1-2-28
【電話】06-6761-0543
【交通】大阪メトロ谷町線・千日前線「谷町九丁目駅」（２番出口）より北西へ徒歩３分

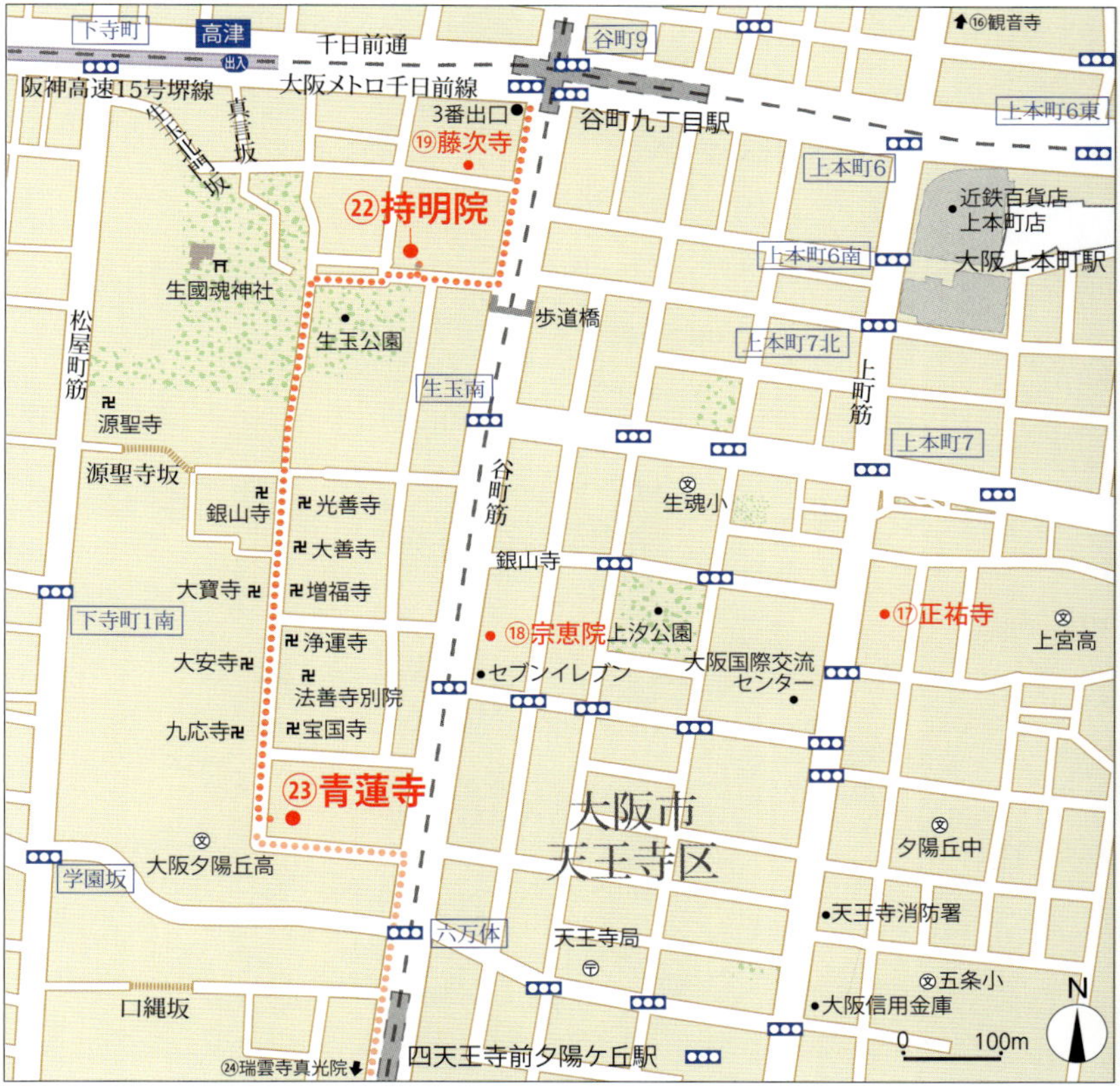

第22番　持明院

【住所】〒543-0071　大阪府大阪市天王寺区生玉町2-15

【電話】06-6771-6280

【交通】大阪メトロ谷町線・千日前線「谷町九丁目駅」（３番出口）より南西へ徒歩３分

第23番　青蓮寺

【住所】〒543-0073　大阪府大阪市天王寺区生玉寺町3-19

【電話】06-6772-0979

【交通】大阪メトロ谷町線「四天王寺前夕陽ケ丘駅」より北へ徒歩５分

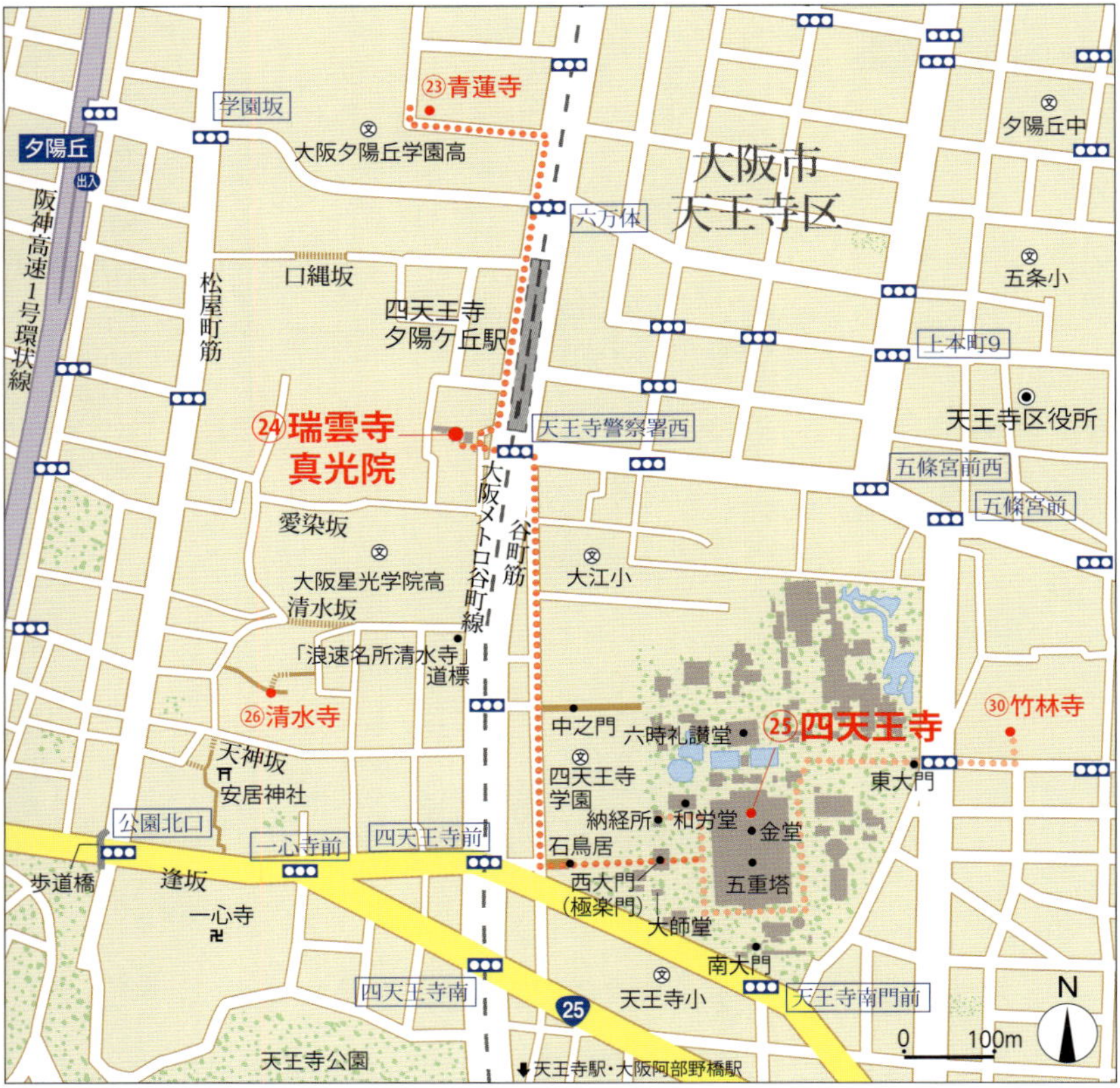

第24番　瑞雲寺 真光院

【住所】 〒543-0075　大阪府大阪市天王寺区夕陽丘町4-8

【電話】 06-6771-6145

【交通】 大阪メトロ谷町線「四天王寺前夕陽ケ丘駅」より南へ徒歩３分

第25番　四天王寺

【住所】 〒543-0051　大阪府大阪市天王寺区四天王寺1-11-18

【電話】 06-6771-0066

【交通】 大阪メトロ谷町線「四天王寺前夕陽ケ丘駅」より南へ徒歩５分
JR環状線・大阪メトロ御堂筋線・谷町線「天王寺駅」より北へ徒歩12分
近鉄南大阪線「大阪阿部野橋駅」から北へ徒歩14分

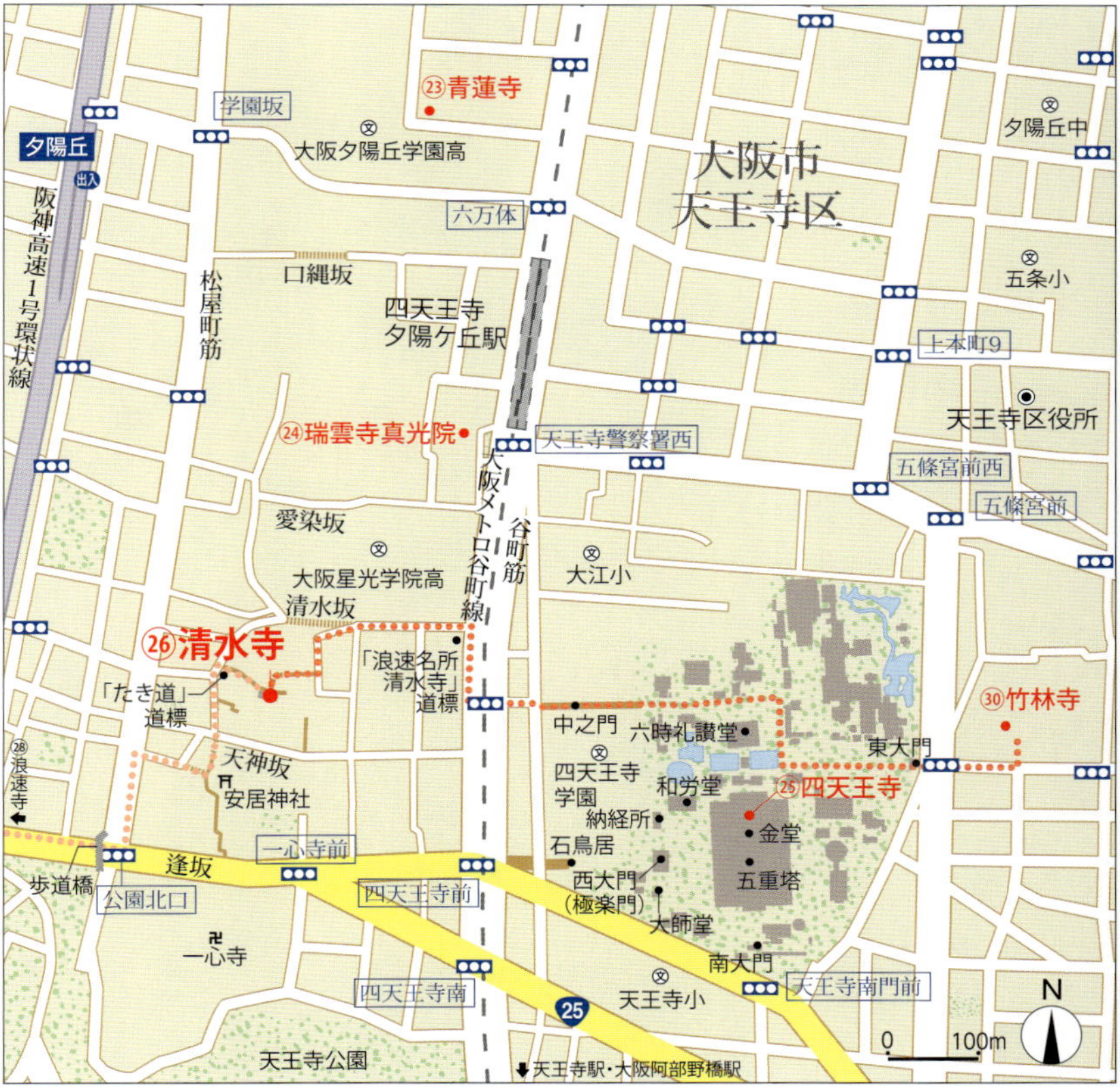

第26番　清水寺

【住所】 〒543-0061　大阪府大阪市天王寺区伶人町5-8

【電話】 06-6771-5714

【交通】 大阪メトロ谷町線「四天王寺前夕陽ケ丘駅」より南へ徒歩８分
JR環状線・大阪メトロ御堂筋線・谷町線「天王寺駅」より北へ徒歩12分
近鉄南大阪線「大阪阿部野橋駅」から北へ徒歩14分

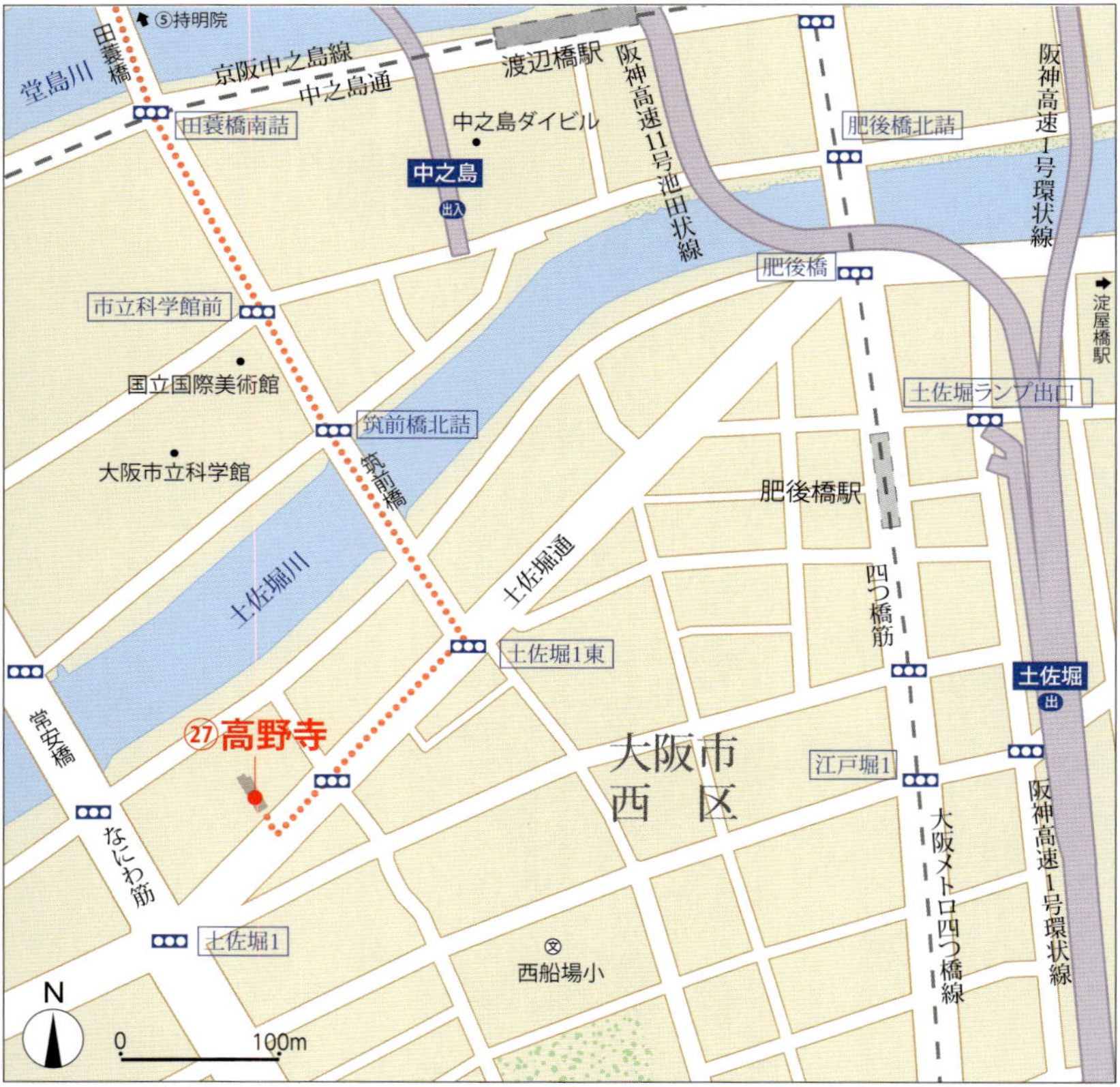

第27番　高野寺

【住所】 〒550-0001　大阪府大阪市西区土佐堀1-5-10

【電話】 06-6441-3863

【交通】 大阪メトロ四つ橋線「肥後橋駅」より西へ徒歩８分

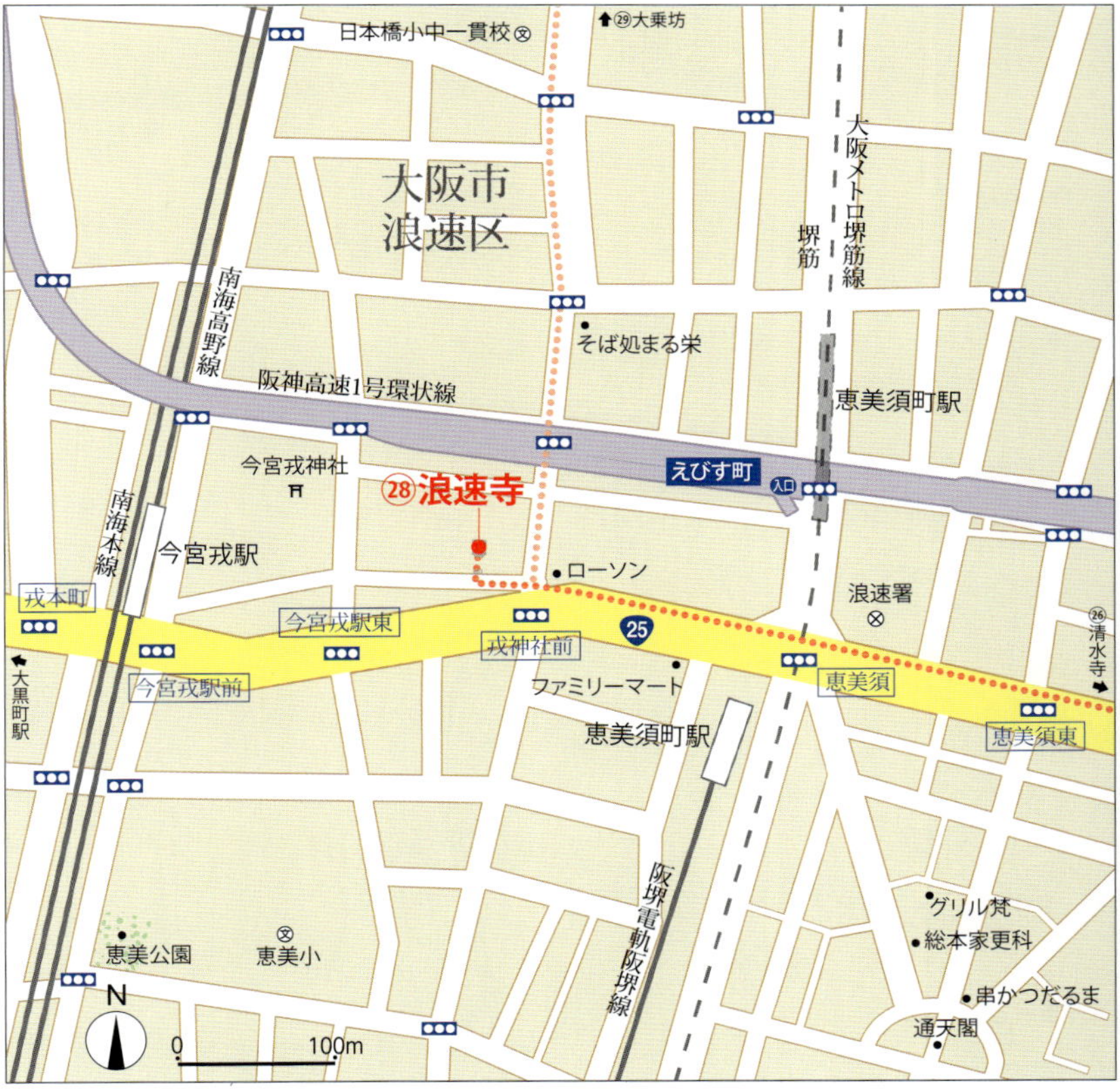

第28番　浪速寺

【住所】 〒556-0003　大阪府大阪市浪速区恵美須西1-4-8

【電話】 06-6631-4235

【交通】 大阪メトロ堺筋線「恵美須町駅」（５番出口）より西へ徒歩３分
大阪メトロ御堂筋線「大国町駅」（３番出口）より東へ徒歩10分
南海高野線「今宮戎駅」より東へ徒歩２分

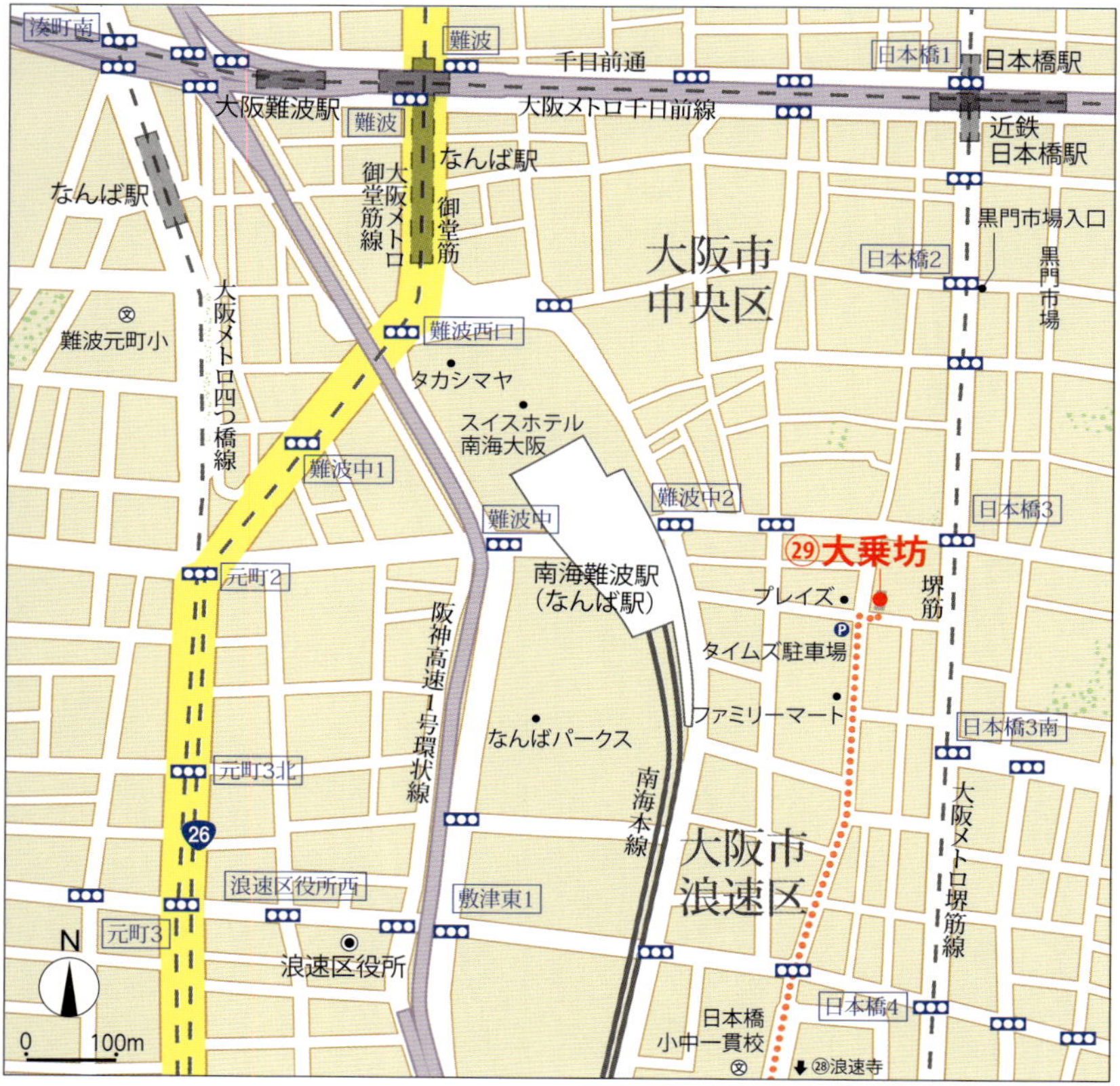

第29番　大乗坊

【住所】 〒556-0005　大阪府大阪市浪速区日本橋3-6-13

【電話】 06-6643-4078

【交通】 大阪メトロ千日前線・堺筋線「日本橋駅」より南へ徒歩７分
大阪メトロ御堂筋線・千日前線・四つ橋線・南海本線・高野線「なんば駅」より東へ徒歩５分

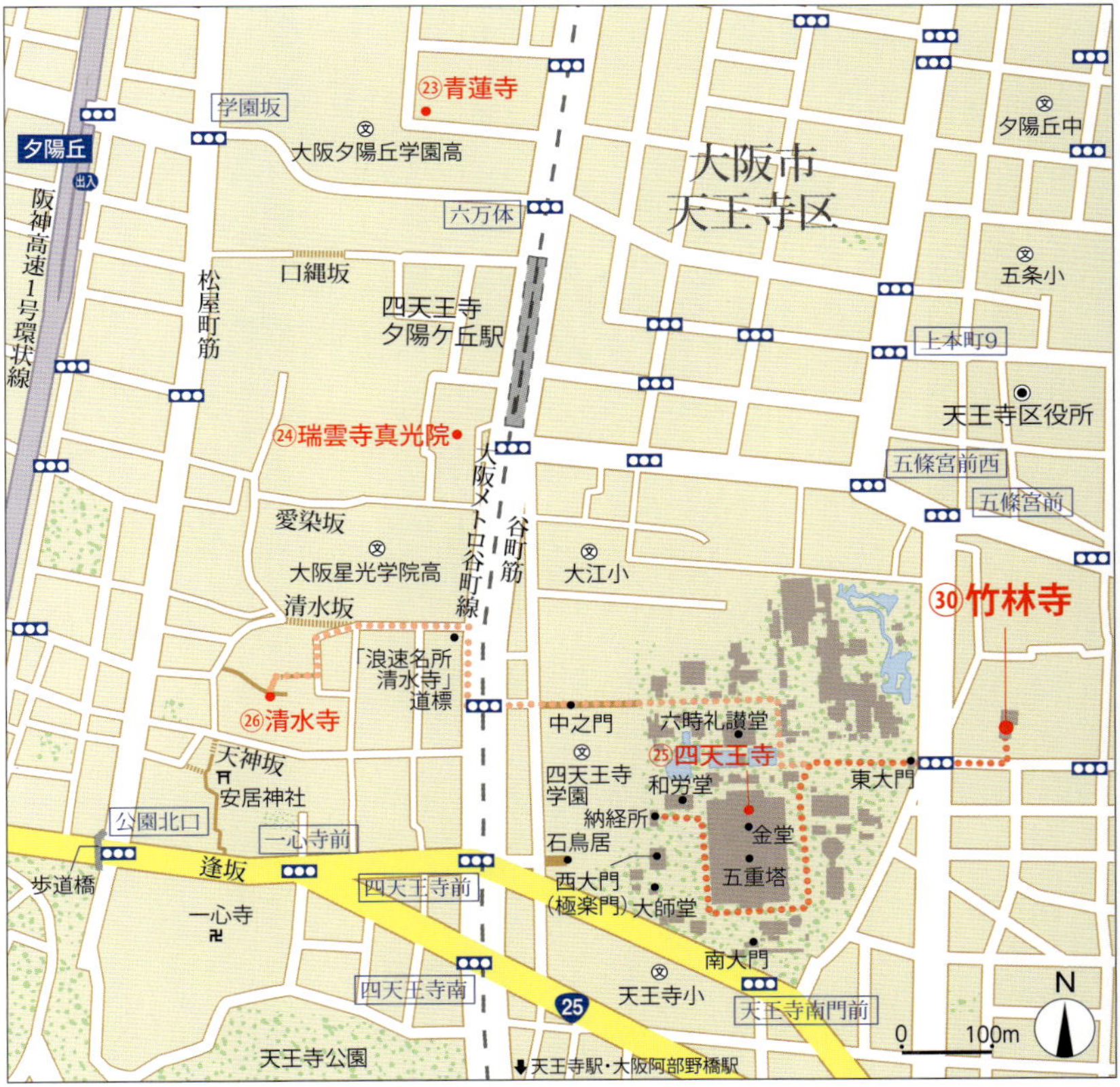

第30番　竹林寺

【住所】 〒543-0043　大阪府大阪市天王寺区勝山1-11-19

【電話】 06-6779-5541

【交通】 大阪メトロ谷町線「四天王寺前夕陽ケ丘駅」より東へ徒歩11分

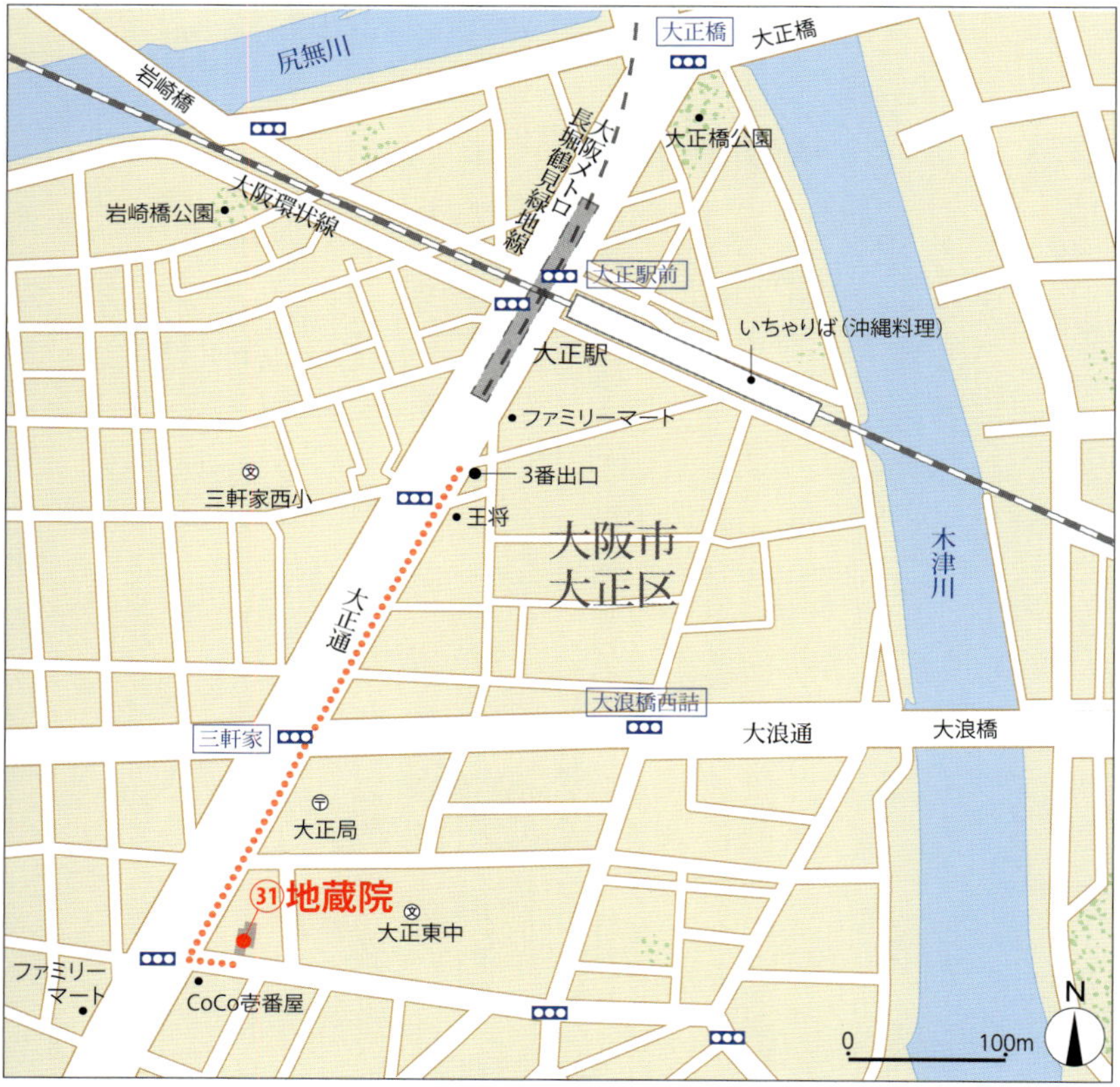

第31番　地蔵院

【住所】〒551-0002　大阪府大阪市大正区三軒家東4-5-9
【電話】06-6551-7196
【交通】JR大阪環状線・大阪メトロ長堀鶴見緑地線「大正駅」より南西へ徒歩10分

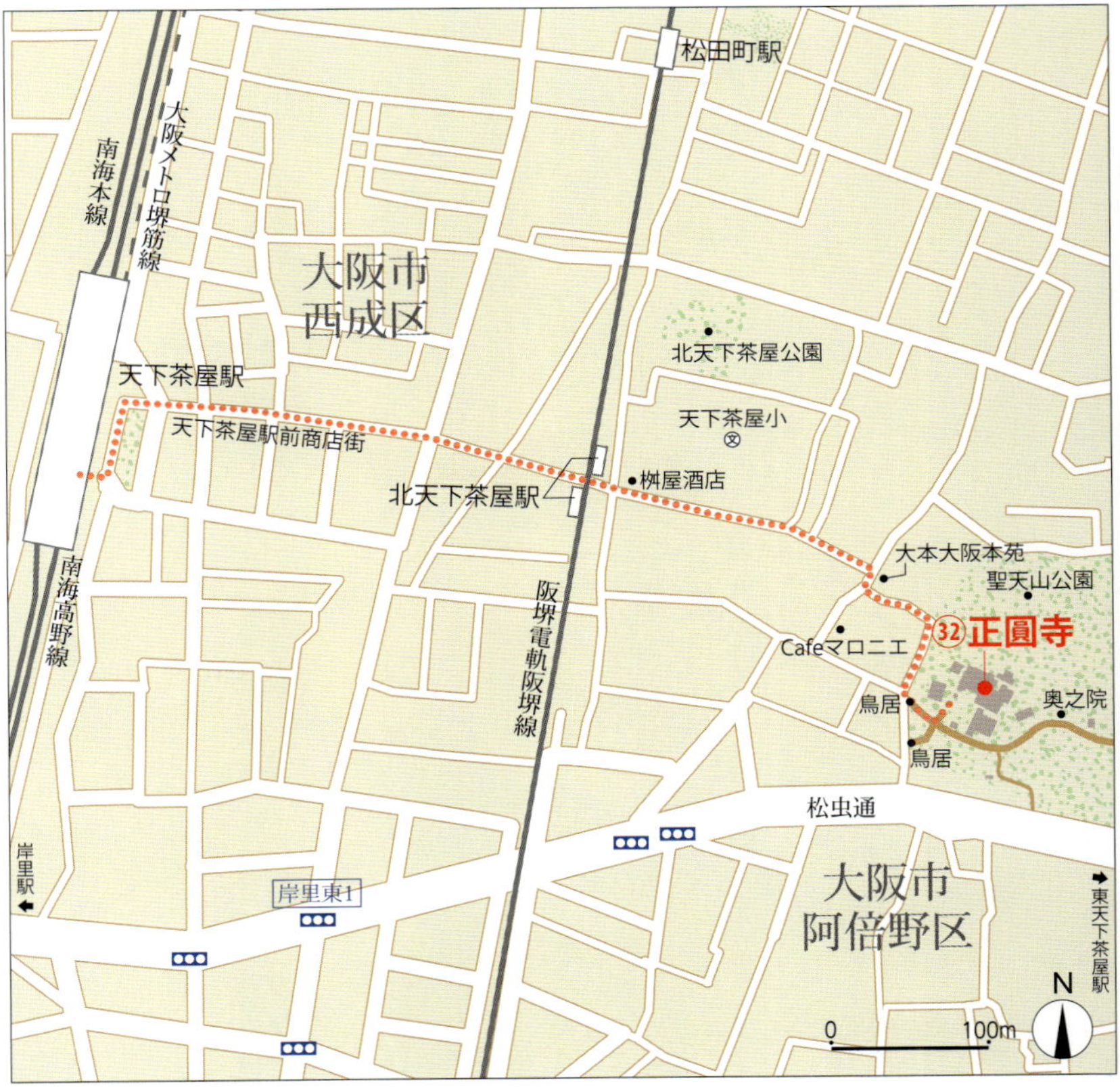

第32番　正圓寺

【住所】 〒545-0043　大阪府大阪市阿倍野区松虫通3-2-32

【電話】 06-6651-2727

【交通】 南海本線・大阪メトロ堺筋線「天下茶屋駅」より東へ徒歩10分
大阪メトロ四つ橋線「岸里駅」より東へ徒歩13分
阪堺電軌阪堺線「北天下茶屋駅」より東へ徒歩５分
阪堺電軌上町線「東天下茶屋駅」より西へ徒歩６分

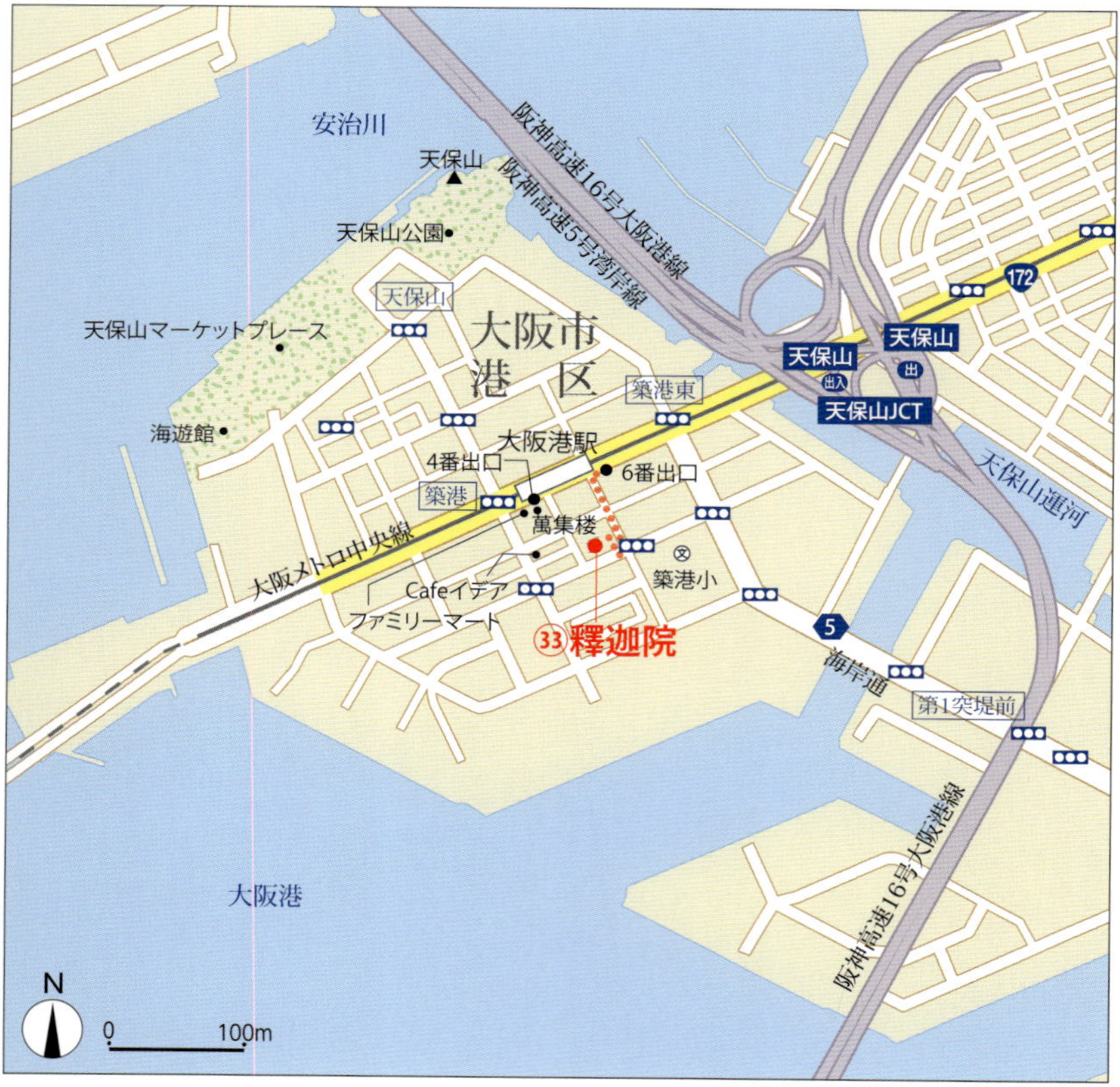

第33番　釋迦院

【住所】〒552-0021　大阪府大阪市港区築港1-13-3
【電話】06-6571-5710
【交通】大阪メトロ中央線「大阪港駅」（6番出口）より南へ徒歩３分

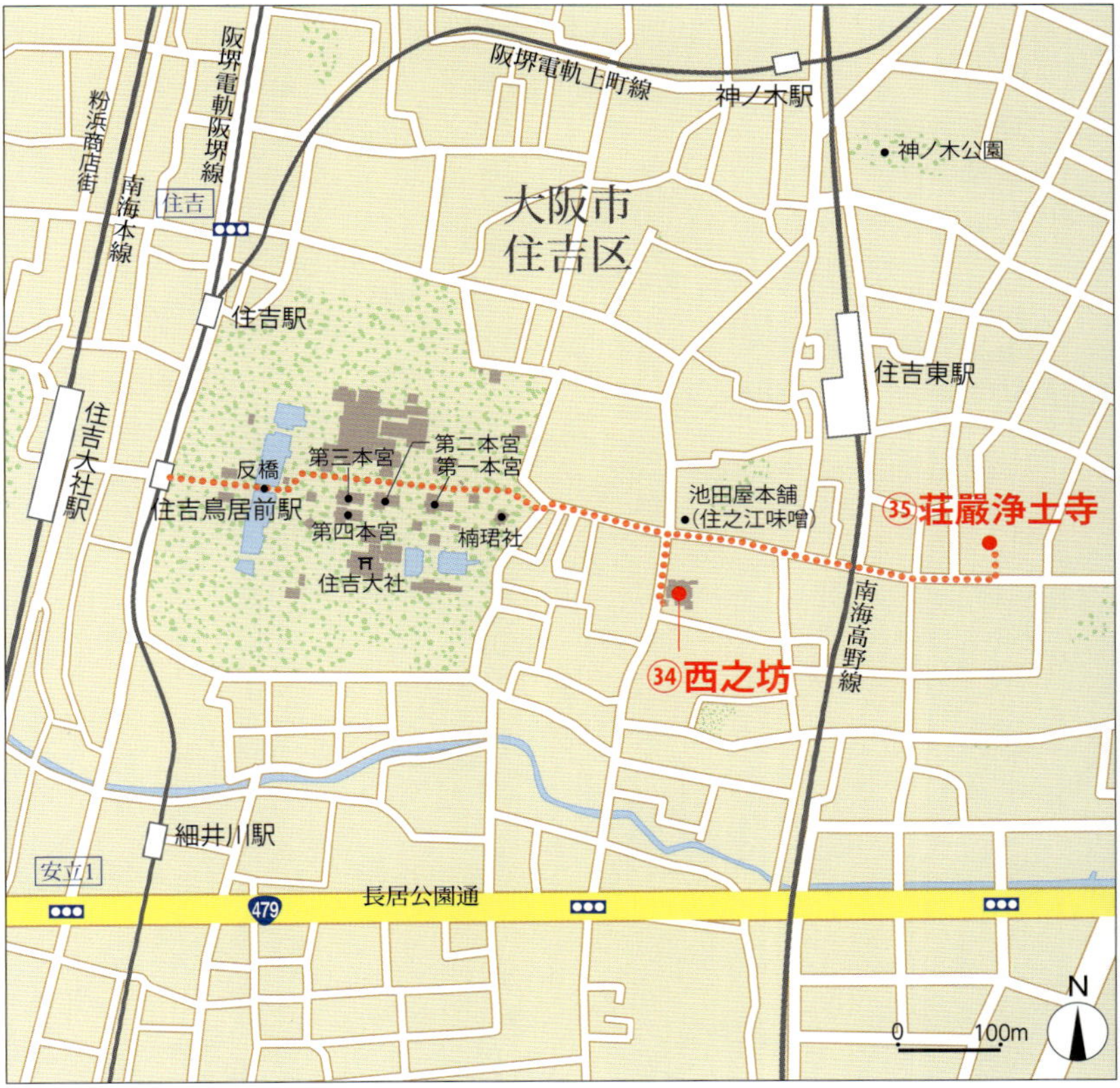

第34番　西之坊

【住所】〒558-0046　大阪府大阪市住吉区上住吉2-2-20
【電話】06-6671-0026
【交通】南海高野線「住吉東駅」より南西へ徒歩５分　南海本線「住吉大社駅」より東へ徒歩７分　阪堺電軌阪堺線「住吉鳥居前駅」より東へ徒歩６分　阪堺電軌上町線「神ノ木駅」より南へ徒歩７分

第35番　荘厳浄土寺

【住所】〒558-0054　大阪府大阪市住吉区帝塚山東5-11-14
【電話】06-6672-3852
【交通】南海高野線「住吉東駅」より南東へ徒歩３分　南海本線「住吉大社駅」より東へ徒歩11分　阪堺電軌阪堺線「住吉鳥居前駅」より東へ徒歩10分　阪堺電軌上町線「神ノ木駅」より南へ徒歩７分

第36番　薬師寺

【住所】 〒558-0011　大阪府大阪市住吉区苅田6-1-14

【電話】 06-6691-5771

【交通】 大阪メトロ御堂筋線「あびこ駅」（1番出口）より東へ徒歩13分

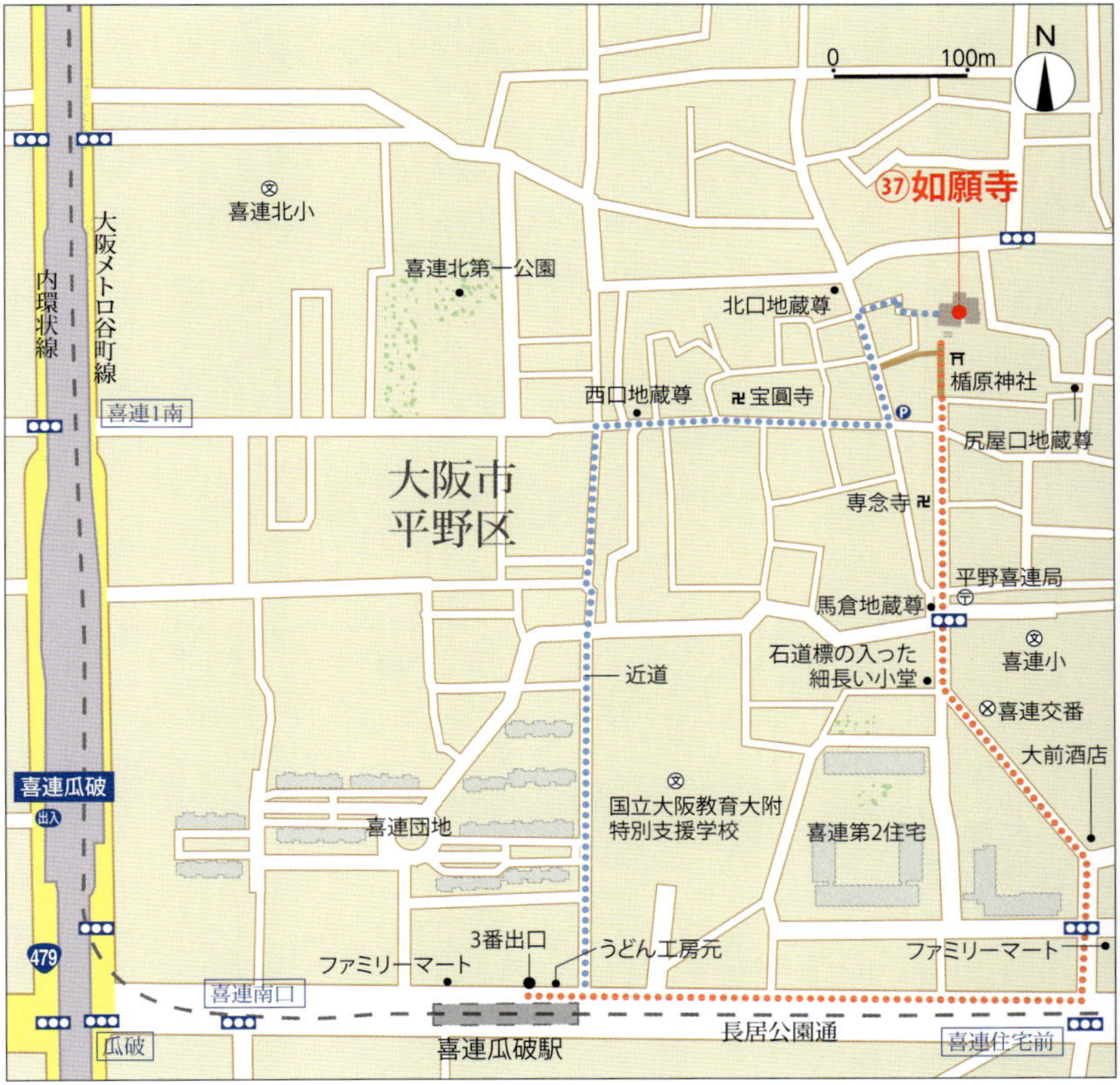

第37番　如願寺

【住所】〒547-0027　大阪府大阪市平野区喜連6-1-38

【電話】06-6709-2510

【交通】大阪メトロ谷町線「喜連瓜破駅」（３番出口）より北へ徒歩12分

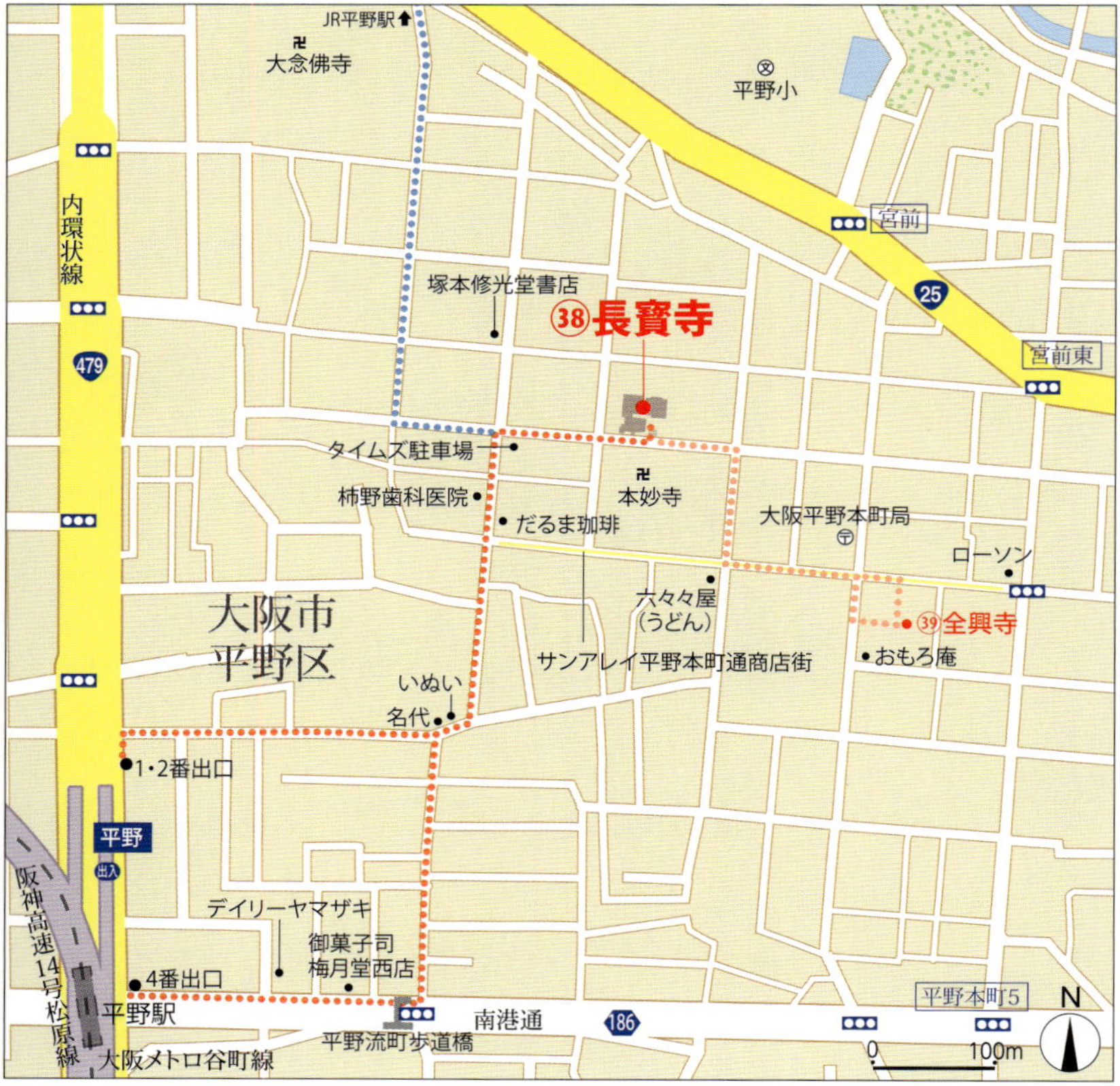

第38番　長寳寺

【住所】〒547-0044　大阪府大阪市平野区平野本町3-4-23

【電話】06-6791-4416

【交通】JR大和路線「平野駅」（南口）より南へ徒歩９分

大阪メトロ谷町線「平野駅」（１番または２番出口）より徒歩９分

第39番　全興寺

【住所】〒547-0044　大阪府大阪市平野区平野本町4-12-21

【電話】06-6791-2680

【交通】JR大和路線「平野駅」（南口）より南へ徒歩13分

大阪メトロ谷町線「平野駅」より北東へ徒歩13分

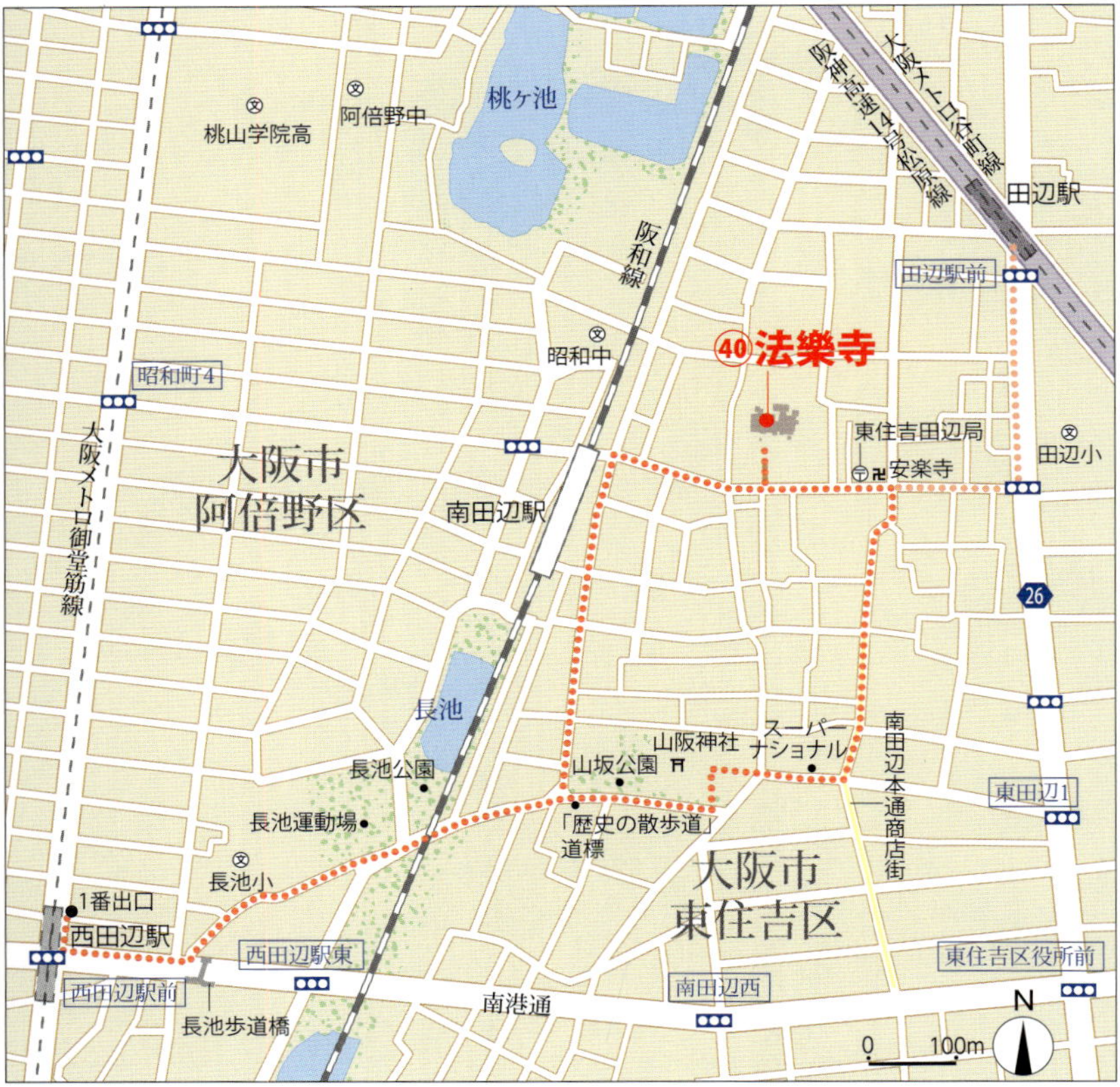

第40番　法樂寺

【住所】 〒546-0035　大阪府大阪市東住吉区山坂1-18-30

【電話】 06-6621-2103

【交通】 JR阪和線「南田辺駅」より東へ徒歩３分

大阪メトロ谷町線「田辺駅」より南西へ徒歩５分

大阪メトロ御堂筋線「西田辺駅」より北東へ徒歩15分

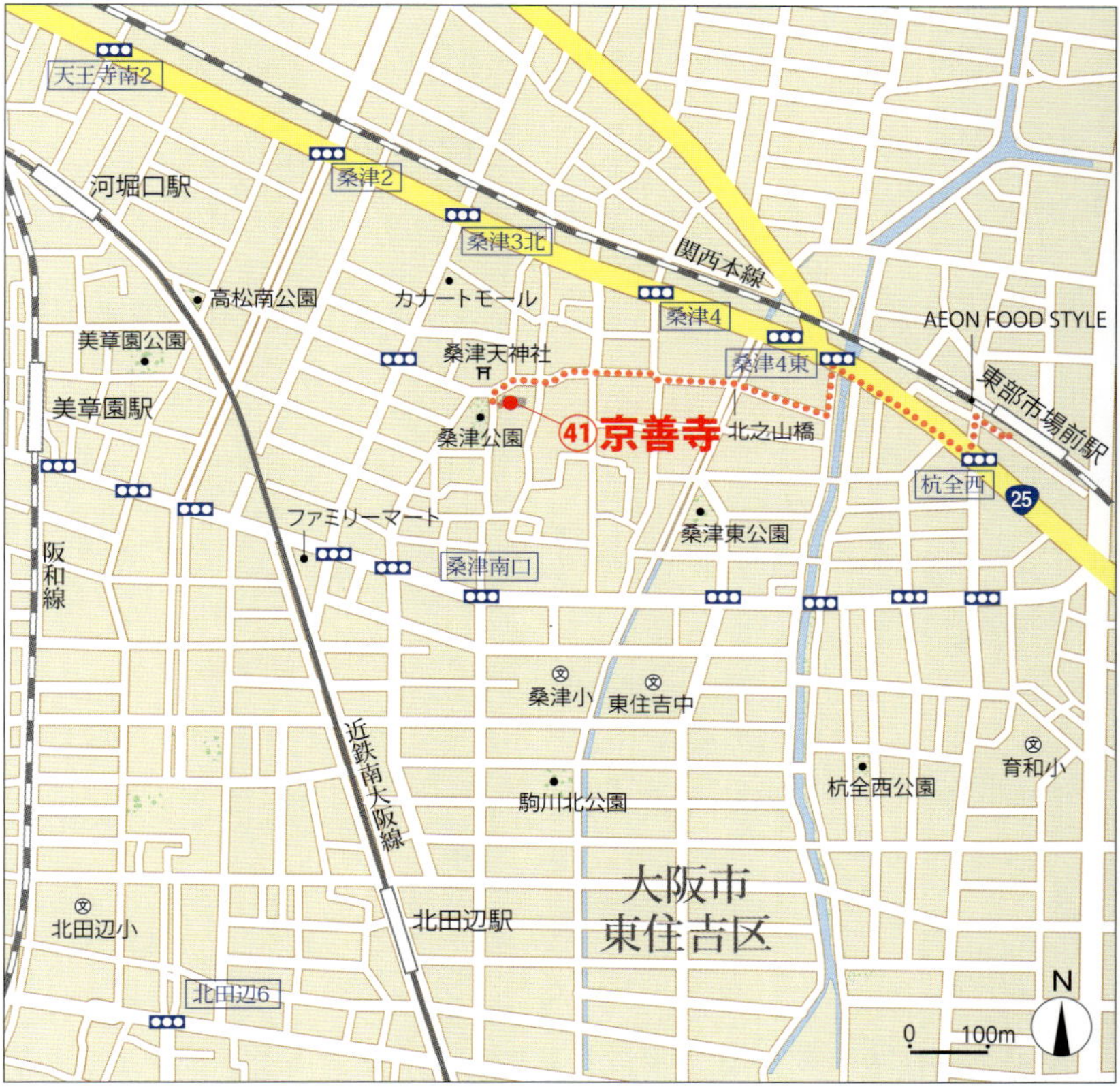

第41番　京善寺

【住所】〒546-0041　大阪府大阪市東住吉区桑津3-21-9
【電話】06-6713-5526
【交通】JR関西本線「東部市場前駅」より西へ徒歩10分
JR阪和線「美章園駅」より東へ徒歩９分
近鉄南大阪線「河堀口駅」より南東へ徒歩８分

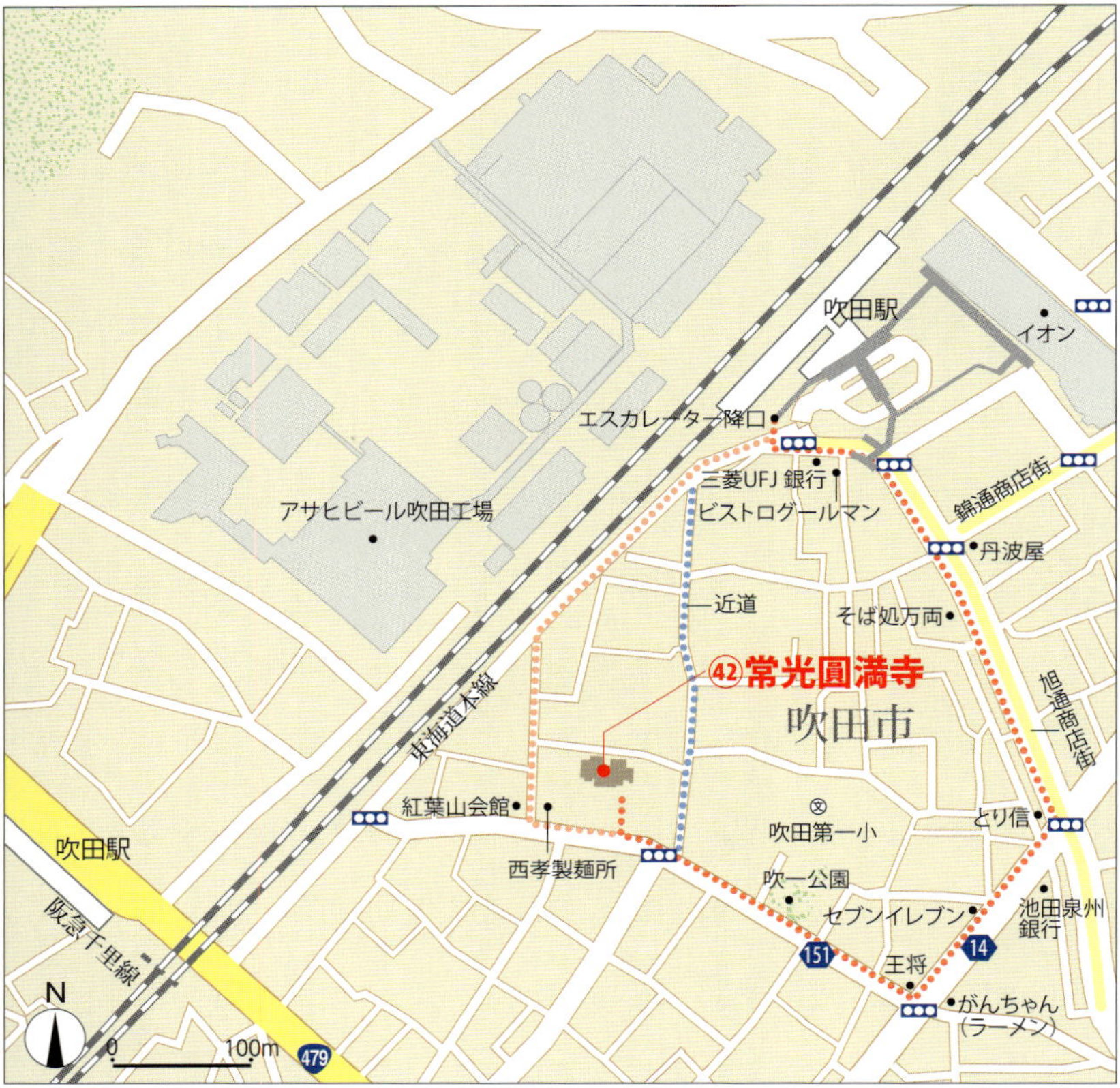

第42番　常光圓満寺

【住所】〒564-0031　大阪府吹田市元町28-13

【電話】06-6381-0182

【交通】JR京都線「吹田駅」より南へ徒歩５分

阪急千里線「吹田駅」より北東へ徒歩５分

第43番　圓照寺

【住所】〒565-0821　大阪府吹田市山田東3-14-27

【電話】06-6876-0461

【交通】阪急千里線「山田駅」より阪急バス「山田宮ノ前」下車徒歩５分
JR京都線「岸辺駅」より阪急バス「山田宮ノ前」下車徒歩５分

第44番　佐井寺

【住所】〒565-0836　大阪府吹田市佐井寺1-17-10

【電話】06-6388-2413

【交通】JR京都線・阪急千里線「吹田駅」より阪急バス「佐井寺」下車徒歩５分

阪急千里線「南千里駅」より阪急バス「佐井寺」下車徒歩５分

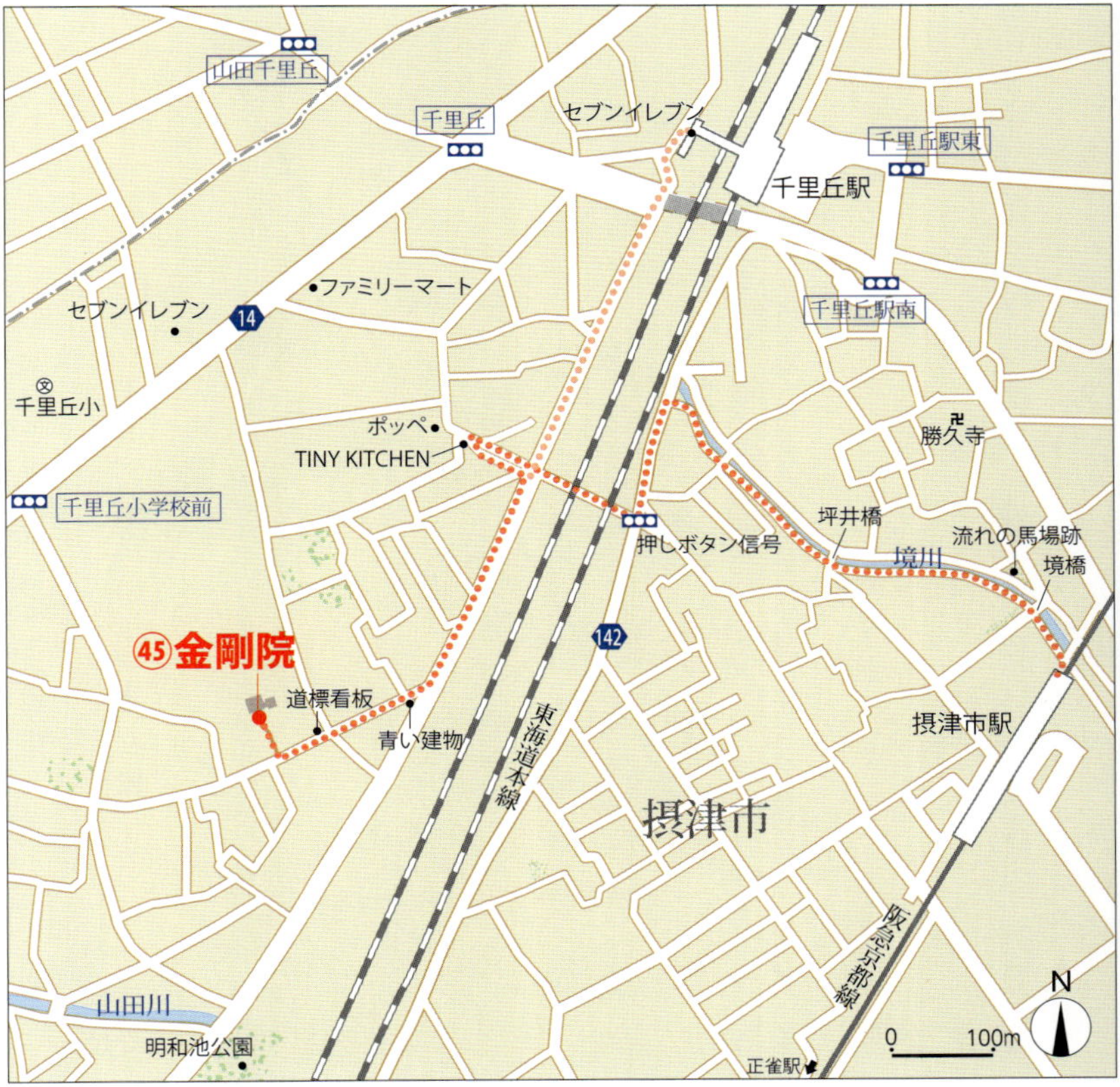

第45番　金剛院

【住所】〒566-0001　大阪府摂津市千里丘3-10-5

【電話】06-6389-3957

【交通】JR京都線「千里丘駅」より南西へ徒歩12分
阪急京都線「摂津市駅」より西へ徒歩18分
阪急京都線「正雀駅」より北へ徒歩25分

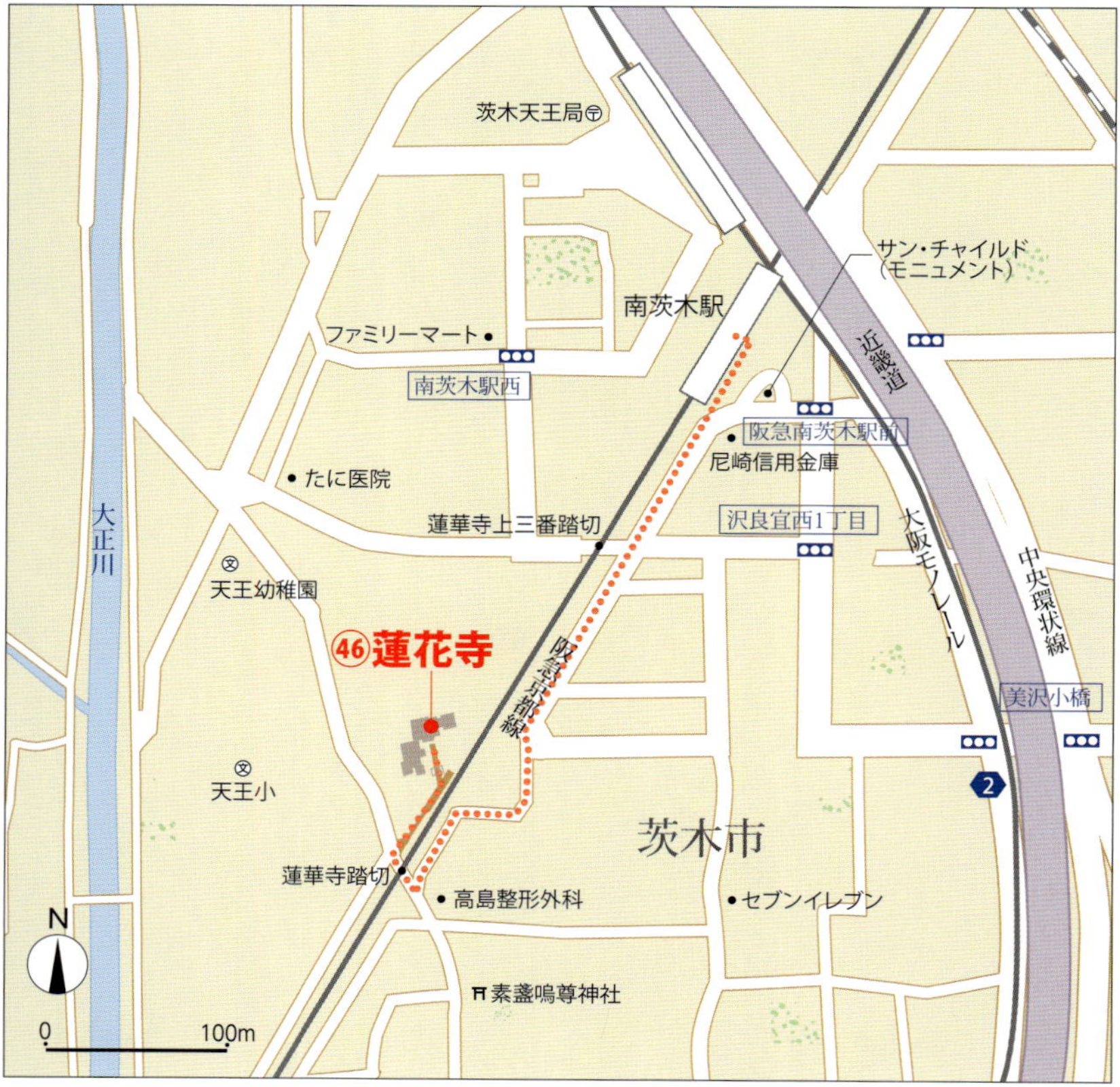

第46番　蓮花寺

【住所】 〒567-0876　大阪府茨木市天王2-12-25

【電話】 072-623-1903

【交通】 阪急京都線「南茨木駅」東出口より線路にそって南西へ徒歩７分

第47番　総持寺

【住所】 〒567-0801　大阪府茨木市総持寺1-6-1

【電話】 072-622-3209

【交通】 阪急京都線「総持寺駅」より北西へ徒歩５分

JR京都線「JR総持寺駅」より東へ徒歩５分

第48番　地蔵院

【住所】 〒569-1121　大阪府高槻市真上町4-1-54
【電話】 072-684-0064
【交通】 JR京都線「高槻駅」より北西へ徒歩25分
JR京都線「高槻駅」北口より高槻市営バス「真上南」下車北へ徒歩10分

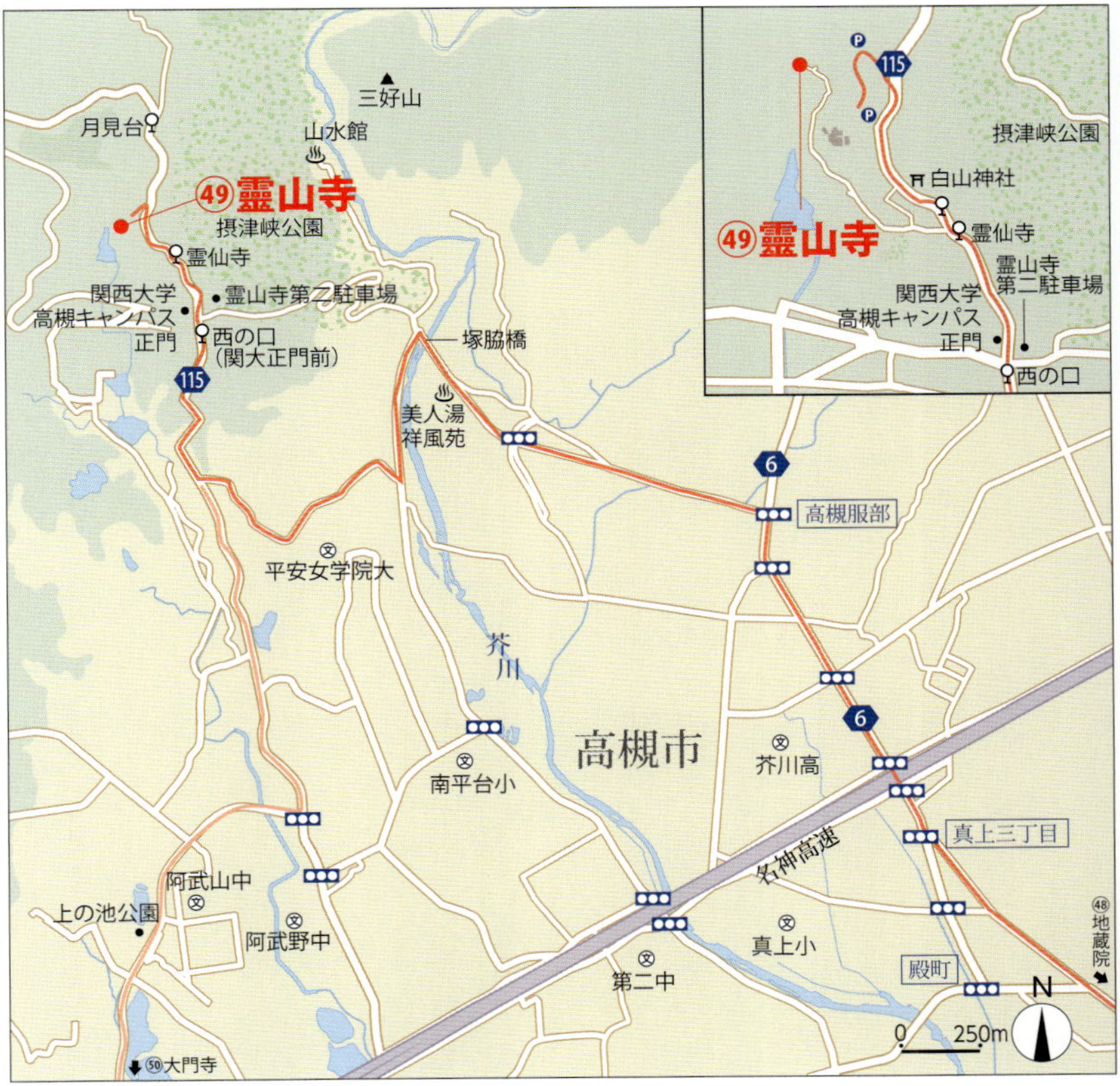

第49番　霊山寺

【住所】 〒569-1052　大阪府高槻市霊仙寺町1-11-1

【電話】 072-699-0001

【交通】 JR京都線「摂津富田駅」または「高槻駅」北口より高槻市営バス「霊仙寺」下車徒歩５分

第50番　大門寺

【住所】〒568-0093　大阪府茨木市大門寺97

【電話】072-649-2027

【交通】阪急京都線「茨木市駅」・JR京都線「茨木駅」より阪急バス「大門北」下車徒歩10分

第51番　眞龍寺

【住所】〒567-0062　大阪府茨木市東福井2-24-11

【電話】072-643-5897

【交通】JR京都線「茨木駅」・阪急京都線「茨木市駅」より阪急バス81、83、86、87、181番にて「福井宮の前」下車徒歩７分

第52番　帝釋寺

【住所】 〒562-0025　大阪府箕面市粟生外院2-14-11

【電話】 072-729-4028

【交通】 北大阪急行「千里中央駅」・阪急千里線「北千里駅」より阪急バス「新家」下車徒歩10分

阪急箕面線「箕面駅」より阪急バス「外院」下車徒歩５分

第53番　善福寺

【住所】〒562-0023　大阪府箕面市粟生間谷西5-1-1

【電話】072-729-2510

【交通】阪急箕面線「箕面駅」より阪急バス「外院」または「粟生団地」下車徒歩10分　阪急千里線「北千里駅」・北大阪急行「千里中央駅」より阪急バス「粟生団地」下車徒歩10分　北大阪急行「千里中央駅」より阪急バス「粟生間谷西四丁目」下車徒歩５分　大阪モノレール「彩都西駅」より阪急バス「粟生間谷西四丁目」下車徒歩５分

第54番　勝尾寺

【住所】〒562-8508　大阪府箕面市勝尾寺

【電話】072-721-7010

【交通】北大阪急行「千里中央駅」･阪急千里線「北千里駅」より阪急バス「勝尾寺」下車徒歩１分

第55番　瀧安寺

【住所】〒562-0002　大阪府箕面市箕面公園2-23
【電話】072-721-3003
【交通】阪急箕面線「箕面駅」より北へ徒歩18分
※箕面公園内は車両通行不可のため、自動車参拝の場合は箕面駅周辺の駐車場を利用

第56番　如意輪寺 寶珠院

【住所】 〒562-0011　大阪府箕面市如意谷4-5-25

【電話】 072-722-1715

【交通】 阪急箕面線「箕面駅」より阪急バス間谷住宅行き「萱野北小学校前」下車徒歩３分　北大阪急行線「千里中央駅」より阪急バス如意谷住宅前循環「ルミナス箕面の森」下車徒歩１分

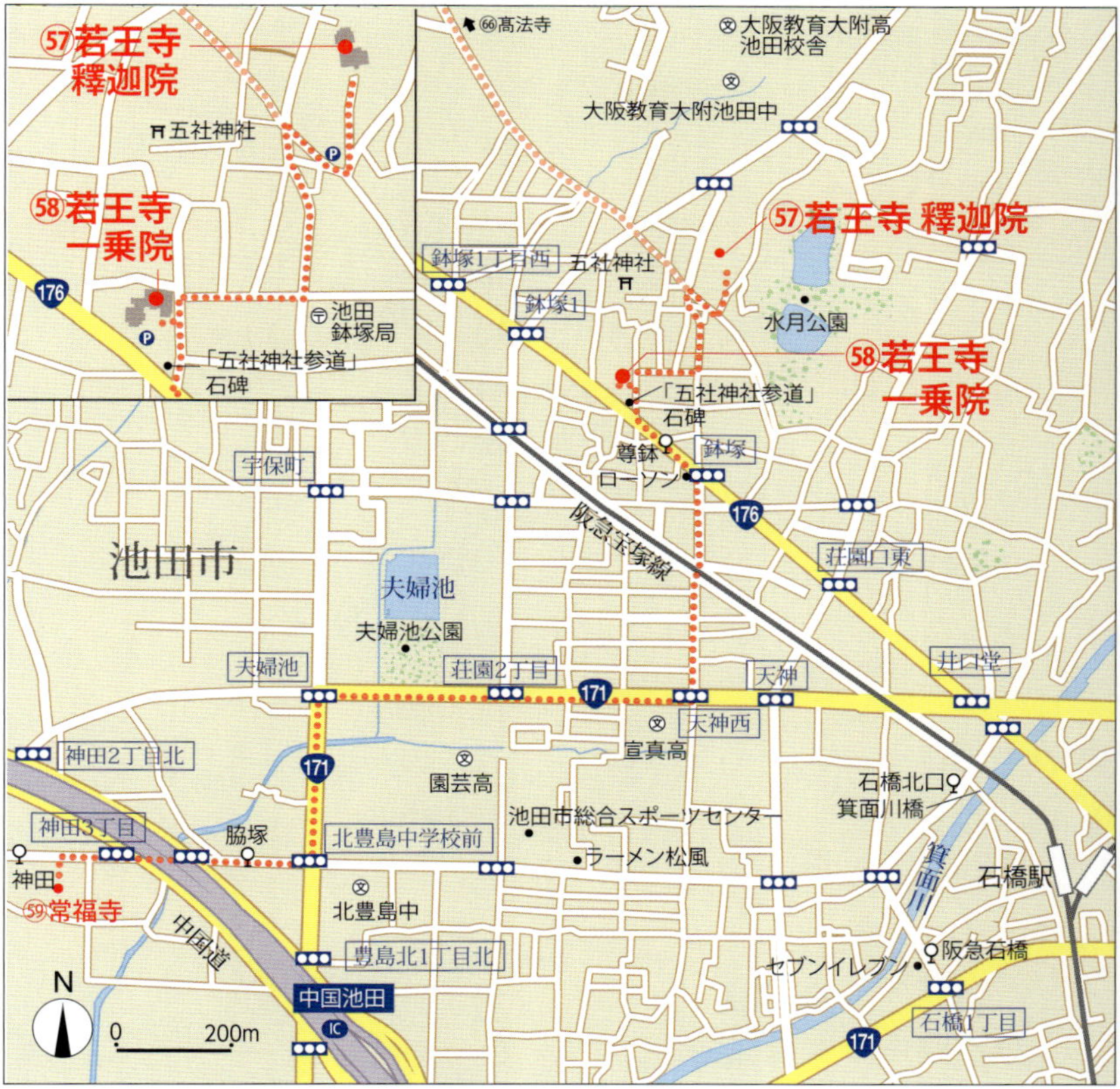

第57番　若王寺 釋迦院

【住所】〒563-0024　大阪府池田市鉢塚3-4-6

【電話】072-761-8761

【交通】阪急宝塚線「石橋駅」より北西へ徒歩18分　阪急宝塚線「池田駅」より南東へ徒歩23分　阪急宝塚線「池田駅」より阪急バス「尊鉢」下車徒歩７分

第58番　若王寺 一乗院

【住所】〒563-0024　大阪府池田市鉢塚2-7-26

【電話】072-761-8918

【交通】阪急宝塚線「石橋駅」より北西へ徒歩16分
阪急宝塚線「池田駅」より南東へ徒歩17分

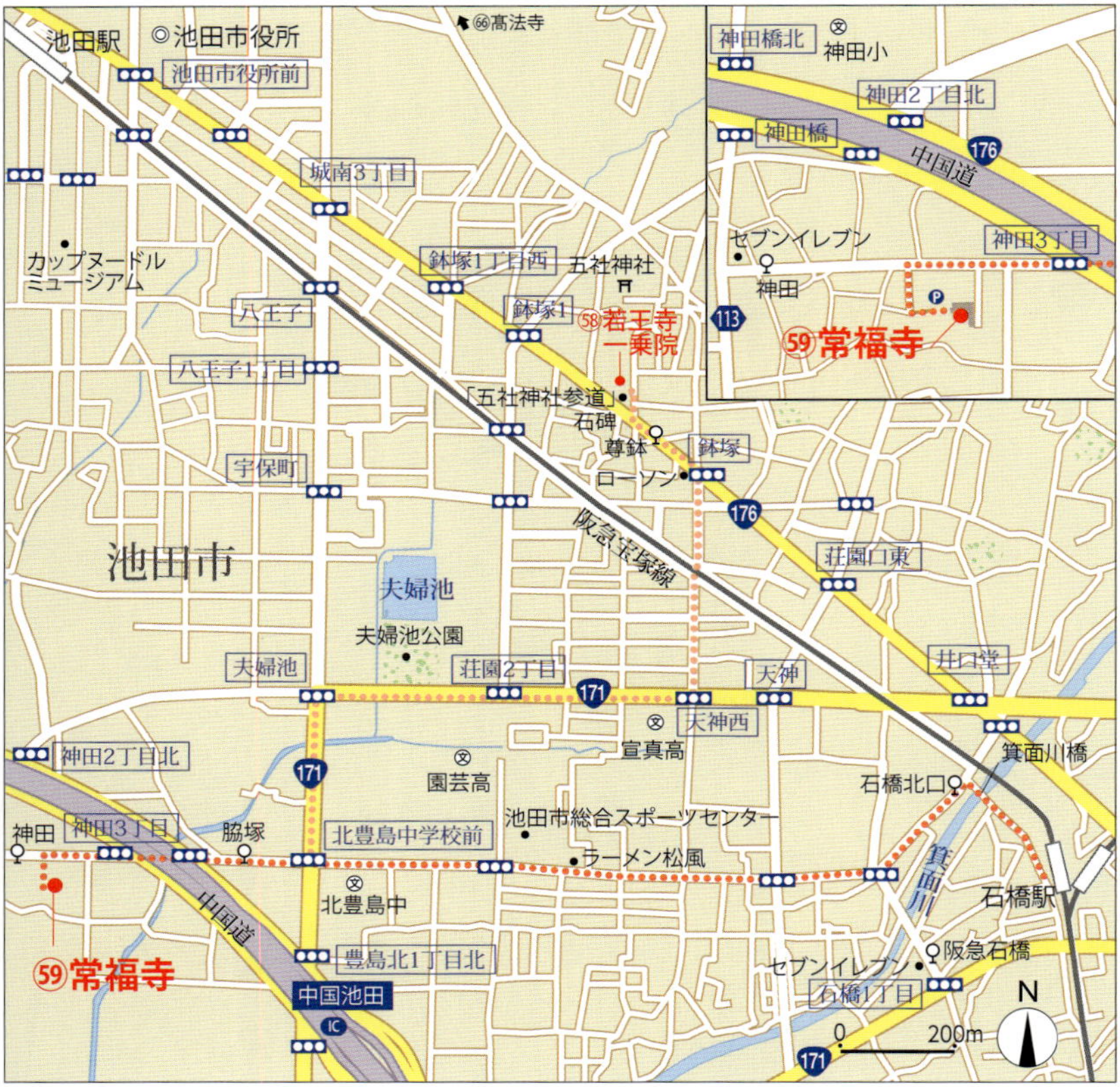

第59番　常福寺

【住所】 〒563-0043　大阪府池田市神田3-11-2

【電話】 072-751-3940

【交通】 阪急宝塚線「石橋駅」より西へ徒歩24分

阪急宝塚線「池田駅」より南へ徒歩22分

阪急宝塚線「石橋駅」・「池田駅」より阪急バス「神田」下車徒歩３分

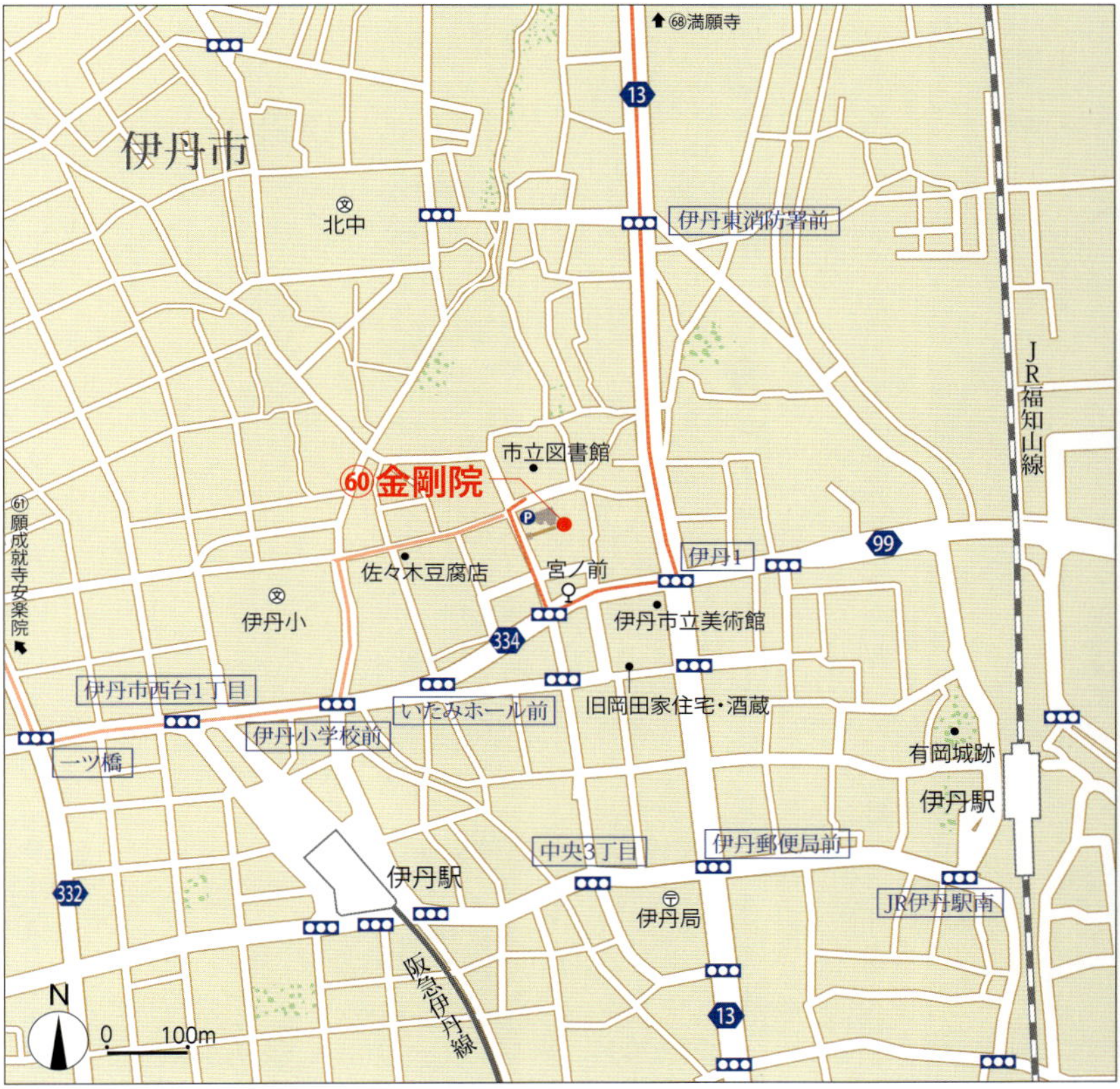

第60番　金剛院

【住所】〒664-0895　兵庫県伊丹市宮ノ前2-2-7

【電話】072-782-1434

【交通】阪急伊丹線「伊丹駅」より北東へ徒歩９分

JR福知山線「伊丹駅」より北西へ徒歩10分

第61番　願成就寺 安楽院

【住所】 〒664-0898　兵庫県伊丹市千僧3-22

【電話】 072-777-5353

【交通】 JR福知山線「伊丹駅」・阪急伊丹線「伊丹駅」より伊丹市営バス「三師団・交通局前」下車徒歩４分

JR福知山線「伊丹駅」・阪急伊丹線「伊丹駅」より伊丹市営バス「大鹿口」下車徒歩７分

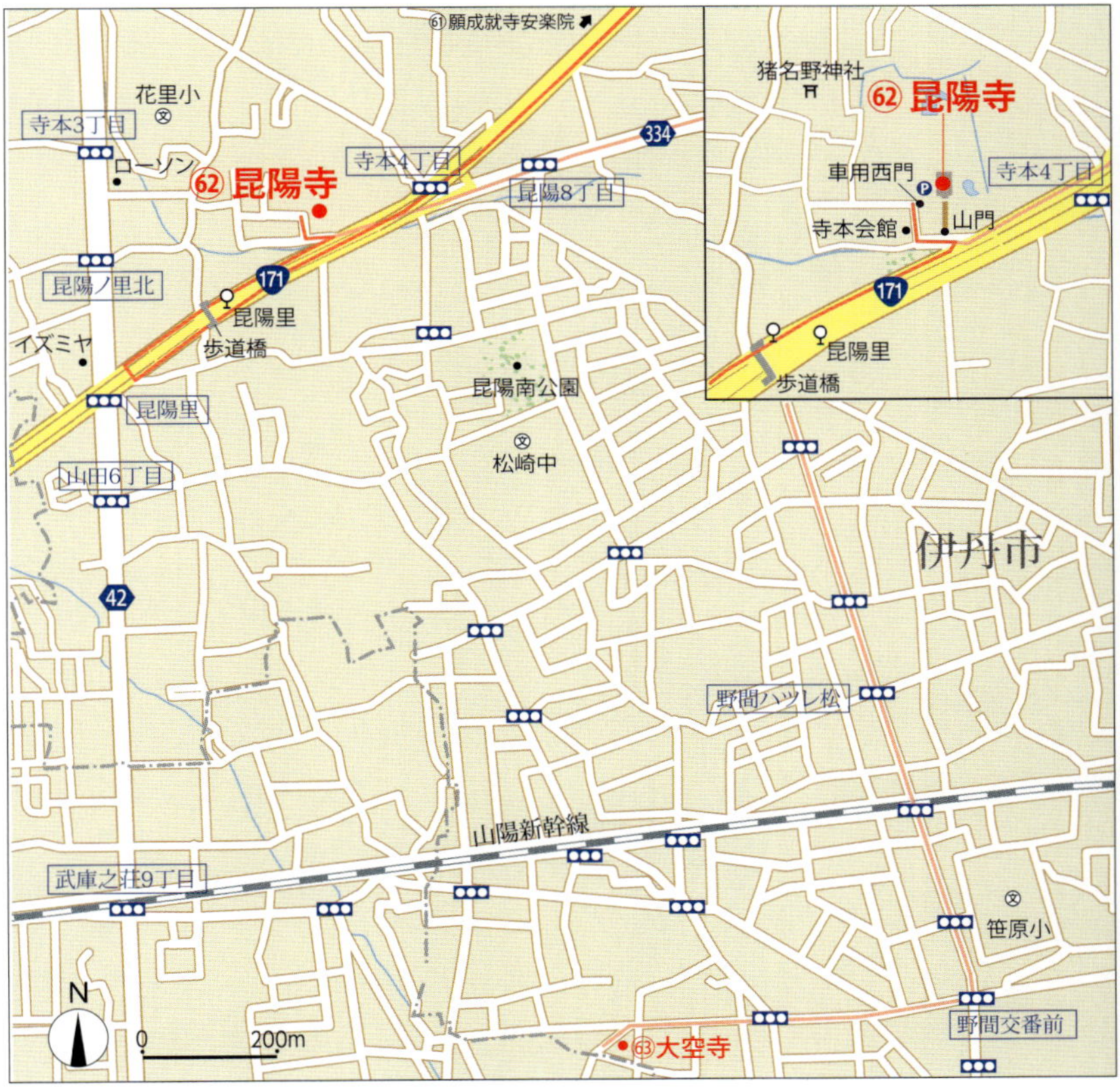

第62番　昆陽寺

【住所】 〒664-0026　兵庫県伊丹市寺本2-169

【電話】 072-781-6015

【交通】 JR福知山線「伊丹駅」・阪急伊丹線「伊丹駅」より伊丹市営バス「昆陽里」下車徒歩５分（歩道橋利用）

第63番　大空寺

【住所】 〒664-0873　兵庫県伊丹市野間6-5-5

【電話】 072-781-1149

【交通】 阪急神戸線「塚口駅」・阪急伊丹線「伊丹駅」・JR福知山線「猪名寺駅」より伊丹市営バス山田行「野間」下車西へ徒歩３分

阪急神戸線「武庫之荘駅」より阪神バス40番宮ノ北団地行「武庫公民館」下車東へ徒歩４分

第64番　浄光寺

【住所】〒660-0811　兵庫県尼崎市常光寺3-5-1

【電話】06-6481-3697

【交通】JR「尼崎駅」より南東へ徒歩15分

阪神本線「杭瀬駅」より北へ徒歩14分

第65番　大覚寺

【住所】 〒660-0867　兵庫県尼崎市寺町９

【電話】 06-6411-2705

【交通】 阪神本線「尼崎駅」より南西へ徒歩７分

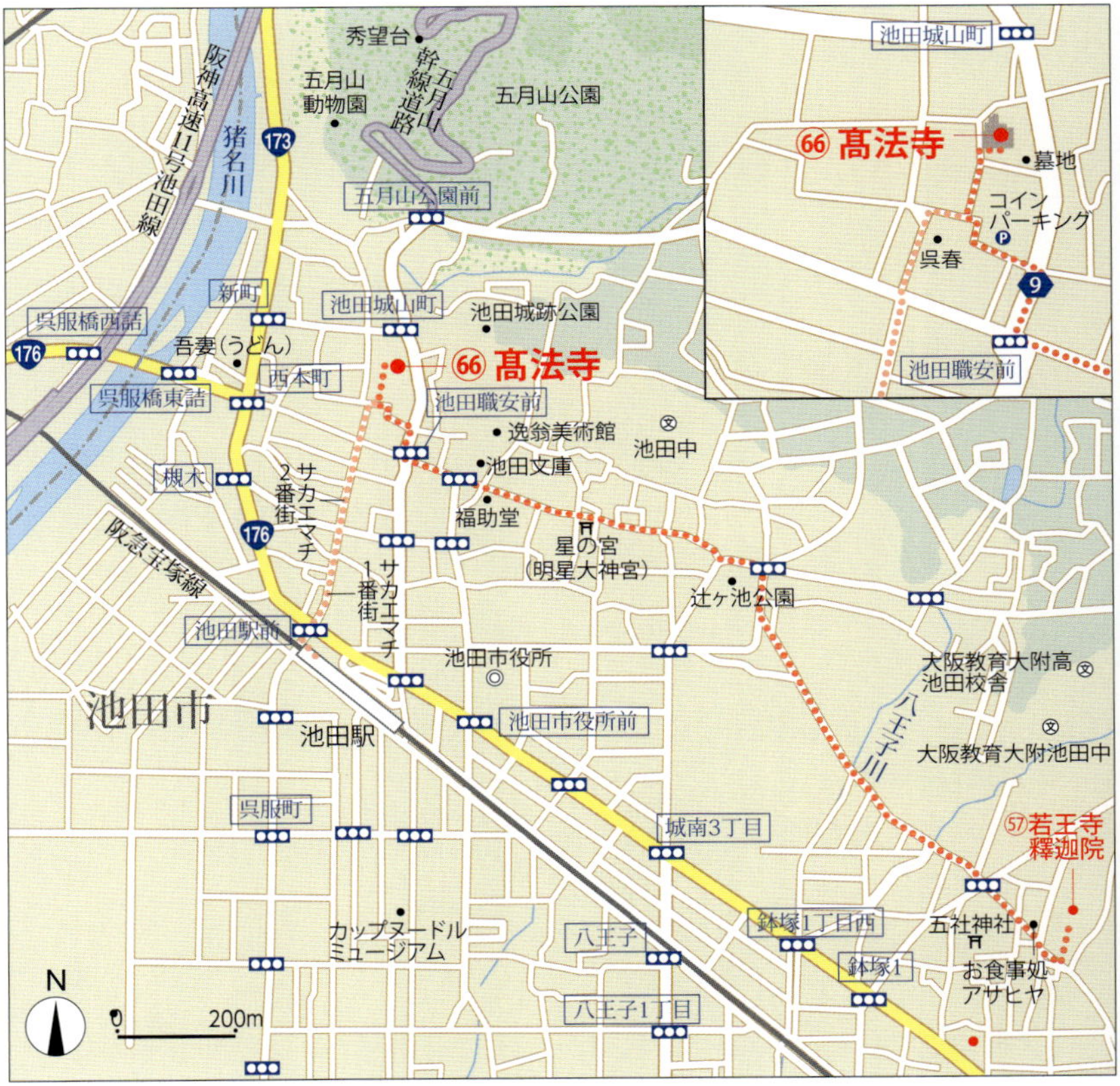

第66番　髙法寺

【住所】 〒563-0051　大阪府池田市綾羽1-1-9

【電話】 072-751-4240

【交通】 阪急宝塚線「池田駅」より北へ徒歩８分

第67番　久安寺

【住所】 〒563-0011　大阪府池田市伏尾町697

【電話】 072-752-1857

【交通】 阪急宝塚線「池田駅」より阪急バス15分「久安寺」下車徒歩１分

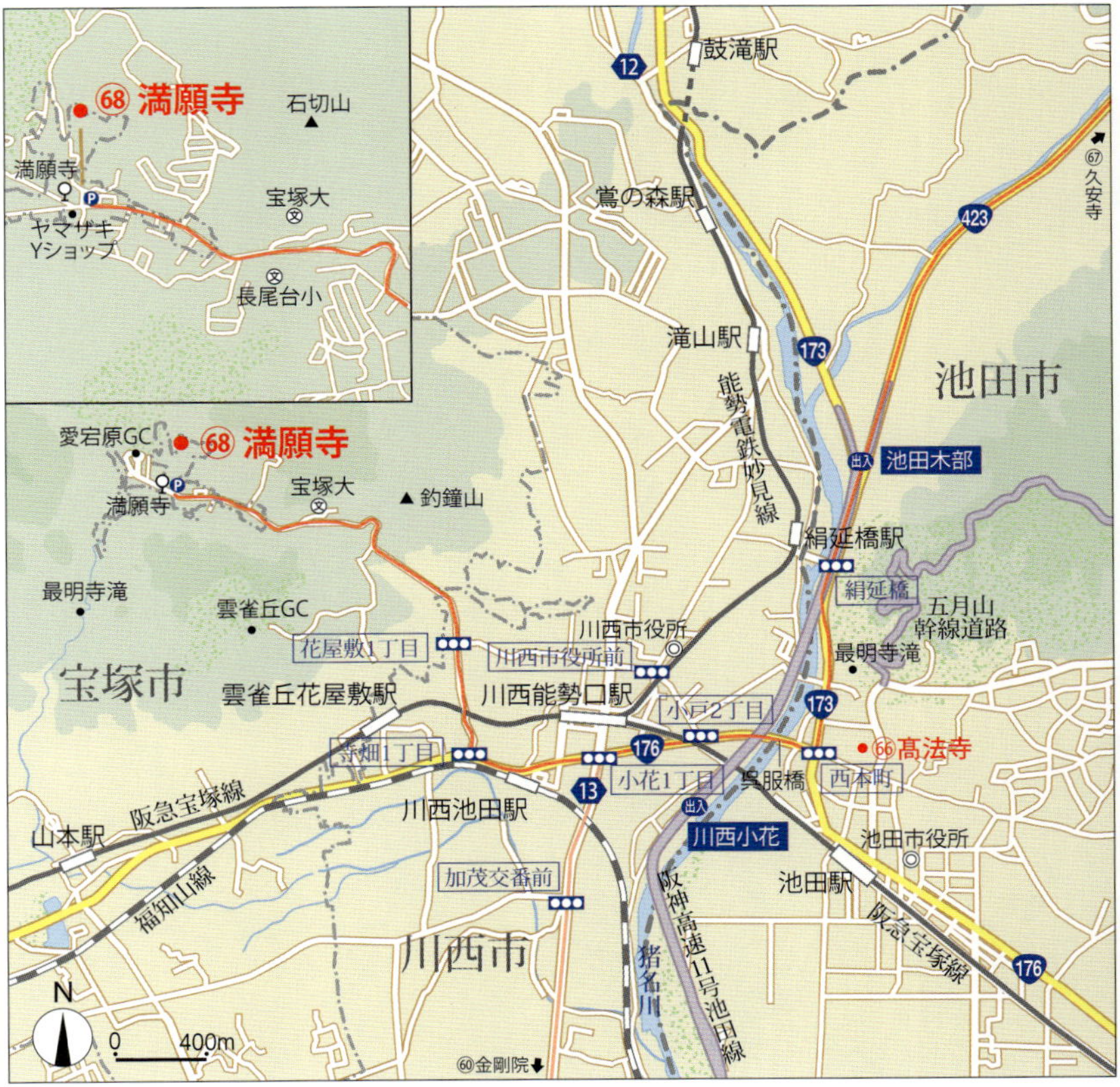

第68番　満願寺

【住所】 〒665-0891　兵庫県川西市満願寺町7-1

【電話】 072-759-2452

【交通】 阪急宝塚線「雲雀丘花屋敷駅」より阪急バス「満願寺」下車徒歩1分

第69番　中山寺 大師堂／第70番　中山寺 寿老神堂

【住所】〒665-8588　兵庫県宝塚市中山寺2-11-1
【電話】0797-87-0024
【交通】阪急宝塚線「中山観音駅」より北へ徒歩１分
JR宝塚線「中山寺駅」より北西へ徒歩10分

第71番　中山寺 奥之院

【住所】 〒665-8588　兵庫県宝塚市中山寺中山寺2-11-1（中山寺）

【電話】 0797-87-0024（中山寺）

【交通】 阪急宝塚線「中山観音駅」下車、山門より西北に山道を２km（徒歩約１時間）

第72番　清澄寺（清荒神）

【住所】〒665-0837　兵庫県宝塚市米谷清シ1番地
【電話】0797-86-6641
【交通】阪急宝塚線「清荒神駅」より北へ徒歩15分

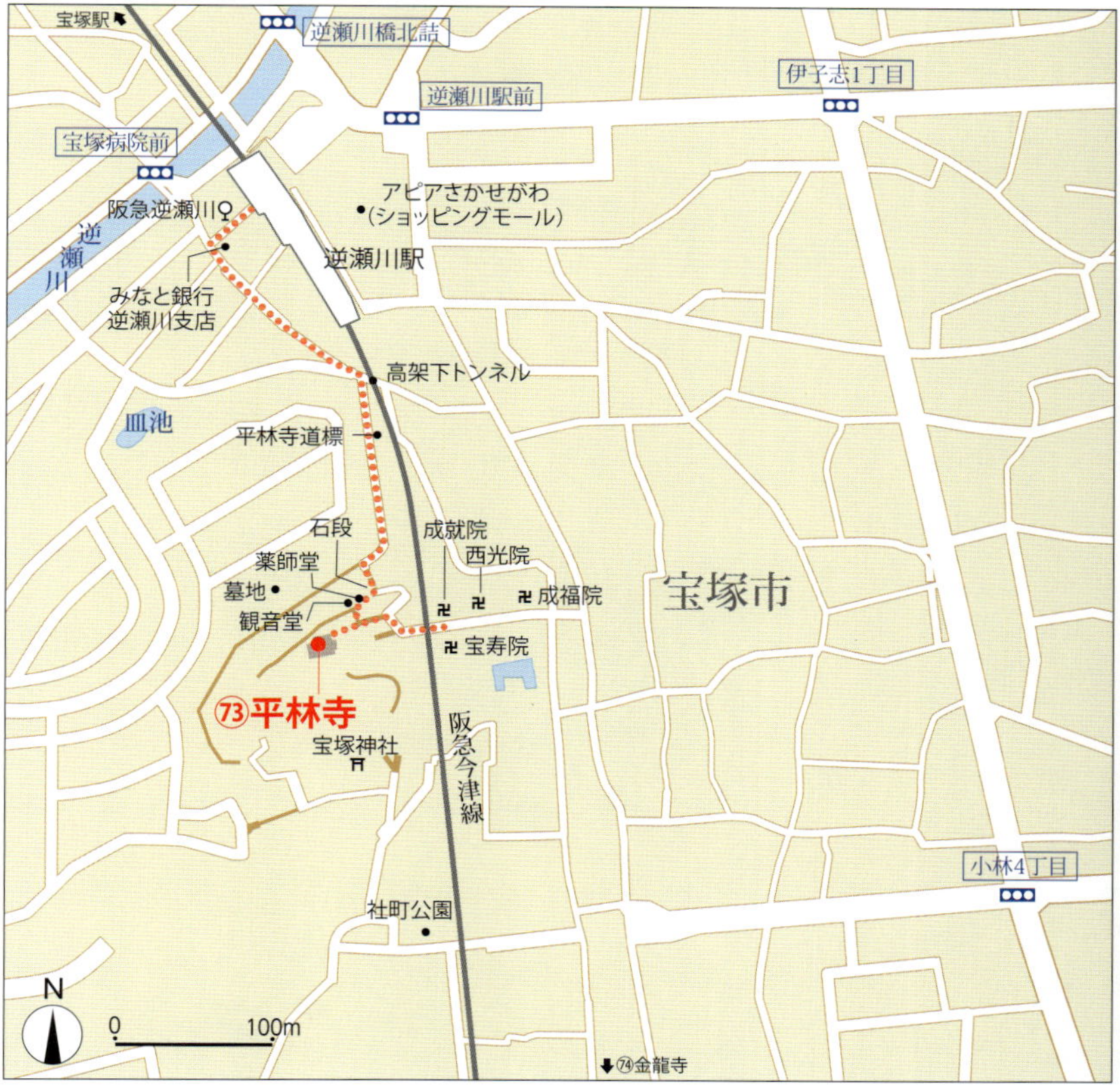

第73番　平林寺

【住所】 〒665-0071　兵庫県宝塚市社町4-7

【電話】 0797-72-7019（宝寿院）

【交通】 阪急今津線「逆瀬川駅」より南へ徒歩６分

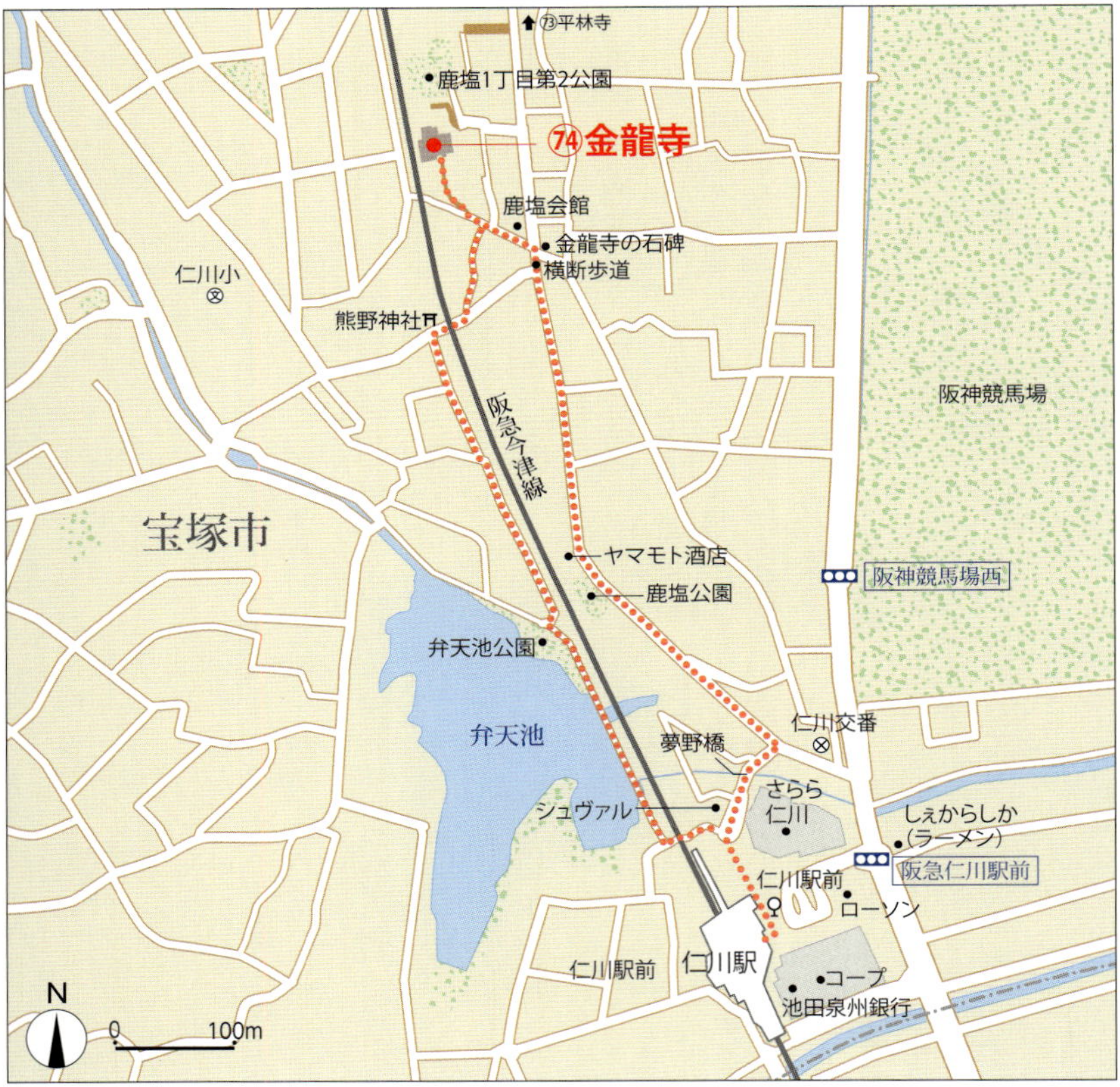

第74番　金龍寺

【住所】 〒665-0054　兵庫県宝塚市鹿塩1-4-44

【電話】 0798-51-2494

【交通】 阪急今津線「仁川駅」より北へ徒歩10分

第75番　神呪寺

【住所】〒662-0001　兵庫県西宮市甲山町25-1

【電話】0798-72-1172

【交通】阪神本線「西宮駅」より阪神バス「甲山大師」下車徒歩１分
阪急甲陽線「甲陽駅」より北へ徒歩30分

第76番　東光寺（門戸厄神）

【住所】 〒662-0828　兵庫県西宮市門戸西町2-26

【電話】 0798-51-0268

【交通】 阪急今津線「門戸厄神駅」より北西へ徒歩10分

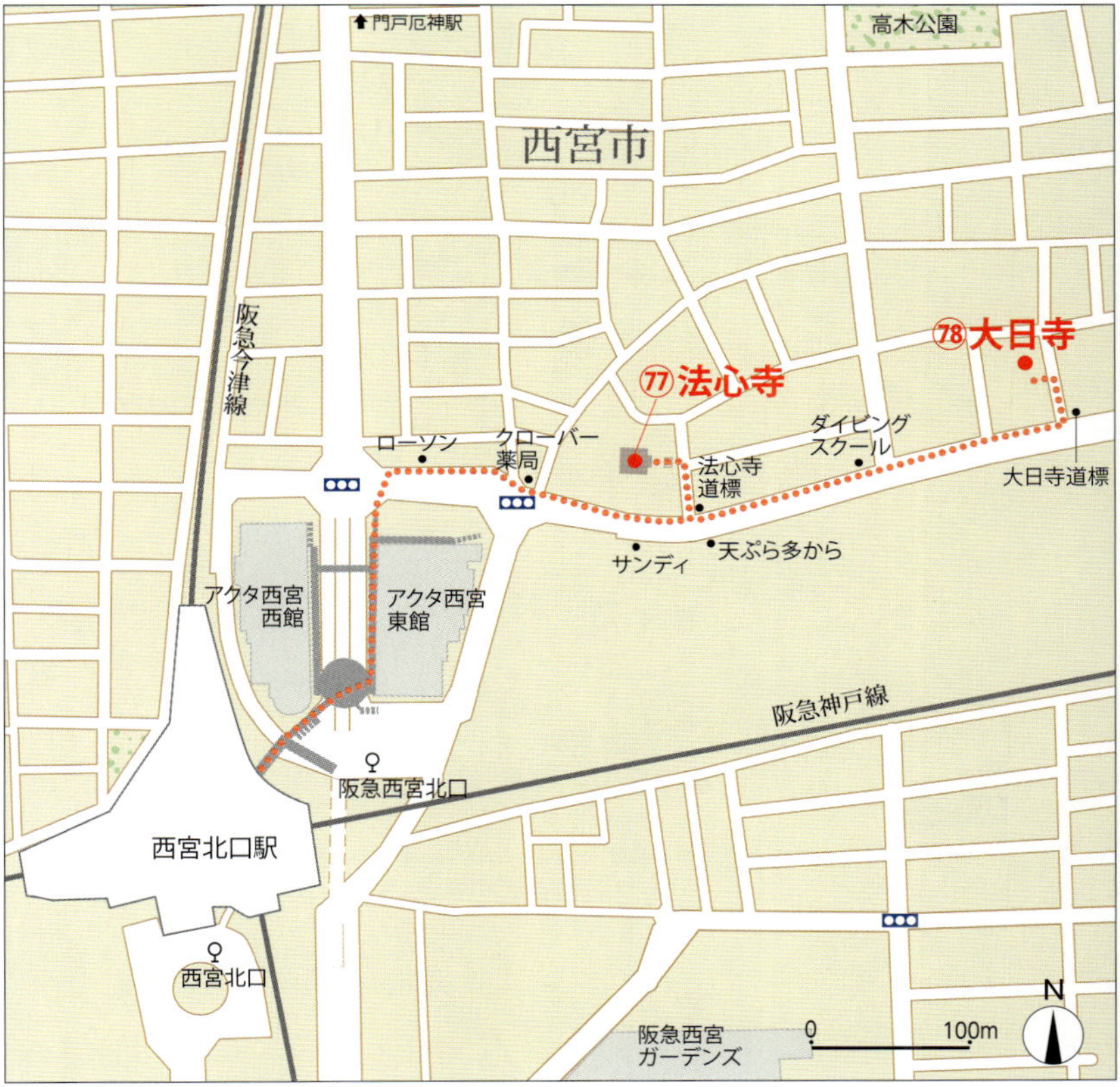

第77番　法心寺

【住所】〒663-8032　兵庫県西宮市高木西町3-16
【電話】0798-67-1597
【交通】阪急神戸線「西宮北口駅」（北改札）より北東へ徒歩５分

第78番　大日寺

【住所】〒663-8033　兵庫県西宮市高木東町17-13
【電話】0798-67-8731
【交通】阪急神戸線「西宮北口駅」（北改札）より北東へ徒歩12分

第79番　圓満寺

【住所】〒662-0974　兵庫県西宮市社家町1-36
【電話】0798-35-2388
【交通】阪神本線「西宮駅」より南西へ徒歩８分

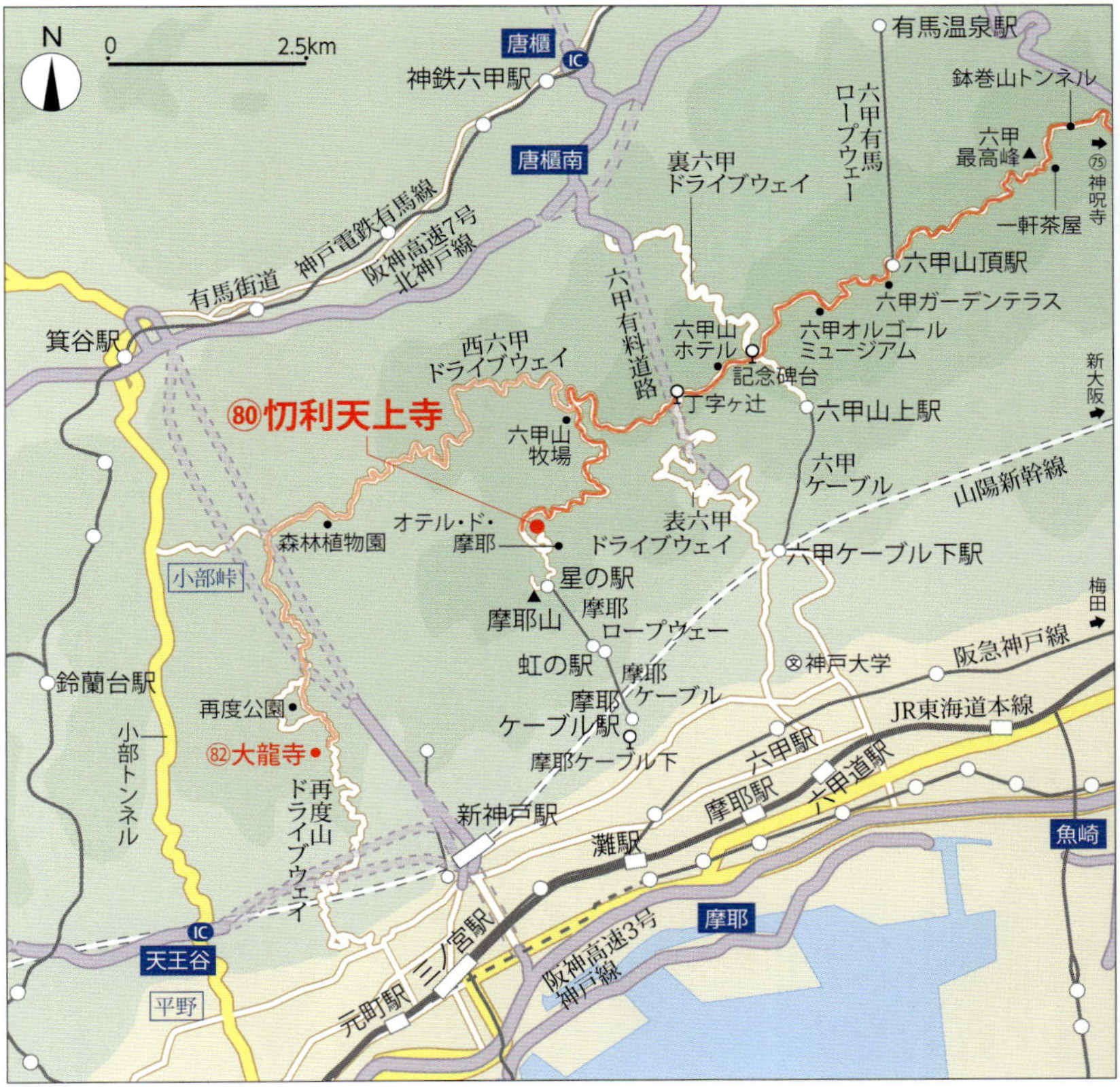

第80番　忉利天上寺

【住所】〒657-0105　兵庫県神戸市灘区摩耶山町2-12

【電話】078-861-2684

【交通】JR・阪神・阪急・市営地下鉄「三宮駅」より神戸市バス18系統「摩耶ケーブル下」下車、摩耶ケーブル・ロープウェーに乗り継ぎ「星の駅」下車徒歩10分

※JR＝「三ノ宮駅」、阪神・阪急＝「神戸三宮駅」、市営地下鉄＝「三宮駅」

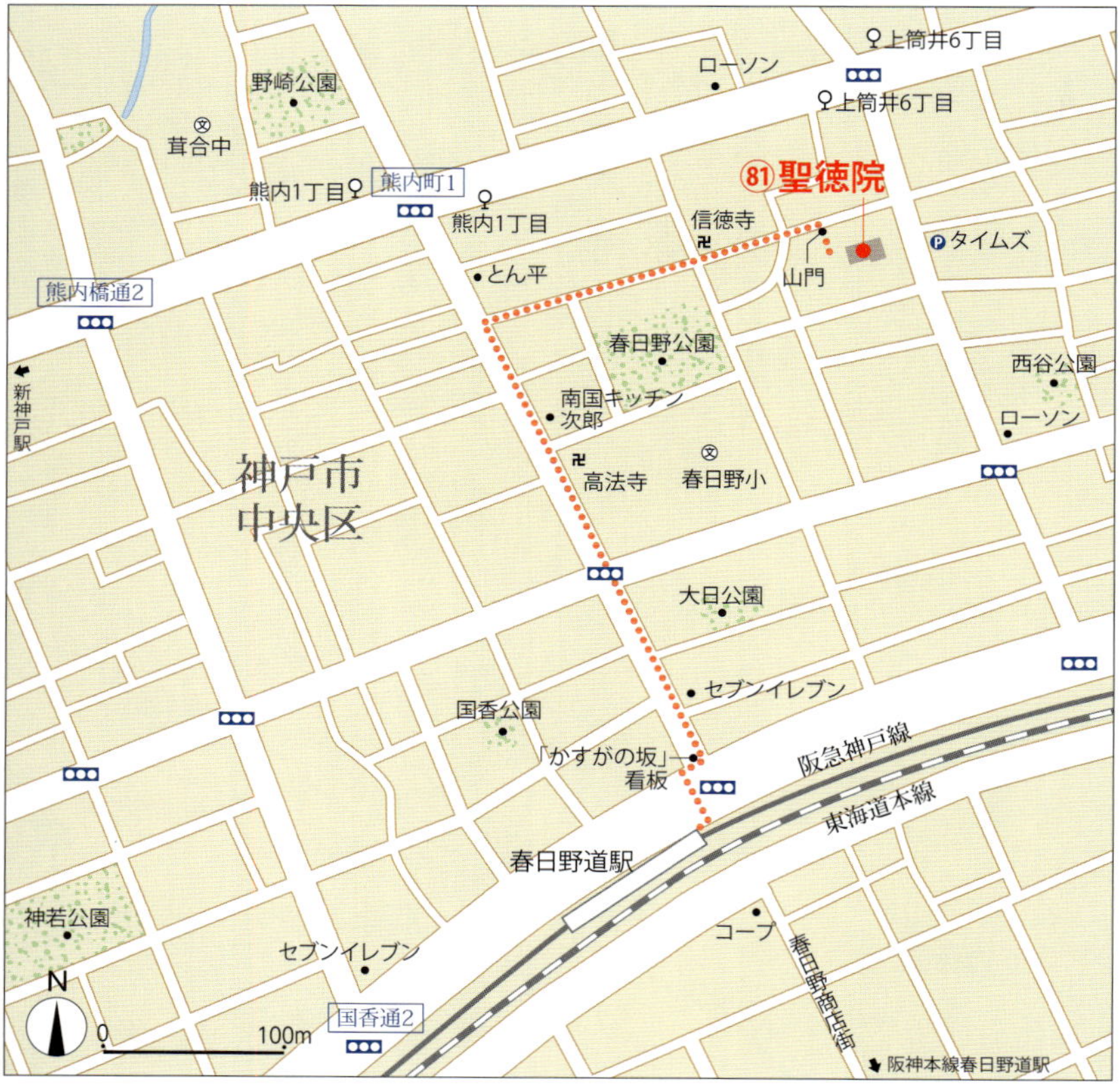

第81番　聖徳院

【住所】 〒651-0063　兵庫県神戸市中央区宮本通6-7-15

【電話】 078-221-5244

【交通】 阪急神戸線「春日野道駅」より北東へ徒歩８分

阪神本線「春日野道駅」より北へ徒歩15分

地下鉄三宮駅前などより神戸市バス92系統「上筒井６丁目」下車、南へ徒歩２分

第82番　大龍寺

【住所】〒650-0007　兵庫県神戸市中央区神戸港地方字再度山1-3

【電話】078-341-3482

【交通】JR・阪神・阪急・市営地下鉄「三宮駅」近くの「三宮バスターミナル」より神戸市バス25系統（※4月～11月の土日祝のみの運行）「大竜寺」下車すぐ

※JR＝「三ノ宮駅」、阪神・阪急＝「神戸三宮駅」、市営地下鉄＝「三宮駅」

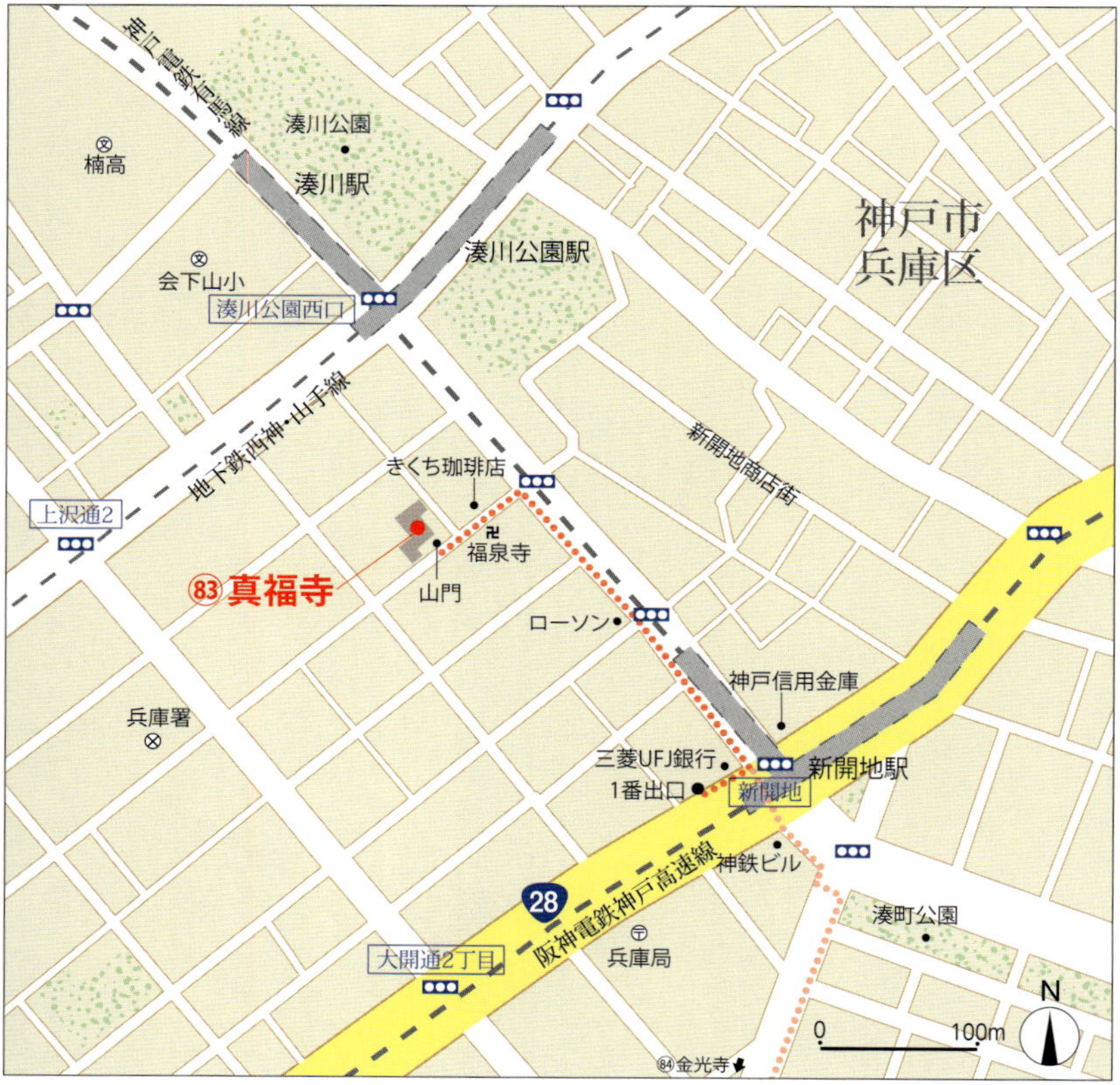

第83番　真福寺

【住所】〒652-0047　兵庫県神戸市兵庫区下沢通1-2-2

【電話】078-575-8091

【交通】阪神神戸高速線「新開地駅」より北西へ徒歩３分

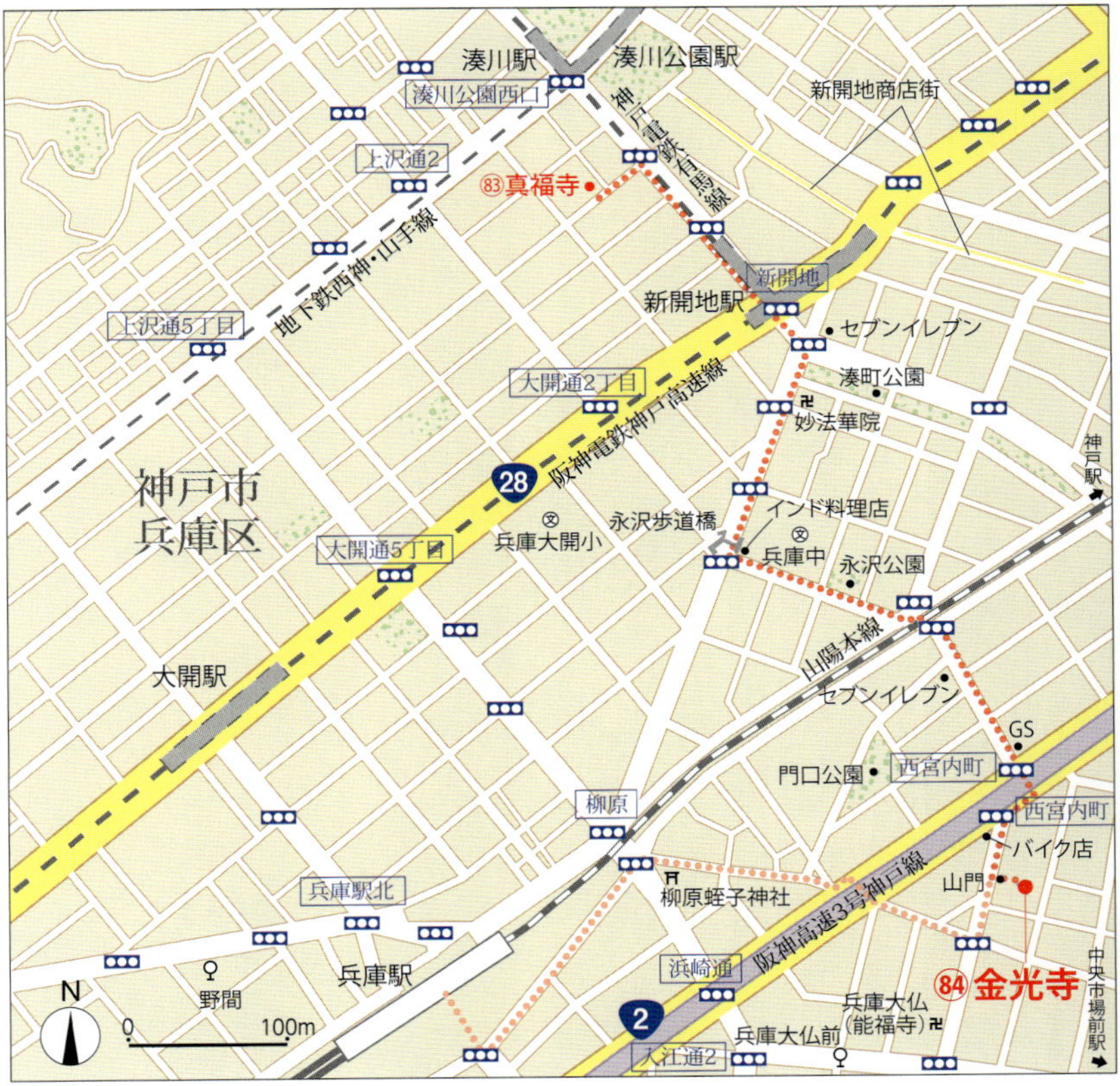

第84番　金光寺

【住所】〒652-0835　兵庫県神戸市兵庫区西仲町2-12

【電話】078-671-2421

【交通】JR神戸線「兵庫駅」より東へ徒歩13分

阪神神戸高速線「新開地駅」より徒歩12分

市営地下鉄海岸線「中央市場前駅」より徒歩７分

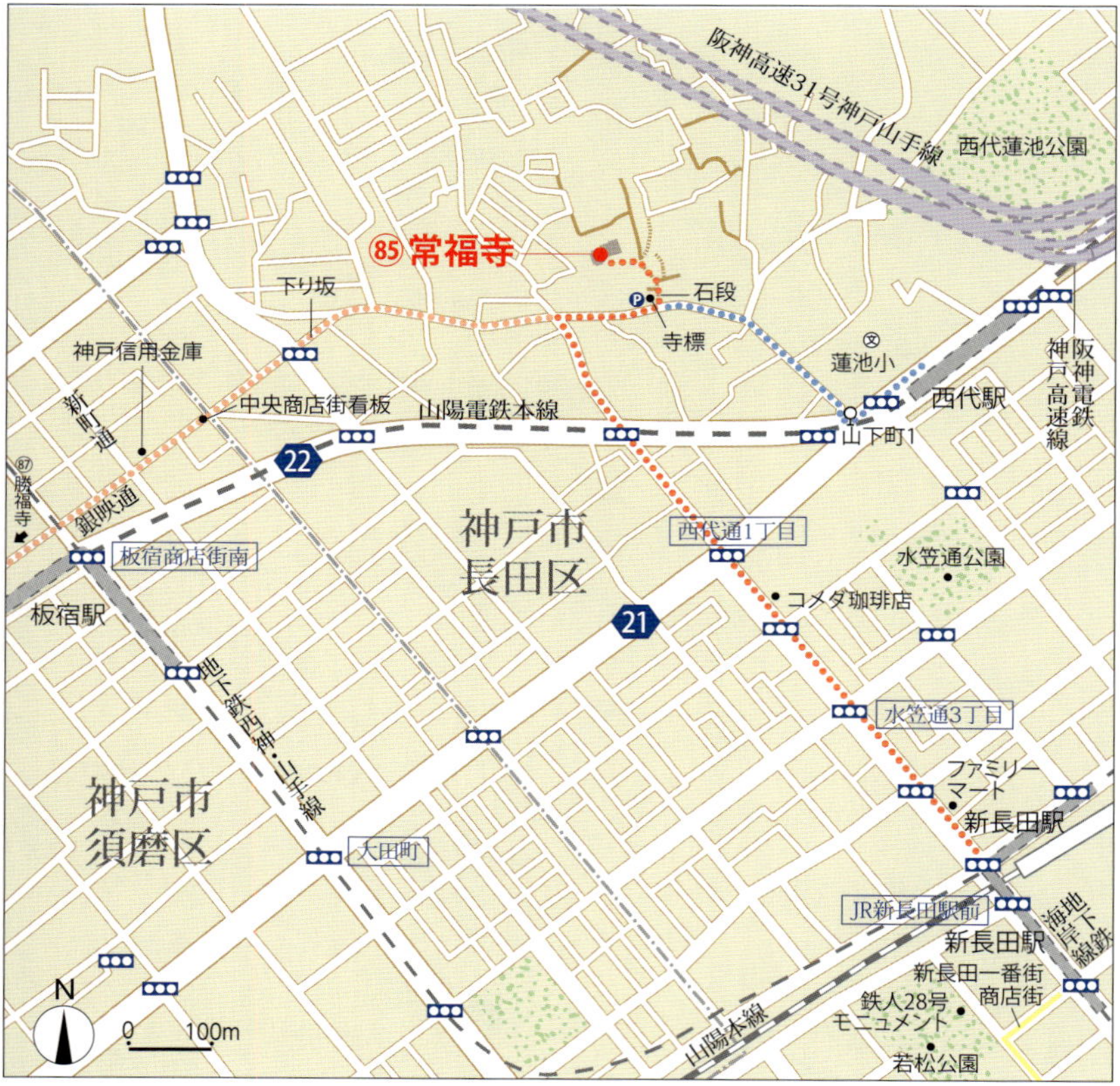

第85番　常福寺

【住所】 〒653-0838　兵庫県神戸市長田区大谷町3-11-1

【電話】 078-611-4685

【交通】 山陽電鉄本線・阪神神戸高速線「西代駅」より北西へ徒歩９分
JR神戸線・市営地下鉄「新長田駅」より北西へ徒歩12分

第86番　妙法寺

【住所】 〒654-0121　兵庫県神戸市須磨区妙法寺字毘沙門山1286

【電話】 078-741-2935

【交通】 市営地下鉄西神・山手線「妙法寺駅」より東へ徒歩11分

JR神戸線・市営地下鉄「新長田駅」または山陽電鉄本線・市営地下鉄「板宿駅」より神戸市バス５系統「奥妙法寺」下車徒歩３分

第87番　勝福寺

【住所】〒654-0013　兵庫県神戸市須磨区大手町9-1-1

【電話】078-731-1253

【交通】山陽電鉄本線・市営地下鉄「板宿駅」より西へ徒歩13分

JR神戸線「鷹取駅」より神戸市バス112系統「大手町勝福寺下」下車徒歩５分

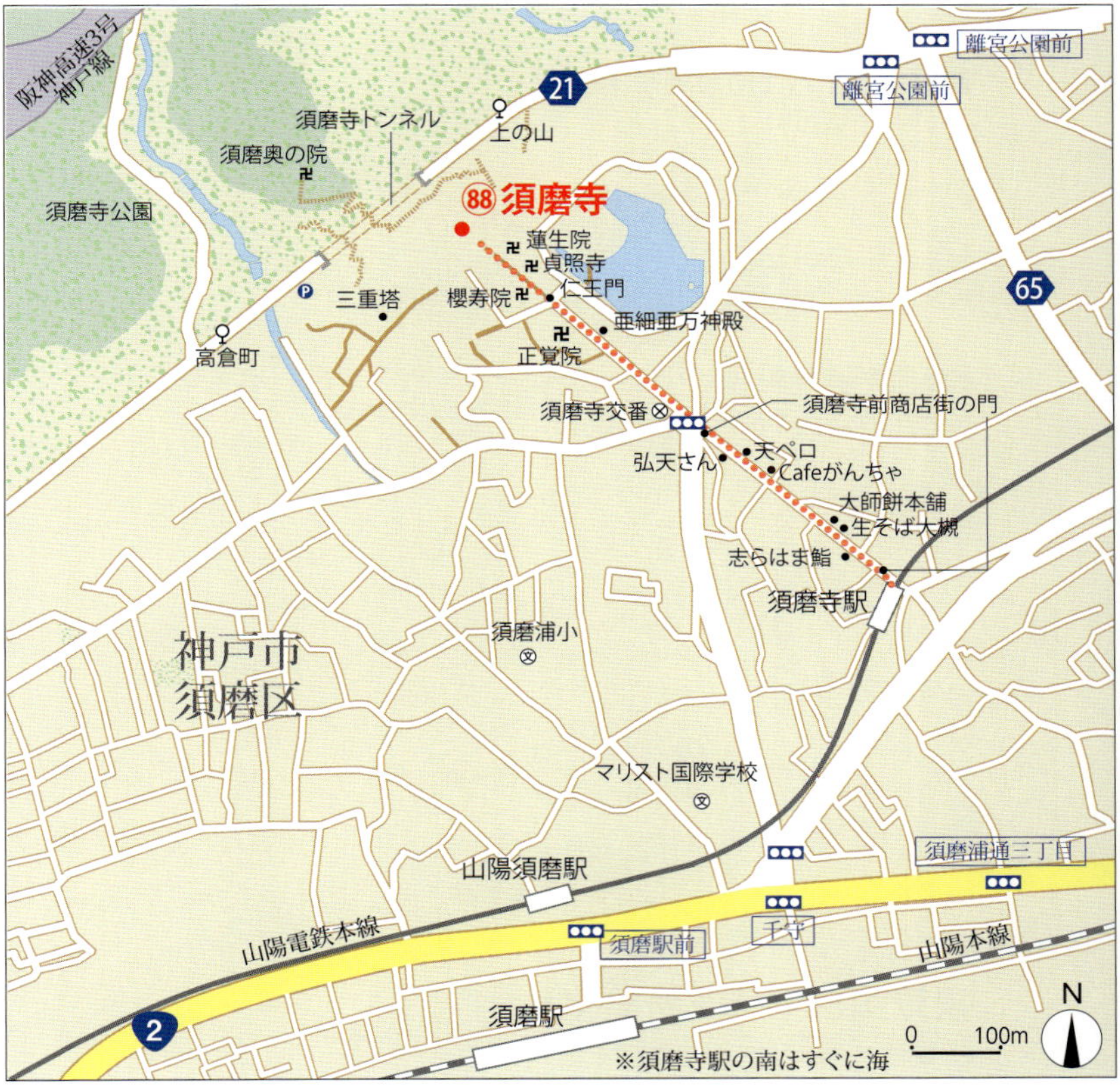

第88番　須磨寺

【住所】 〒654-0071　兵庫県神戸市須磨区須磨寺町4-6-8

【電話】 078-731-0416

【交通】 JR神戸線「須磨駅」より北へ徒歩15分

山陽電鉄本線「須磨寺駅」より北西へ徒歩５分

摂津国八十八ヶ所霊場会 編

摂津国八十八ヶ所霊場会事務局
ホームページ　http://shj.main.jp

編集協力＝春野草結
写真＝春野草結　　地図＝田村尚子　　装丁＝初瀬野一

※本書の掲載情報は取材時のものです。交通や施設・店舗などの情報は変更されている場合がありますので、事前にご確認ください。

摂津国八十八ヶ所めぐり

2018年12月10日　第1版第1刷

編　者　摂津国八十八ヶ所霊場会
発行者　嶝　牧夫
発行所　株式会社朱鷺書房
奈良県大和高田市片塩町8-10（〒635-0085）
電話 0745-49-0510　Fax 0745-49-0511
振替 00980-1-3699
印刷所　モリモト印刷株式会社

定価はカバーに表示してあります。落丁・乱丁本はお取替えいたします。

ISBN978-4-88602-353-7 C0015 ©2018
ホームページ http://www.tokishobo.co.jp

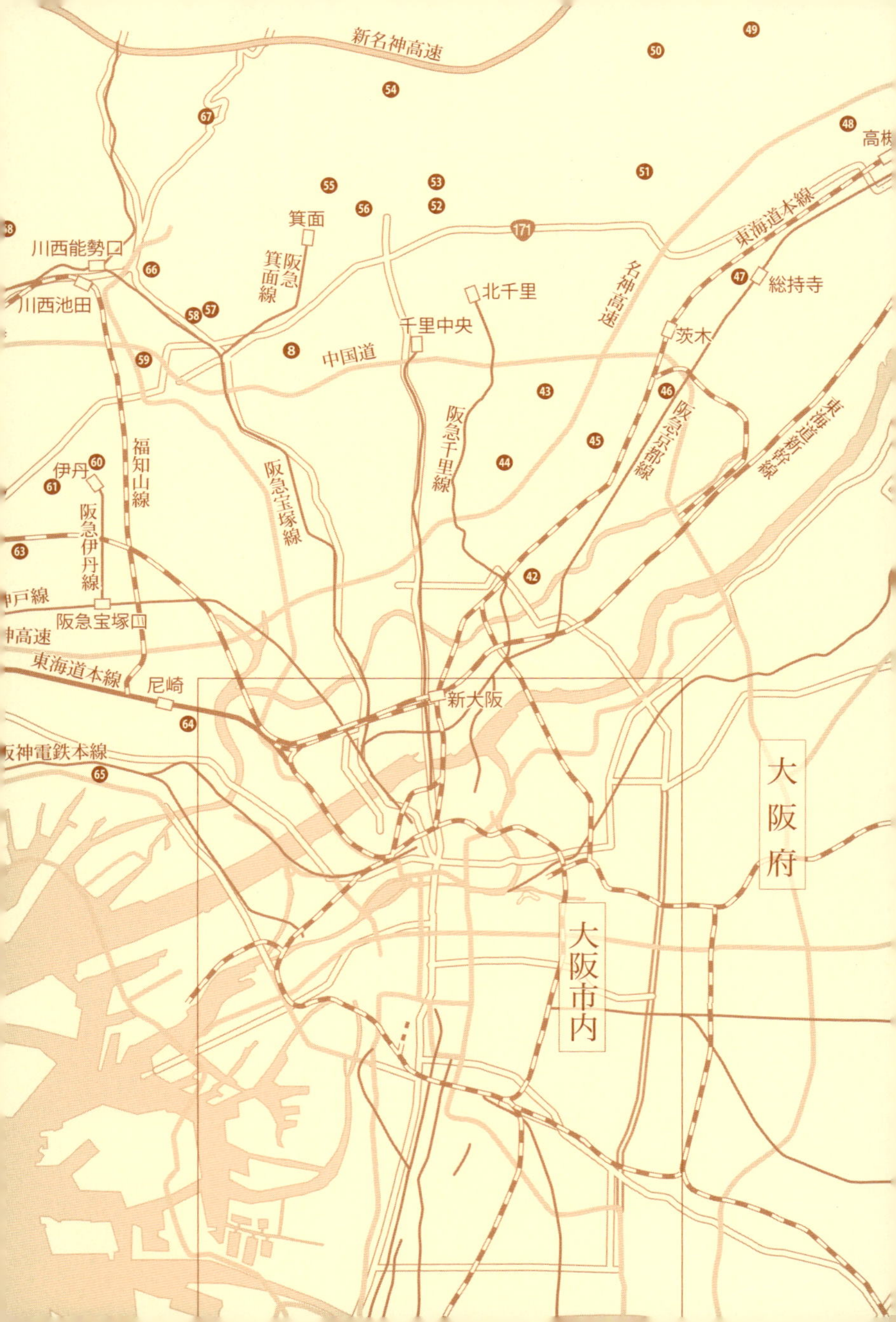
新名神高速
49
50
54
67
48
55
53
51
56
52
171
箕面
川西能勢口
阪急箕面線
東海道本線
66
47
総持寺
北千里
名神高速
川西池田
58
57
千里中央
茨木
8
中国道
59
43
46
阪急京都線
阪急千里線
東海道新幹線
45
阪急宝塚線
福知山線
伊丹
60
61
44
阪急伊丹線
63
42
戸線
阪急宝塚
高速
東海道本線
尼崎
新大阪
64
阪神電鉄本線
65
大阪府
大阪市内